Museum für Völkerkunde Berlin

Führer durch das Museum für Völkerkunde

Museum für Völkerkunde Berlin
Führer durch das Museum für Völkerkunde
ISBN/EAN: 9783741167171
Hergestellt in Europa, USA, Kanada, Australien, Japan
Cover: Foto ©ninafisch / pixelio.de

Manufactured and distributed by brebook publishing software (www.brebook.com)

Museum für Völkerkunde Berlin

Führer durch das Museum für Völkerkunde

Plan des Erdgeschosses.

(Plan des 1. und 2. Stockes auf der dritten Seite des Umschlags.)

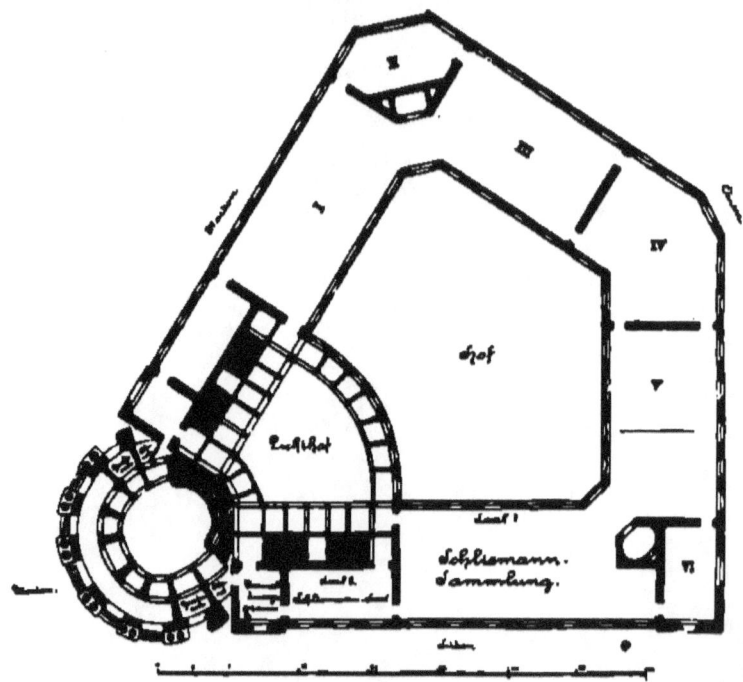

Das Museum ist unentgeltlich geöffnet:
Wochentags mit Ausnahme des Montags:
im Sommer von 10—4 Uhr
„ Winter „ 10—3 „
Sonntags und an den zweiten Tagen der hohen Feste, sowie an Kaisers Geburtstag:
im April bis September   von 12—6 Uhr
„ Oktober und März   „ 12—5 „
„ November und Februar   „ 12—4 „
„ Dezember und Januar   „ 12—3 „
Geschlossen ist das Museum am Neujahrstag, am Charfreitag, am Himmelfahrtstag, am Bufstag und an den ersten Feiertagen der hohen Feste.
Wer die Sammlungen zu eingehendem Studium benutzen will und besonderer Begünstigungen bedarf, hat sich bei dem Direktor der ethnologischen Abtheilung Geheimen Regierungsrath Dr. Bastian, bezw. bei dem Direktor der prähistorischen Abtheilung Dr. A. Voß zu melden.

KÖNIGLICHE MUSEEN ZU BERLIN

FÜHRER
DURCH DAS
MUSEUM
FÜR
VÖLKERKUNDE

HERAUSGEGEBEN VON DER GENERALVERWALTUNG

SIEBENTE AUFLAGE

PREIS 50 PFENNIG

BERLIN
W. SPEMANN
1898

Das Museum für Völkerkunde, nach den Plänen des Geh. Reg.-Rates Ende in den Jahren 1880 bis 1886 erbaut, wurde am 18. Dezember 1886 feierlich eröffnet. Die Sammlungen desselben zerfallen in zwei Abteilungen, die **ethnologische** Sammlung und die Sammlung vaterländischer und anderer **vor- und frühgeschichtlicher** Altertümer.

Die **ethnologische Abteilung** hat die Bestimmung, die Menschen-Eigentümlichkeit derjenigen Völker, welche in den Rahmen der um die alte Mittelmeerkultur bewegten Weltgeschichte nicht inbegriffen sind, durch Proben ihres Kultus-, Haus-, Kriegs-, Jagd-, Fischerei-, Ackerbau- und Handwerksgerätes, ihrer Kleidung, ihres Schmucks u. s. w., sowie durch alle anderen Arten von Denkmälern aus alter und neuer Zeit in ihrer besonderen Entwicklung und ihren Zusammenhängen zu veranschaulichen. In erster Stelle gehören hierzu die Erzeugnisse der **Naturvölker**, dann die selbstständig entwickelten Kulturen **Indiens** und seiner Nebenländer, die **ostasiatische** und die **altamerikanischen** Kulturen; aus Europa diejenigen Gegenstände des heutigen Lebens, welche sich als „Überlebsel" aus früheren Perioden bis jetzt noch erhalten haben oder welche in der allmählichen Entwicklung ihrer Formen ein eigenartiges, für das bezügliche Volk charakteristisches Gepräge angenommen haben.

Die **vor- und frühgeschichtlichen** Sammlungen umfassen die Denkmäler und Überreste der europäischen Stämme von ihrem ersten Auftreten an bis zu ihrer Bekehrung zum Christentum und ihrem Eintritt in die völlig geschichtliche Zeit. Mit ihnen verbunden sind die Schliemann'schen Funde aus Hissarlik.

Im Erdgeschofs sind die **vorgeschichtlichen Altertümer** und die **Schliemann-Sammlung** aufgestellt, im ersten Stockwerk die Sammlungen aus **Afrika, Ozeanien** und **Amerika**, im zweiten Stockwerk die Sammlungen aus **Indien** und **Ostasien**.

LICHTHOF.

Im Lichthof sind monumentale Stücke ost- und südasiatischer und altamerikanischer Kultur aufgestellt, ferner umfangreichere Gegenstände aus den Sammlungen der Naturstämme.

Gleich am Eingang: die kolossale, vergoldete, japanische Holzstatue des

Amida Butsu

(= Sanskrit Amitâbha Buddha = Der Buddha unermefslichen Glanzes. Vgl. über diese Gottheit u. a. Veröffentlichungen aus dem Kgl. Museum f. Völkerkunde Bd. I Seite 60 = Pantheon etc. No. 59). Es fehlen: der Lotos-Sitz (japanisch: renza, Sanskrit: padmâsana) und der Heiligenschein (jap.: gokô, Sanskrit: bhâmaṇḍala).

Auf der linken Seite des Lichthofes im Gange:

2 von den Russen Bâba-Jagá oder Jagá-Bâba (= Hexen) genannte grofse Steinfiguren aus der Provinz Charkow, Kreis Isium, Rufsland. 1 desgl. aus Sibirien, an dem Ufer des Jessater, Altai, unweit der chinesischen Grenze gefunden.

Grofse Kähne (Einbäume), in der Weser bei Winkel (Prov. Hannover), an der Werre bei Gohfeld (Prov. Westfalen) und in der Oder bei Pollenzig (Prov. Brandenburg) gefunden.

Indische Skulpturen und Abgüsse.

Vor der Mitte der Rückwand erhebt sich der mehr als 10 m hohe Gipsabgufs des östlichen Thores des grofsen Stûpa von Sântschî.

Dort (am linken Ufer des Betwallusses, südwestlich von Bhilsâ, in der Nordostecke des Fürstentums Bhûpâl,

Central-Indien) sind elf grofse und kleine „Stûpas", (engl. Tope) erhalten: kuppelförmige mit einer Art Terrasse bekrönte Dome aus Ziegelbau auf einer darunter vortretenden Basis, welche die Reliquienurnen buddhistischer Heiliger enthalten. Den gröfsten Stûpa umgiebt ein massiver Steinzaun. (Vgl. das verkleinerte Gypsmodell des Stûpa im Schautische vor dem Thore.) Auf jeder Seite öffnet sich in der Mitte des Steinzaunes ein Thorweg, vor dem je ein reich skulptierter Thorbogen aus feingekörntem Sandstein aufgeführt ist. Diese vier Thore, welche Holzarchitektur nachahmen, stammen aus der Zeit des buddhistischen Grofskönigs Asoka (um die Mitte des 3. Jahrh. vor Chr.). Die Thore bestehen aus zwei massiven viereckigen Pfeilern mit reichem Schmuck in Flachrelief und Kapitälen in Hochrelief; am östlichen Thore: Elefantenreiter. Ueber diesen Kapitälen erheben sich zwei Stützbalken, welche durch drei in Voluten auslaufende Querbalken (Architrave) geschnitten werden; die Stellen, wo die Querbalken die Pfeiler schneiden, sind mit vortretenden Reliefplatten verkleidet, welche in ihren Darstellungen: Reitergruppen (mythische und wirkliche Fremdvölker) eine dreimalige kleine Wiederholung der grofsen Elefantenkapitäle des Unterbaues bilden. Drei sehr schmale, aber sehr tiefe Pfeilerchen helfen aufserdem die Architrave in der Mitte tragen; ihre Flachreliefs sind nur dekorativ; sie stellen Löwensäulen, Säulen mit dem hl. Rade, dem Symbol der buddhistischen Religion u. s. w. dar. Die Zwischenräume zwischen den mit Voluten gezierten Enden der drei grofsen Querbalken trugen je eine Statue einer Tänzerin unter einem Baume und einen Elefantenreiter. In den Zwischenräumen der sechs kleinen Stützpfeilerchen waren wahrscheinlich kleine Reiterstatuetten. Ueber den Pfeilern waren religiöse Symbole, zusammengesetzt aus dem Rade und dem Dreizack (einer ist noch erhalten, der andere ist ergänzt), während in der Mitte des obersten Architravs ein grofses Rad (Symbol des Buddhismus) stand; die Zwischenräume waren mit kleinen Statuen besetzt, wie sie auf dem nördlichen Thore noch erhalten sind. Ausführlicheres siehe in „Buddhistische Kunst in Indien", Handbücher der Kgl. Museen, IV, Berlin, Spemann.

Lichthof. 5

An der Säulenreihe rechts: ein Götterwagen aus Orissa.

Vor dem Thore: moderne siamesische Nachbildung der Statue eines altsiamesischen Königs, Bekämpfers des Buddhismus; Stücke des Originals (Büste und Hände) sind gefunden auf dem Ruinenfeld von Kamp'ěngp'et, einer alten Hauptstadt Siams. Der König ist als Gott Çiva dargestellt. — Aufserdem: Abdrücke der Füfse des Gautama Buddha vom alten Tempel zu Buddhagajâ in Bihâr, Präs. Bengalen. Der Tempel ist der heiligste des Buddhismus; dort stand der Feigenbaum, unter welchem dem Gautama die Erkenntnis zu teil wurde. — Ein kleines Votivtempelchen davor stammt ebenfalls aus Buddhagajâ. — Vor den Säulen rechts und links liegen drei Deckplatten des alten Steinzaunes des Tempels von Buddhagajâ. Sie sind mit geflügelten Pferden, wirklichen und mythischen Tieren, auf der Rückseite mit Palmetten verziert. — Aufserdem: eine Mittelplatte desselben Steinzaunes, mit einer Rosette (Lotusblume) in der Mitte.

Altamerikanische Skulpturen.

In dem vorderen Teil des Raumes sind alt-mexikanische Skulpturen, in Original und in Abformungen nach dem Original, aufgestellt.

In der Mitte steht auf viereckigem Postament, auf welches von allen vier Seiten Stufen hinaufführen, die Abformung des Sonnensteins des Königs Tiçoc, der am 17. Dezember 1791 in der Nordwestecke des Hauptplatzes der Stadt Mexiko vergraben aufgefunden wurde. Auf der Oberseite sieht man das Bild der Sonne. Die Reliefs des Cylindermantels zerfallen in 15 Gruppen von Kriegern, die je einen Gefangenen am Schopf halten. Die Krieger sind in der Tracht des Gottes Tezcatlipoca dargestellt (mit rauchendem Fufs) und führen Schild, Wurfbrett, Speerbündel und Handfähnchen. Ihr Führer (an der der Eingangsthür zugewandten Vorderseite) ist durch einen reichen Federschmuck gekennzeichnet. (Die Hieroglyphe hinter seinem Kopf giebt den Namen Tiçoc oder Tiçocic, den des siebenten mexikanischen Königs 1483—1486). Die Gefangenen halten hinter sich (mit der Linken) ein Speerbündel und reichen mit der Rechten dem Sieger das Wurfbrett dar, mit dem die Speere geschleudert wurden. Hinter dem Kopf jedes der Gefangenen steht eine Hieroglyphe, die den Namen der Stadt angiebt, deren Unterwerfung durch die betreffende Gruppe bezeichnet wird. Die Namen der unterworfenen Städte und Landschaften sind, von der Figur dem König gegenüber anfangend und nach rechts fortschreitend: Matlatzinco (Gegend von Toluca), Ahuilizapan (Orizaba), Axocopan, Colhuacan, Tetenanco, Xochimilco, Chalco, Tamaçolapan, Acolman, Tepetlapan, undeutlich, Tonatiuhco, Poctlan (Mixteca baja), Cuetlachtlan (Cotastla im Staate Vera Cruz). Die 5. und 7. in der Reihe (Colhuacan und Xochimilco) sind in weiblicher Tracht dargestellt, denn die Stammgottheit dieser beiden Städte war die Erdgöttin. Diese halten statt des Speerbündels hinter sich ein Webemesser (zum Festschlagen der Gewebefäden), das Merkmal weiblicher Thätigkeit. Auch die andern Figuren sind augenscheinlich in der Tracht und den Abzeichen der betreffenden Landschaften, bezw. der Gottheit derselben, dargestellt. Die Figurengruppen sind unten und oben von einem schmalen Saum eingefafst, der aus Elementen des Sonnenbildes — Augen (Merkmalen der Leuchtkraft) und Steinmessern (den verwundenden Strahlen) — zusammengesetzt ist. Zu der gleichen Klasse von Monumenten gehört auch der viereckige Stein, dessen Abformung neben der vorigen in der Mitte des Raumes aufgestellt ist. Das Original ist im Jahre 1896 bei dem Abbruch eines Hauses an der Ecke des Hauptplatzes von Mexiko unter den Fundamenten gefunden worden. Auf den Seitenflächen sind aber keine Gruppen von Kriegern und Gefangenen, sondern nur Kriegerfiguren in Wehr und Waffen dargestellt.

Zwischen den Säulen an der linken Seite des Raumes steht auf hohem Postament die Abformung der grofsen Statue der Erdgöttin (Couatl-icue „die mit dem Schlangengewand" oder Ciua-couatl die „Schlangenfrau", „weib-

liche Schlange)", die am 13. August 1790 unter dem Pflaster
des Hauptplatzes der Stadt Mexiko vergraben aufgefunden
wurde. (Gewöhnlich, aber entschieden irriger Weise, als
Teo-yao-miqui „Göttin des Schlachtentodes" bezeichnet.)
Das kreisrunde Relief an der Vorderseite des Postaments
ist der Abguſs der Skulptur, welche die Unterseite der Basis
der Kolossalfigur bedeckt.

Die beiden kleineren hellgefärbten Bilder zu den Seiten
der Kolossalstatue sind Abformungen zweier Steinbilder, die
in Tehuacan im Staate Puebla gefunden wurden. Es ist
der Himmelsgott (Feuergott) und die Erdgöttin. Beide
tragen auf dem Hinterkopf eine Zahl und ein Zeichen, die
zusammen ein Datum ergeben, einen Tag, der mit dem
Wesen dieser Gottheiten in Verbindung stehend gedacht
wurde. Die weibliche Figur, die Erdgöttin, giebt dieselbe
Auffassung wieder, die in der Kolossalfigur aus Mexiko zum
Ausdruck gebracht ist. Bei der Kolossalfigur aus Mexiko
sind aber der Kopf und die Hände abgeschlagen gedacht,
und an deren Stelle ringeln sich an den Armstümpfen eine,
an der Halsfläche zwei Schlangen empor.

Die liegende Statue zwischen den vordersten Säulen
der rechten Seite ist die Abformung eines Steinbildes, das
im Jahre 1877 von Auguste Le Plongeon in der Ruinen-
stadt Chichen-itza in Yukatan im Centrum einer 4 Meter
hohen Pyramide, die er aufgraben lieſs, gefunden wurde.
Zu den Füſsen der Figur befand sich ein groſses, 1 m im
Durchmesser haltendes kreisrundes Steingefäſs, mit schwerem
Deckel, und am Boden desselben eine Krystallkugel (zaztun),
wie sie von den Wahrsagern der Yukateken gebraucht
wurden. Die Statue ist von Le Plongeon Chac-mol
getauft worden. Ähnliche Steinbilder sind auch auf dem
Hochlande, in Tlascala und in der Nähe von Mexiko, gefunden worden. Ein weiteres in einem Tempel von Cempoallan, der alten Hauptstadt der Totonaken, nördlich von
dem heutigen Vera Cruz.

Die sitzende Statue in der zweiten Säulenöffnung rechts
ist die Abformung eines Steinbildes, das, wie es scheint, in
der Nachbarschaft von Mexiko gefunden wurde. Es stellt
Macuilxochitl oder Xochipilli, den Gott des Spieles

8 Lichthof.

und Tanzes dar. Die Haltung ist die eines Fackelhalters. Es ist deutlich zu erkennen, dafs die Figur mit einer Maske vor dem Gesicht dargestellt ist.

Die Originale all dieser Abformungen befinden sich im Nationalmuseum in Mexiko. Neben der liegenden Statue des sogenannten Chac-mol steht vor der Säule noch die Abformung einer Stele, die bei den Ausgrabungen, die von der Verwaltung des Peabody Museum in den Jahren 1891—1895 in Copan in Honduras vorgenommen wurden, aufgefunden worden ist.

Die grofse Figur in der Säulenöffnung daneben ist die Abformung einer Stele von Quiriguá in Guatemala, die unter dem Namen enano „Zwerg" bekannt ist, weil sie kleiner als die anderen Stelen dieser Ruinenstelle ist. Auf der Vorder- und Hinterseite sind weibliche Gestalten, Gottheiten, in reicher Tracht dargestellt. Die Seiten sind mit Hieroglyphenreihen bedeckt. Die auf der rechten Seite des Monuments geben den Namen einer bestimmten Zeitperiode (Katun) und ihren Abstand von einem Normaldatum.

Die andern zwischen den Säulen aufgestellten Stücke sind (bis auf eins) Originale, und stammen zum gröfsten Teil aus der Uhde'schen Sammlung. In der ersten Säulenöffnung links stehen ein auitzotl (ein fabelhaftes Wassertier) und zwei Federschlangen. In der dritten Säulenöffnung Statue des Windgottes (Eécatl oder Quetzalcouatl) mit der runden Mütze und der spitzen Vogelschnabelmaske. In der letzten Säulenöffnung links ein prächtig gearbeiteter Papageienkopf.

Zwischen den Säulen längs der Fensterwand haben die Steinskulpturen von S. Lucia Cozumalhuapan in Guatemala Aufstellung gefunden, die im Jahre 1885/86 durch Adolf Bastian für das Museum erworben wurden. An der Stellwand im hinteren Teile des Raumes links sind Abformungen anderer Monumente aus derselben Gegend angebracht.

In der letzten Säulenöffnung rechts steht der Gipsabgufs des monolithischen Thores von Tiahuanaco in Bolivien, daneben zwei Modelle, welche die Gröfse und den jetzigen Zustand, sowie eine Restauration darstellen.

Lichthof.

An der Rückwand des Thores lehnt der Abgufs einer mit Flachrelief bedeckten Platte von Chavin in Peru. Diese vier Abgüsse sind Geschenke von Dr. A. Stübel in Dresden. An der Treppe rechts stehen Steinsessel vom Cerro de Hoja bei Monte Christi unweit Manta an der Küste von Ecuador. Weiter hinten Steinskulpturen aus Yukatan.

Andere Gegenstände.

In der Mitte des vorderen Raumes sind in einem Schrank, der im Jahre 1892 für die Ausstellung in Madrid angefertigt wurde, Goldsachen aus Kolumbien aufgestellt. An der linken Seite Gegenstände, die den Stämmen des Caucathales, den Quimbaya und ihren Nachbarn angehören: Brustplatten, Ohrgehänge, Ohrscheiben, kleine Figürchen, die vielleicht an Halsketten getragen wurden, und Scheiben etc., die z. T. wohl als Besatz für Stoffe dienten. Auf der rechten Seite des Schranks hauptsächlich Gegenstände der Chibcha des Hochlandes von Bogotá. In der Mitte eine Brustplatte mit gehämmerten Figürchen und darunter eine grofse durchbrochen gearbeitete Nasenplatte. (In dem Goldschrank des Saales V in dem ersten Stockwerk ist in der rechten Abteilung ein kleines Figürchen zu sehen, das eine solche Nasenplatte trägt.) Darunter ein Gürtel aus Goldblech von den Quimbaya. Links und rechts Goldfigürchen der Chibcha (Idole, Nachbildungen von Wurfbrettern, Schlangenfiguren etc.). Links oben Nasenplatten und Nasenringe verschiedener Form. Rechts oben und unten Figürchen aus Goldblech gehämmert. Die Steine, die zu ihrer Anfertigung dienten, die sogenannten „Kalendersteine der Chibcha" sind im Saal V im ersten Stockwerk in der mittleren Abteilung der Vitrine 108 zu sehen.

Die Mitte der linken Säulenreihe nimmt ein Hauswappenpfeiler der Haida (Queen Charlotte's Inseln, Nordwestküste von Amerika) ein.

Auf der rechten Seite steht zwischen dem Thor von Tiahuanaco und dem indischen Götterwagen ein Hauswappenpfeiler der Tsemšiän (an der Küste von Britisch Kolumbien, gegenüber den Queen Charlotte's Inseln).

ERDGESCHOSS.

Eingang links: Vorgeschichtliche Altertümer.
Eingang rechts: Heinrich Schliemann-Sammlung.

Die Sammlung vaterländischer und anderer vorgeschichtlicher Altertümer.

Ausgrabungen und Erwerbungen von Altertümern des Vaterlandes für die Kunstkammer des königlichen Hauses beginnen schon zur Zeit des grofsen Kurfürsten, welcher bereits 1642 mehrere von seinem Geheimen Rat Erasmus Seidel aus dem Cleveschen mitgebrachte Altertümer erwarb; 1680 gelangten die von dem ehemaligen Prediger zu Wesel, Hermann Ewich, im Cleveschen gesammelten „Antikaglien" in das kurfürstliche mit der Kunstkammer vereinigte Antikenkabinet. Aber freilich hatte man in jener Zeit nur die Absicht, Gegenstände des klassischen Altertums auf vaterländischem Boden zu gewinnen; das eigentlich Heimatliche, als barbarisch verachtet, hatte sich gar keiner Aufmerksamkeit zu erfreuen, und brachte ja einmal der Zufall Ausgezeichneteres zu Tage, so war man weit entfernt, es für germanisch oder slavisch zu halten, sondern trug kein Bedenken, es für römisch zu erklären. Darum bedürften noch heute die Sammlungen römischer Denkmäler der genauesten Sichtung und Ausscheidung dessen, was vom Standpunkt des klassischen Altertums aus den barbarischen Völkern angehört. Einzig in der Voraussetzung, dafs es sich um die Erwerbung einer römischen Antike handle, geschah im Jahre 1707 der Ankauf einer jener schönen bei Wulffen, unfern Köthen ausgegrabenen Urnen (I. 2), die König Friedrich I. für den ansehnlichen Preis von 100 Thalern erwarb.

Erst unter Friedrich Wilhelm I., der selbst so entschieden dem Vaterländischen sich zuwandte, fanden auch die eigentlich vaterländischen Altertümer mehr Beachtung

Vaterländische und andere vorgeschichtliche Altertümer. 11

und Anerkennung, wie amtliche Berichterstattungen über gelegentlich im heimatlichen Boden gefundene Altertümer an das Königl. General-Direktorium, die dieses der Königl. Societät der Wissenschaften übermittelte, bezeugen. Was jedoch an Erwerbungen in dieser Hinsicht aus der Zeit Friedrich Wilhelm I., Friedrich II. und Friedrich Wilhelm II. erfolgt sein mag, darüber ist uns nichts bekannt, als dafs des grofsen Königs Absicht, die von Oelrichs in der „Marchia gentilis" beschriebene ausgezeichnete Sammlung Märkischer Altertümer des Hofrat Eltester anzukaufen, scheiterte; dieselbe ward erst 1839 für das Museum erworben.

So war es erst der Regierung Friedrich Wilhelm III. vorbehalten, die ursprünglich zur Kunstkammer gehörige, seit 1830 in einer Galerie des Königl. Schlosses Monbijou aufgestellte Sammlung zu begründen und in kurzer Zeit zu gröfserer Bedeutung zu erheben, teils durch Erwerbung ansehnlicher Sammlungen, teils durch Geschenke patriotisch und wissenschaftlich gesinnter Privatpersonen, die das, was durch Zufall und vereinzelt in ihren Besitz gelangte, gerne darbrachten, um die Erhaltung dieser dem Untergange so leicht ausgesetzten Gegenstände dem Vaterlande und der Wissenschaft durch Aufnahme in das Königl. Institut zu sichern.

Die Sammlung ward später in das neue Museum, 1886 in das Museum für Völkerkunde übergeführt, wo sie zum ersten Male eine zweckentsprechende Aufstellung finden konnte.

Durch die Forschungen der letzten Jahrzehnte ist dargethan worden, dafs auch die Bevölkerung Europas ursprünglich auf einer ähnlichen Stufe der Kultur gestanden hat, wie noch heute existierende Naturvölker, dafs es auch hier eine Zeit gegeben hat, in welcher der Gebrauch der Metalle den Bewohnern unbekannt war. Wie lange Zeit dieser Zustand gedauert hat, wird wohl kaum jemals zu ermitteln sein; soviel steht jedoch fest, dafs in den verschiedenen Teilen des Kontinentes die Kenntnis des Metallgebrauchs sich zu verschiedenen Zeiten verbreitet hat.

Dieses Anfangsstadium der Kultur nennt man nach dem Material, welches in Ermangelung der Metalle hauptsächlich zur Herstellung von Waffen und schneidenden Werkzeugen verwandt wurde, die **Steinzeit**; man unterscheidet eine Zeit, in welcher man sich nur der mit roh zugeschlagenen Schärfen versehenen Steingeräte bediente, wie solche namentlich in Höhlen und Diluvialschichten gefunden werden, die **Periode des geschlagenen Steines**, und als spätere die **Periode des geschliffenen (polierten) Steines**, welche durch Steinwerkzeuge charakterisiert wird, die eine geschliffene Schneide besitzen und deren Oberfläche ebenfalls teilweise oder ganz geschliffen (poliert) ist.

Auf bisher noch nicht mit Sicherheit erkannten Wegen, wahrscheinlich aus den Ländergebieten des südlichen und östlichen Mittelmeerrandes, wurden zuerst Metallgegenstände und mit ihnen die Kenntnis des Metallgebrauches in Südeuropa eingeführt. Während die Bewohner Mittel- und Nordeuropas noch in ihrer primitiven Kultur verharrten, entwickelte sich in den südlichen Ländern eine reiche und blühende Metall-Industrie. Die Produkte derselben fanden wahrscheinlich durch Händler allmähliche Verbreitung fast über ganz Europa, sogar bis in weit nördlich gelegene Gegenden hinauf. Man nennt diese Periode zum Unterschiede von der vorhergegangenen Steinzeit, die **Metallzeit**, welche früher allgemein, jetzt noch von vielen Forschern in eine besondere **ältere und jüngere Bronzezeit** und in eine **ältere, mittlere und jüngere Eisenzeit** geschieden wird, auf Grund der Annahme, dafs der Gebrauch der Bronze dem des Eisens vorangegangen sei.

Die ältesten, uns erhaltenen **Gegenstände in Metall** sind vorwiegend durch Gufs hergestellte Bronzegeräte und Waffen eines bereits sehr entwickelten eigentümlichen Stiles, meistens durch lineare und stilisierte figürliche Ornamente charakterisiert. Sie repräsentieren die **Bronzezeit**. In letzter Zeit sind jedoch in fast allen Ländern Europas, besonders in Österreich, Ungarn, der Schweiz und Spanien so viele Stücke aus fast reinem Kupfer gefunden worden, dafs verschiedene Forscher für gewisse Länder eine besondere **Kupferzeit** annehmen, die nach Einigen der Bronzezeit vorangegangen, nach Anderen nur eine Zwischenperiode der Bronzezeit gewesen sein soll.

Über die Anfänge der Einführung von Metallgegenständen nach dem Norden gehen die Annahmen sehr weit auseinander; Einige setzten hierfür die Zeit um 1500 vor Chr., Andere um 1000 vor Chr. an.

Hieran reihen sich die Funde, in denen neben getriebenen und gegossenen Bronzegeräten auch Eisengeräte und Waffen vorkommen. Nach dem bedeutendsten Fundorte, Hallstatt im Salzkammergut, bezeichnet man diese Klasse gewöhnlich als „Hallstätter Typus". Die Zeit der höchsten Entwicklung desselben dürfte vielleicht um 500 vor Chr. anzunehmen und die Dauer der sogenannten „Hallstätter Periode" etwa für die Zeit von 800 bis 400 vor Chr. zu bemessen sein.

Jüngeren Datums, bis etwa in das vierte Jahrhundert vor Chr. hinauf reichend, sind die namentlich in Frankreich und im Westen und Südwesten Deutschlands häufiger gefundenen Gegenstände etrurischer Herkunft. Es sind dies bronzene Schnabelgefäfse, bemalte Thongefäfse, goldene Schmucksachen, Wagenreste, eiserne Schwerter mit Erzscheiden u. s. w.

Zum Teil nahe verwandt in Form und Verzierungsweise sind die Gegenstände, welche den nach dem hervorragendsten Fundorte, dem Pfahlbau von La Tène bei Marin am Neuchateller See, sogenannten „La Tène-Typus" (auch „gallischer" oder „lateceltic" genannt) repräsentieren und bis etwa 100 nach Chr. zu datieren sein dürften.

Wegen der Ähnlichkeit des Stiles der diesen beiden letzten Zeitabschnitten angehörigen Gegenstände fafst man dieselben als ältere und jüngere La Tène-Zeit zusammen und rechnet die erstere etwa von 400 bis 100 v. Chr. und die zweite von 100 vor Chr. bis 100 nach Chr. — In manchen Gegenden, wo diese Periode besonders reich entwickelt ist, läfst sich auch noch eine mittlere La Tène-Zeit unterscheiden, welche etwa in die Zeit um 200 vor Chr. zu setzen sein würde.

Durch die römische Okkupation wurde dann der noch immer etwas altertümlich-barbarische Geschmack der La Tène-Zeit verdrängt und Gegenstände von der bekannten Formenschönheit griechisch-römischer Kunst fanden in

14 Vaterländische und andere vorgeschichtliche Altertümer.

Menge ihre Verbreitung, selbst nach dem hohen Norden (Skandinavien) und Nordosten (Hinterpommern, West- und Ostpreufsen). Diese der römischen Kaiserzeit angehörige Periode läfst sich etwa vom Jahre 100 bis 350 nach Chr. datieren.

Mit dem Sinken der römischen Macht erhoben sich allmählich die barbarischen Völkerstämme des nördlichen und östlichen Europas und erstarkten mit der Zeit in dem Maafse, dafs sie sich zeitweise fast das ganze Gebiet des ehemaligen römischen Reiches unterthänig machten. Diese sogenannte „Zeit der Völkerwanderungen" macht sich auch auf dem Gebiete der Altertumskunde deutlich bemerkbar. Ihr gehören mannigfache Mischformen barbarischer und klassischer Kunst und Mischfunde an, welche barbarische und rein klassische Gegenstände nebeneinander enthalten. Wir können diese Zeit etwa vom Jahre 350 bis 500 nach Chr. rechnen.

In der sich anschliefsenden Merowinger-Zeit, welche bis zum Jahre 750 n. Chr. anzusetzen ist, sehen wir dann das völlige Überwiegen des barbarischen Geschmacks, der in einzelnen Motiven an die La Tène-Zeit erinnert, in technischer Hinsicht jedoch neue, im Orient mehr geübte Verzierungsweisen durch Tauschieren und Besetzen mit farbigen Steinen, mit grofser Vorliebe zur Anwendung bringt. Reich an Altertümern dieser Zeit sind die ehemaligen Gebiete der Franken, Alemannen und Angelsachsen, die Rheinlande, Süddeutschland, Frankreich und England. In den letzten Jahrzehnten sind aber auch zahlreiche Funde dieser Art in Ungarn und Ostpreufsen und selbst in der Krim zu Tage gefördert worden.

Mit der Karolingerzeit beginnt in West-Deutschland die volle historische Zeit; im Norden werden jetzt auch die heidnischen Sachsen dem Christentum und der abendländischen Kultur zugänglich. Im Osten und Nordosten dagegen verharrten die slavischen Stämme der Sorben-Wenden, welche die durch die Kriegszüge der Völkerwanderungszeit stark entvölkerten Gebiete sich unterworfen hatten und bis über die Elbe hinaus nach Westen vorgedrungen waren, ebenso die alte Bevölkerung Preufsens noch bis in unser Jahrtausend hinein auf ziemlich primitiver Kultur-Stufe, welche nur allmählich von Süden und Osten her durch byzantinisch-orientalische, von Westen und Norden her durch germanische Einflüsse sich emporhob. In diese Zeit gehören zum grofsen Teil die in den östlichen Provinzen vorkommenden Burgwälle mit dürftigen Eisen- und Knochengeräten und grob gearbeiteten, aber meist bereits auf der Scheibe gedrehten Thongefäfsen und der gröfsere Teil der in Nord-Deutschland entdeckten Pfahlbauten, ferner die baltisch-orientalischen Silberfunde, bestehend in gröfstenteils zerhackten Münzen und Schmuckgegenständen, sowie die zum Teil noch späteren eigenartig geformten Bronze- und Eisengegenstände der Provinzen Ost- und Westpreufsen.

Die Aufstellung ist nach geographischen Gebieten geordnet, wobei im allgemeinen die heutigen politischen Grenzen dem Plane zu Grunde gelegt sind, und zwar enthält **Saal I** *die Altertümer aus der Provinz Brandenburg; rechts: aus dem Reg.-Bez. Potsdam, links: aus dem Reg.-Bez. Frankfurt;* **Saal II**, *der kleine nordöstliche Ecksaal, die Altertümer aus Gold und Silber;* **Saal III**, *rechts: die Funde aus der Provinz Sachsen, aus Mitteldeutschland (Königreich Sachsen, Sächsisch-thüringische Staaten und Anhalt) und aus der Provinz Schlesien; links: aus Ost- und Westpreufsen, Pommern und Posen;* **Saal IV**, *links: die Altertümer aus dem westlichen Deutschland, aus Schleswig-Holstein, Mecklenburg, Oldenburg, Hannover, Westfalen, Rheinprovinz und Hessen-Nassau; rechts die Altertümer aus Süddeutschland.*

Aufserdem gehören zu der vorgeschichtlichen Abteilung noch die beiden kleinen Vordersäle links vom Eingang in den Saal I. In dem I. (kleineren) Vorsaale sind vorläufig neue Erwerbungen ausgestellt; er ist für die Aufnahme der Altertümer aus Rufsland bestimmt. Der II. (gröfsere) Vorsaal enthält Gegenstände aus den aufserdeutschen Ländern Europas.

Die Haupt-Etiketten der Schränke zeigen den Namen des Landesteiles an und enthalten in einer kleineren Abteilung in der Mitte des oberen Randes die Nummer des Schrankes. Bei

16 Vaterländische und andere vorgeschichtliche Altertümer.

den niedrigen doppelpultförmigen Schränken sind die beiden Seiten besonders mit A und B bezeichnet, bei den grofsen Mittelschränken die einzelnen Fächer durch besondere Buchstaben. In den Schränken selbst geben besondere gröfsere Etiketten die Namen der Kreise und der bedeutenderen Fundlokalitäten an. Jeder Gegenstand ist mit einem kleineren Etikett, den Fundort und die Katalognummer enthaltend, versehen. Die Namen der Geschenkgeber sind auf besonderen, neben den geschenkten Gegenständen angebrachten Etiketten verzeichnet.

Abkürzungen.

StZ = *Steinzeit (? bis etwa zum 10. (?) Jahrh. vor Chr.);*
BZ = *(Ältere) Bronzezeit (ca. 1000 (?) bis 800 (?) vor Chr.);*
HP = *Hallstätter Periode oder jüngere Bronzezeit und älteste Eisenzeit (800 (?) bis 400 vor Chr.);*
LT = *La Tène-Zeit im allgemeinen (400 vor Chr. bis 100 nach Chr.);*
AeLT = *Ältere La Tène-Zeit (400 bis 100 vor Chr.);*
JLT = *Jüngere La Tène-Zeit (100 vor bis 100 nach Chr.);*
RK = *Römische Kaiserzeit (100 bis 350 nach Chr.);*
VW = *Völkerwanderungs-Zeit (350 bis 500 nach Chr.);*
M = *Merowinger-Zeit (500 bis 750 nach Chr.);*
K = *Karolinger-Zeit (750 bis 900 nach Chr.);*
W = *Wenden-Zeit (Slaven, Wikinger und Waräger, 500 bis 1100 nach Chr.).*

I. HAUPTSAAL. Brandenburg (s. unten S. 19).

Vorher (links) zwei kleinere Vorsäle.

VORSAAL I. Neue Erwerbungen.

Wandschrank, Fach A und B. Gesichtsurnen von Klein-Borkow und Schwartow, Kr. Lauenburg, und von Bernsdorf, Kr. Bütow, Pommern. **Fach C—F.** Funde aus verschiedenen Gegenden.

Vaterländische und andere vorgeschichtliche Altertümer. 17

VORSAAL II. Die aufserdeutschen Länder Europas.

Seitenschrank 1 A (Pultschrank). **Belgien** (s. a. Wandschrank, Fach A): Roh gearbeitete Feuersteingeräte (Ältere Steinzeit). **Frankreich** (s. a. Wandschrank Fach A): Knochengeräte von Mentone und rohe Feuersteingeräte von Pressigny und St. Acheul *(AeStZ)*. Bronzen. **England**: Einige Steingeräte und Bronzen.
Seitenschrank 1 B (Pultschrank). **Dänemark** (s. a. Wandschrank Fach A—D): Behauene und geschliffene Äxte und Hohläxte aus Feuerstein; Steinhämmer mit Schaftloch.
Seitenschrank 2 A (Pultschrank). **Dänemark**: Dolche, Schmalmeifsel und mondsichelförmige Sägen aus Feuerstein.
Seitenschrank 2 B (Pultschrank). **Dänemark**: Dolche, Lanzen- und Pfeilspitzen aus Feuerstein; einige Bronzen. **Schweden und Norwegen** (s. a. Wandschrank Fach E und F): Verschiedene Fundstücke aus Stein, Knochen, Bronze und Eisen, u. A. ein reich verziertes Kollier aus Bronzeblech von Gothland und einige sehr grofse Feuersteinäxte.
Seitenschrank 3 A (Pultschrank). **Rufsland** (s. a. Wandschrank Fach G): Gräberfunde der letzten heidnischen Zeit (8.—10. Jahrh.) in Kurland und Livland. Gefäfsscherben mit Schnurornament, sowie Knochenpfeilspitzen aus dem Gouvernement Perm.
Seitenschrank 3 B (Pultschrank). **Rufsland**: Reiche Gräberfunde der letzten heidnischen Zeit von Ascheraden. Verschiedene Funde, insbesondere schöne Fibeln und Schnallen der Völkerwanderungszeit, von Kertsch.
Seitenschrank 4 A (Pultschrank). **Rufsland**: Glasgefäfse von Kertsch, Perlen aus Glas, Stein und Email aus dem Kaukasus und von Kertsch. Thongefäfse von Koban.
Seitenschrank 4 B (Pultschrank). **Rufsland**: Gräberfunde der letzten heidnischen Zeit von Kaipen, Livland. Eine gröfsere Kollektion verschiedener Bronzen

und Eisengeräte von Koban und anderen Fundstellen im Kaukasus.
Seitenschrank 5 A (Pultschrank). Österreich-Ungarn (s. a. Wandschrank Fach G—J): Bronzen und Steingeräte aus Ungarn. Griechenland (s. a. Wandschrank Fach K): Steinbeile, Messer und Nuclei aus Obsidian, Wirtel aus Steatit.
Seitenschrank 5 B (Pultschrank). Österreich-Ungarn: Pfahlbaufunde vom Attersee *(StZ)* und Burgwallfunde von Stradonitz. Fibeln und Armringe aus dem Duxer Quellfund. Steingeräte und Bronzen aus Böhmen und Mähren.
Wandschrank, Fach A. Frankreich (s. a. Seitenschrank 1 A): Gipsabgüsse zweier bronzener Brustharnische von Grenoble *(HP)*. Originale und Gipsabgüsse von Höhlenfunden der älteren Steinzeit. Holland: Gipsabgüsse von kahnförmigen und anderen Thongefäfsen. Luxemburg: Einige Bronzen. Belgien (s. a. Seitenschrank 1 A): Roh gearbeitete Feuersteingeräte der älteren Steinzeit. Dänemark (s. a. Seitenschrank 1 B, 2 A, 2 B): Kjökkenmöddinger-Äxte und andere rohe Feuersteingeräte der nordischen älteren Steinzeit. **Fach B.** Dänemark: Gipsabgüsse steinzeitlicher Thongefäfse. Nachbildung eines grofsen bronzenen Blasinstrumentes (Lure). Äxte, Messer, Lanzen- und Pfeilspitzen, Nuclei und Schaber aus Feuerstein. **Fach C.** Dänemark: Einige Thongefäfse *(HP* und *RK)*. Dolche, Messer, Äxte, Schaber, Lanzen- und Pfeilspitzen aus Feuerstein, Steinwirtel, sogen. knochenförmige und andere Schleifsteine. **Fach D.** Dänemark: Thongefäfse von der Insel Mors. Waffen und Werkzeuge aus Feuerstein, Beile und Hämmer aus anderem Gestein und aus Hirschgeweih. Einige kleinere Schmucksachen aus Bronze und Bernstein. **Fach E.** Schweden: (s. a. Seitenschrank 2 B): Einige Thongefäfse *(HP)*. Waffen und Werkzeuge aus Feuerstein, u. a. rohe Entwürfe zu Äxten. Kjökkenmöddinger-Äxte (nordische ältere *StZ*). **Fach F.** Schweden: Einige Thongefäfse *(HP)*. Waffen und Werkzeuge aus Feuerstein; Beile und Hämmer aus anderem Gestein; Netzsenker, sogen. Gürtelsteine und

knochenförmige Schleifsteine. **Fach G.** Rufsland (s. a. Seitenschrank 3 und 4): Wollene Tuchreste mit Bronzeornamenten vom Strante-See (letzte heidnische Zeit). Österreich-Ungarn (s. a. Seitenschrank 5): Verschiedene Funde aus Böhmen und Mähren *(StZ, HP, W)*, von Hallstatt, Frögg, Santa-Lucia und Agram *(HP, RK)*, vom Mitterberg bei Salzburg und von den römischen Kolonien Aquincum bei Budapest und Carnuntum bei Deutsch-Altenburg. **Fach H und I.** Österreich-Ungarn: Funde von verschiedenen ungarischen Fundstellen, insbesondere von Lengyel, Komitat Tolna *(StZ und HP)* und von Tordos, Siebenbürgen *(StZ)*. **Fach K.** Griechenland (s. a. Seitenschrank 5 A) und Italien: Kleinere Steingeräte und Bronzen. Gipsabgüsse dreier Hausurnen von Albano. Ägypten: Bruchstück eines gut gearbeiteten Feuersteinmessers. Spanien: Fibeln u. A. von Tarragona aus der Zeit der westgothischen Herrschaft. **Fach L.** Spanien: Ansiedelungs- und Gräberfunde von El Argar (älteste Metallzeit).

Freistehend neben dem Wandschrank: Grofses, als ein Behälter für eine Leiche gebrauchtes Thongefäfs von El Argar, Spanien. **An der Fensterwand.** Ein ebensolches Gefäfs von El Argar. Glasurne mit Beigaben nebst dazu gehörigem Steinbehälter von Salona, Dalmatien *(RK)*. Gipsabgufs des Bronzewagens von Strettweg, Steiermark *(HP)*. **An der einen Querwand:** Gipsabgüsse von zwei Steinplatten mit Reliefdarstellungen von Frauen von Aquincum (?) und Dunaföldvar, Ungarn *(RK)*. Schleif- und Mahlsteine aus Schweden, Österreich-Ungarn und Spanien. Grofses Schlackenstück vom Mitterberge bei Salzburg. **An der anderen Querwand:** Abgüsse von fünf verschiedenen Steinbildern aus Österreich-Ungarn.

I. HAUPTSAAL. Provinz Brandenburg.
A. Reg.-Bez. Potsdam. (Rechte Seite.)

Seitenschrank 1 A (Pultschrank). Kr. Ruppin (s. a. Seitenschrank 2 B): Bronzefunde von Katerbow,

Trieplatz, Wildberg, Sieversdorf, Kränzlin. Torques von Tramnitz, Bronzeschwert von Herzberg *(HP)*. Eisenfunde von Karwe und Zühlen *(JLT)*. Beile, Hämmer und Hacken aus Stein. Hämmer aus Hirschgeweih.
Seitenschrank 1 B (Pultschrank). Kr. Prenzlau: Steingeräte. Depot-Fund der Steinzeit von Bagemühl. Facettierter Steinhammer von Schmarsow, Bronzeschwert von Holtzendorf und Bronze-Axt von Schmarsow *(HP)*. Bronzefunde von Lemmersdorf und Arendsee *(HP)*. Kr. Ost-Priegnitz (s. a. Mittelschrank I Fach C und Seitenschrank 2 A): Steingeräte von Freyenstein und Schmarsow, neolithischer Grabfund von Zechlin. Bronzefunde von Kuhsdorf, Schabernack, Gr.-Pankow. Bronzeschwert von Horst *(HP)*. Kr. West-Priegnitz (s. a. Mittelschrank I Fach A—C): Steingeräte von Boberow, Havelberg, Milow, Wolfshagen, Puttlitz. Bronzefunde von Tangendorf, Bresch und Hohenvier *(HP)*, Bronzeschwerter von Schönfeld (Hallstätter Typus), Steesow, Puttlitz. Bronze-Celte *(HP)*.
Seitenschrank 2 A (hoher Schrank). Kr. Ost-Priegnitz: Urnen und Beigaben aus einem Brandgräberfelde der Longobarden bei Dahlhausen *(VW)*.
Seitenschrank 2 B (hoher Schrank). Kr. Ruppin (s. a. Seitenschrank 1 A): Gräberfeld von Sonnenberg *(JLT)*. Ovales Thongefäfs von Gransee *(HP)*. Funde von einer Feuerstein-Werkstätte bei Grüneberg. Bronzekessel mit darin gefundenen Waffen und Schmucksachen von Gnewikow *(RK)*. Thongefäfse und eiserne Lanzenspitze von Seebeck *(W)*. Burgwallfunde von Alt-Ruppin *(W)*. Kr. Angermünde (s. a. Seitenschrank 3 A): Thongefäfse von Schwedt *(StZ)*. Gräberfunde von Serwest, Oderberg, Grünow und Melzow *(HP* und *AeLT)*. Gräberfeld von Schmelze *(JLT)*. Bronzefibeln von Blankenburg *(LT)* und Grünow *(RK)*. Wendische Gefäfse von Liepe und Schwedt. Kr. Templin (s. a. Seitenschrank 3 A): Bronzefibel *(LT)* und Mäandergefäfs *(RK)* von Badingen, Buckelgefäfs von Vofsberg *(HP)*. Feuerstein-Werkstätte bei Miklenberg *(StZ* und später).
Seitenschrank 3 A (Pultschrank). Kr. Templin (s. a. Seitenschrank 2 B): Nephrit-Beil von Suckow (nörd-

lichster Fundort in Deutschland). Steingeräte. Bronzeschwert von Burgwall. Bronzefund von Herzfelde. Bronze-Halsring mit imitierter Torsion von Alt-Temmen *(AeLT)*. Kr. Angermünde (s. a. Seitenschrank 2 B): Steingeräte, Bronzefunde von Lunow *(BZ)* und Gramzow *(HP)*. Schwert von Nieder-Finow *(HP)*. Kr. Ober-Barnim (s. a. Mittelschrank I Fach D): Steingeräte. Schuhleistenförmiger Steinkeil von Freienwalde und Bruchstück eines facettierten Hammers von Eberswalde. Bronzefund von Hegermühle, Lichterfelde und Steinbeck *(HP)*. Kr. Nieder-Barnim (s. a. Mittelschrank I Fach D—F): Steingeräte. Feuersteinmeifsel vom Liepnitz-Werder. Steinhacke von Erkner. Bronzefunde von Malchow, Oranienburg *(HP)*. Halsring *(LT)* von Liebenwalde. Fibula von Nieder-Schönhausen *(AeLT)*.

Seitenschrank 3 B (Pultschrank). Stadtbezirk von Berlin (s. a. Mittelschrank I Fach D): Vier Steinbeile (I. f. 1084 und 1117 beim Bau des neuen Packhofes gefunden). Grofse Spiralfibel, Nadel, Armring und Celt von Bronze *(HP)*. Stadtkreis Charlottenburg (s. a. Mittelschrank I Fach D): Beil von Nephrit, schuhleistenförmiges Steingerät. Stadtkreis Potsdam (s. a. Mittelschrank I Fach D): Hohlcelt, Messer von Bronze. Kreis Teltow (s. a. Mittelschrank I Fach G und H): Steingeräte von Selchow, Schönow, Schmöckwitz. Bronzefunde von Schmöckwitz und der Pfaueninsel bei Potsdam *(HP)*. Bronze-Halsringe von Staakow und Teltow *(LT)*. Gräberfunde von Teltow *(LT)*. Eisenfund von Mariendorf, Einzelfunde aus dem Gräberfelde von Rudow *(RK)*. Eisen- und Knochengeräte etc. von Schenkendorf, Kohlhasenbrück *(W)*.

Seitenschrank 4 A (Pultschrank). Kr. Ost-Havelland (s. a. Mittelschrank II Fach A und B): Steingeräte und Bronzen. Grofse Bronzefunde von Spandau, Bredow und Nauen *(HP)*. Funde aus dem Burgwall von Ketzin, Lanzenspitze und Ringfibel von Paretz *(W)*.

Seitenschrank 4 B (Pultschrank). Kr. West-Havelland (s. a. Mittelschrank II Fach B—E und Seitenschrank 5—7): Steingeräte. Bronzefunde von Stölln, Ketzür,

Tieckow, Zootzen, Friesack, Pritzerbe *(HP)*. Bronzefibel von Marzahne, Bronzeschwert von Stechow *(HP)*. Kleine Thonfigur von Rhinow. Funde von Feuerstein-Werkstätten bei Gräningen und Rhinow. Knöcherne Harpunen und Angelhaken von Döberitz, Ferchesar, Fernewerder und Ketzin.
Seitenschrank 5 A und B (hoher Schrank). Kr. West-Havelland: Urnen und Beigaben aus einem grofsen Gräberfelde von Fohrde *(RK)*.
Seitenschrank 6 A (Pultschrank). Kr. West-Havelland: Urnen und Beigaben aus Gräberfeldern von Fohrde, Garlitz, Brandenburg *(RK* und *VW)*.
Seitenschrank 6 B (Pultschrank). Kr. West-Havelland: Urnenfeld von Butzow *(VW)*.
Seitenschrank 7 A und B (hoher Schrank). Kr. West-Havelland: Urnenfeld von Butzow *(VW)*.
Seitenschrank 8 A (Pultschrank). Stadtkreis Brandenburg (s. a. Mittelschrank II Fach B und Seitenschrank 6 A): Steingeräte. Schwert und kleines Gefäfs von Bronze *(HP)*. Schwert von Eisen *(W)*. Kr. Zauch-Belzig (s. a. Mittelschrank II Fach F—H): Steingeräte von Golzow und aus einem Depotfunde von Glindow. Horngeräte von Jeserich. Bronzefunde von Prützke und Werder *(HP)*. Bronze-Dolche von Dahmsdorf, Schmertzke und Paderdamm *(HP)*. Gräberfunde von Krielow *(JLT)*. Kr. Jüterbock-Luckenwalde (s. a. Mittelschrank II Fach H): Steinhämmer von Baruth und Jüterbock. Bronze-Celt von Dahme *(HP)*. Grabfund von Kloster Zinna *(RK)*. Kr. Beeskow-Storkow: Steinhammer von Beeskow, Bronzefund von Wasserburg *(HP)*. Gufsform für einen Hohlcelt von Falkenberg.
Seitenschrank 8 B (Pultschrank). Kr. Zauch-Belzig: Gräberfelder von Rietz *(LT* und *VW)*.
Mittelschrank I, Fach A. Kr. West-Priegnitz (s. a. Seitenschrank 1 B): Urnen mit Beigaben von Seddin und Havelberg *(HP)*. **Fach B.** Kr. West-Priegnitz: Gräberfelder von Gandow, Milow, Rühstedt, Steesow, Wend.-Warnow und Wöpelitz *(LT* und *RK)*. **Fach C.** Kr. West-Priegnitz: Urnen und Beigaben von Kl.

Leppin, Retzin, Suckow *(RK)*. Kr. Ost-Priegnitz (s. a.
Seitenschrank 1 B): Schnurverziertes Thongefäfs und Stein-
hammer aus Dahlhausen *(StZ)*. Gräberfelder von Kehr-
berg, Krams, Kuhbier, Zaatzke, Zechlin *(HP* und *LT)*.
Hausurne und Fibeln von Luggendorf *(LT)*. **Fach D.**
Stadtkreise Berlin, Charlottenburg, Potsdam (s. a.
Seitenschrank 3 B): Thongefäfse *(StZ* und *HP)*. Kr.
Ober-Barnim (s. a. Seitenschrank 3 A): Gräberfeld von
Lichterfelde *(HP)*, Grabfund von Rüdnitz *(RK)*. Kr.
Nieder-Barnim (s. a. Seitenschrank 3 A): Gräberfeld
von Münchehofe *(HP)*. Feuerstein-Werkstätten von
Summt und Wandlitz. **Fach E.** Kr. Nieder-Barnim:
Gräberfelder von Wandlitz und Tegel *(HP* und *LT)*.
Fach F. Kr. Nieder-Barnim: Gräberfelder von Hirsch-
garten, Rosenthal, Stolzenhagen, Waidmannslust *(HP* und
LT). Sehr grofses Thongefäfs von Dahlwitz *(HP)*.
Fach G. Kr. Teltow (s. a. Seitenschrank 3 B): Feuer-
steinwerkstätten von Kladow und Schmöckwitz. Stein-
zeitliche Scherben von Waltersdorf. Reich verzierte Schalen
von Köpenick *(HP)*. Gräberfelder von Britz und Teltow
(HP), von Rudow und Schöneberg *(HP* und *LT)*.
Fach H. Kr. Teltow: Gräberfelder von Gr.-Lichterfelde
und Tempelhof *(LT)*. Funde vom Rohrwall bei Schmöck-
witz *(IV)*. Otterfallen von Halensee.
Mittelschrank II, Fach A. Kr. Ost-Havelland
(s. a. Seitenschrank 4 A): Gräberfelder von Eichstätt-
Vehlefanz und Kremmen *(LT)*. **Fach B.** Kr. Ost-
Havelland: Steinzeitliche Thongefäfse von Ketzin.
Mäanderurne mit Beigaben von Priort und Bronzegefäfs
von Bornim *(RK)*. Urnen mit Beigaben von Fahrland
(VW). Burgwallfunde von Ketzin *(IV)*. **Stadtkreis
Brandenburg** (s. a. Seitenschrank 6 A und 8 A): Ver-
ziertes Thongefäfs und Steinbeil *(StZ)*. Kr. West-
Havelland (s. a. Seitenschrank 4 B): Steinzeitliche Funde
von Grabow, Ketzür, Marzahne, Rhinow, Pawesin,
Pritzerbe. Gräberfelder von Lünow und Parey *(HP)*.
Fach C. Kr. West-Havelland: Gräberfelder von
Radewege *(HP)* und Buckow *(LT)*. **Fach D.** Kr. West-
Havelland: Gräberfelder von Butzow und Kriele

24 Vaterländische und andere vorgeschichtliche Altertümer.

(*LT*). **Fach E.** Kr. West-Havelland: Gräberfelder von Fohrde und Garlitz *(HP* und *LT)*. Thongefäfse von Friesack und Rathenow *(W)*. **Fach F.** Kr. Zauch-Belzig (s. a. Seitenschrank 8): Gräberfeld von Dahnsdorf *(HP*; s. a. vordere Saalwand). **Fach G.** Kr. Zauch-Belzig: Gräberfelder von Kuhlewitz *(HP* und *LT)*, von Derwitz und Bochow *(LT)*. **Fach H.** Kr. Zauch-Belzig: Gräberfeld von Borna *(LT)*. Kr. Beeskow-Storkow (s. a. Seitenschrank 8 A): Gräberfelder von Falkenberg, Giesensdorf, Saarow *(HP)*. Thongefäfse von Blossin *(W)*. Kr. Jüterbock-Luckenwalde (s. a. Seitenschrank 8 A): Gräberfelder von Paplitz und Stangenhagen.

B. Reg.-Bez. Frankfurt.
Seitenschrank 9 A. Kr. Soldin: Funde von Werbelitz, Rehnitz, Soldin. Bronzeschwert von Lippehne. Bronzemesser von Liebenfelde *(HP)*. Steingeräte von Rehnitz. Kr. Arnswalde (s. a. Mittelschrank III Fach B): Steingeräte von Röstenberg. Bronzefunde von Schwachenwalde, Schönfeld und Granow. Grofse Nadel von Sammenthin *(HP)*. Funde von Marienwalde *(RK* und *W)*.
Seitenschrank 9 B. Kr. Friedeberg (s. a. Mittelschrank III Fach A und B): Funde von Guschter Holländer. Kr. Landsberg (s. a. Mittelschrank III Fach B): Grabfund von Zechow, Steingeräte von Fichtwerder, Gr.-Czettritz, Charlottenhof. Bronzefunde von Hohenwalde (ein Beifund in Saal II, Goldschrank Fach B) und Gennin *(HP)*. Kr. Königsberg (s. a. Mittelschrank III Fach C): Steingeräte von Bernekow, Bärwalde, Hoh.-Lübbichow, Nahausen, Vietnitz, Königsberg, Hanseberg, Neu-Glietzen. Bronzefunde von Gästebiese, Zorndorf, Zehden, Königsberg, Grenzhof, Morin *(HP)*. Gräberfunde von Hohen-Wutzow *(LT* und *RK)*, Küstrin und Neuenhagen *(RK)*.
Seitenschrank 10 (hoher Schrank) enthält neue Erwerbungen aus dem Reg.-Bez. Frankfurt.
Seitenschrank 11 A. Kr. Lübben (s. a. Mittelschrank III Fach G): Steingeräte von Lübben, Lieberose, Hartmannsdorf, Bronzefunde von Lübben, Lubolz *(HP)*. Kr. Guben (s. a. Mittelschrank III Fach F und

Seitenschrank 13 B): Steinhammer von Oegeln. Bronzefund von Koschen *(AeLT)*. Kr. Lebus (s. a. Mittelschrank III Fach D und E): Bronzefunde von Seelow, Buckow, Bronzeschwert von Brieskow *(HP)*. Bronze-Lanzenspitze und Nadel *(HP)*, eiserne Lanzenspitze und Schnallen etc. *(RK)* von Werbig, Grabfunde von Markendorf *(RK*, die Urnen im Mittelschrank III Fach D). Runen-Lanzenspitze von Müncheberg-Dahmsdorf *(RK*, Nachbildung). Stadtkreis Frankfurt (s. a. Mittelschrank III Fach D): Bronzen aus einem Gräberfelde in der Nähe der Stadt *(HP)*. Kr. West-Sternberg (s. a. Mittelschrank III Fach F): Steinhammer und Bronzeschwert von Göritz, Bronzefund von Kunersdorf *(HP)*. Kr. Ost-Sternberg: Steinhammer von Posersfelde, Bronze-Halsring von Limmritz, Bronze-Armring von Sonnenburg *(HP)*. Kr. Krossen (s. a. Mittelschrank III Fach E): Eiserne Scheere von Tammendorf (die Beifunde im Saal II Goldschrank Fach B; *RK*).
Seitenschrank 11 B. Kr. Krossen: Grofser Bronzefund von Sommerfeld *(HP)*. Kr. Lübben: Bronzefund von Straupitz *(HP)*.
Seitenschrank 12 A. Gräberfeld von Aurith, Kr. West-Sternberg *(HP* und *LT)*.
Seitenschrank 12 B. Kr. Luckau (s. a. Mittelschrank III Fach G und H): Steingeräte von Golssen, Kasel, Luckau, Schenkendorf, Waldow, Prirow. Bronzefunde von Schönwald, Waldow, Niewitz, Golssen, Sellendorf *(HP)*, Funde von Buckowin, Luckau, Golssen, Krossen *(RK)*. Kr. Kalau (s. a. Mittelschrank IV Fach A und B): Steingeräte von Almosen, Buchwalde, Kalau, Klettwitz, Leipe, Stradow, Vetschau, Wormlage. Bronze-Celte von Ragow, Falkenberg, Senftenberg.
Seitensckrank 13 A. Kr. Kottbus (s. a. Mittelschrank IV Fach B und C): Steingeräte von Burg, Fehrow, Schmogrow, Kottbus, Komptendorf. Bronzefunde von Babow, Burg, Werben *(HP)*.
Seitenschrank 13 B. Kr. Guben (s. a. Seitenschrank 11 A): Eisengeräte von Coschen, Guben, Haaso, Liebesitz, Reichersdorf, Wirchenblatt *(LT, RK* und *W)*. Kr. Sorau (s. a. Mittelschrank IV Fach D—H): Bronze-

funde von Zilmsdorf, Sorau, Weissagk, Sablath, Gr.-Särchen, grofse Nadel von Christianstadt *(HP)*. Kr. Spremberg: Bronze-Celt von Spremberg *(HP)*.
Seitenschrank 14 A. Thongefäfse aus verschiedenen Gräberfeldern der Nieder-Lausitz.
Seitenschrank 14 B. Kr. Sorau: Urnen, Beigefäfse und Beigaben aus dem Gräberfelde von Billendorf *(HP und AeLT)*.
Mittelschrank III, Fach A. Kr. Friedeberg (s. a. Seitenschrank 9 B): Urnen mit Beigefäfsen und Beigaben aus dem Gräberfelde von Guschter Holländer *(HP)*. **Fach B.** Kr. Friedeberg: Urnen und Beigefäfse von Guscht und Guschter Holländer *(HP und RK)*. Urnen von Vorbruch. Nachbildung einer Bernsteinfigur von Driesen. Kr. Arnswalde: Urnen von Raakow *(AeLT)*. Kr. Landsberg (s. a. Seitenschrank 9 B): Thongefäfse von Gr.-Czettritz, Kl.-Czettritz, Landsberg, Charlottenhof *(HP)*. **Fach C.** Kr. Königsberg (s. a. Seitenschrank 9 B): Thongefäfs aus der Steinzeit von Königsberg. Thongefäfse aus späteren Perioden von Clossow *(HP und RK)*, Hohen-Wutzow, Zehden, Königsberg, Nahausen, Grenzhof, Berneckow, Feldichen *(HP und AeLT)*. Grabfunde von Amt Wittstock *(HP)*. Urne mit Fibel von Wilkersdorf *(RK)*. **Fach D.** Kr. Lebus (s. a. Seitenschrank 11 A): Thongefäfse von Alt-Mahlisch, Podelzig, Gorgast, Werbig *(BZ, HP, AeLT, RK, W)*, Markendorf *(RK;* Beigaben im Seitenschrank 11 A). Grabfunde von Kienitz und Neu-Hardenberg. Nachbildungen der Gufsformen von Buckow. Stadtkreis Frankfurt (s. a. Seitenschrank 9 A): Thongefäfse *(HP)*. **Fach E.** Kr. Lebus: Urnen und Beigefäfse von Lossow und Treplin *(HP und AeLT)*. Kr. West-Sternberg (s. a. Seitenschrank 11 A): Funde von Göritz und Ziebingen *(RK)*. Kr. Ost-Sternberg (s. a. Seitenschrank 11 A): Fund von Kriescht *(HP)*. Kr. Krossen (s. a. Seitenschrank 11 A und B): Thongefäfse etc. von Bindow und Tammendorf *(HP)*, Pleiske *(RK)*. **Fach F.** Kr. Guben (s. a. Seitenschrank 11 A): Gefäfse von Oegeln, Coschen, Reichersdorf, Fürstenberg, Guben, Haaso, Strega *(HP und LT)*. **Fach G.** Kr. Lübben

(s. a. Seitenschrank 11): Thongefäfse von Lübben. Kr.
Luckau (s. a. Seitenschrank 12 B): Urnen, Beigefäfse und
Beigaben von Freiwalde, Gefäfse von Beesdau, Dobrilugk,
Dransdorf, Weissagk *(HP* und *AeLT)*. **Fach H.** Kr.
Luckau (s. a. Seitenschrank 12 B): Thongefäfse von Golssen
und Alt-Golssen, Dübrichen, Lieskau, Luckau, Gosmar,
Zützen *(HP* und *AeLT)*. Kr. Kalau (s. a. Seitenschrank
12 B): Thongefäfse von Repten *(HP)*.
Mittelschrank IV, Fach A. Kr. Kalau (s. a.
Seitenschrank 12 B): Gefäfse von Stradow, Lübbenau,
Vetschau, Jeschen, Zerkwitz, Lobendorf, Wilmersdorf *(HP*
und *AeLT)*. **Fach B.** Kr. Kalau: Gefäfse von Muckwar,
Rago, Radusch, Laubst, Särchen, Senftenberg, Drebkau,
Gofslau, Kalau, Domsdorf *(HP* und *AeLT)*. **Fach C.**
Kr. Kottbus (s. a. Seitenschrank 13 A): Urnen, Beigefäfse
und Beigaben aus dem Gräberfeld von Müschen *(HP)*.
Fach D. Kr. Kottbus: Feuersteingeräte von Kottbus
und Mertzdorf. Urnen und Beigefäfse aus den Gräber-
feldern von Werben, Eichow, Kolkwitz, Kottbus, Gallinchen
(HP und *AeLT)*. **Fach E.** Kr. Kottbus: Urnen,
Beigefäfse und Beigaben aus verschiedenen in der Feldmark
von Burg im Spreewalde gelegenen Gräberfeldern *(HP* und
AeLT). Bronzewagen von Burg. **Fach F.** Kr. Sorau
(s. a. Seitenschrank 13 B und 14 B): Urnen und Beigefäfse
von Särchen, Linderode, Forst, Reinswalde, Droskau,
Baudach, Preschen, Hasel, Jüritz, Liebsgen *(HP* und
AeLT). Giefsereifund von Guschau. **Fach G.** Kr. Sorau:
Urnen, Beigefäfse und Beigaben aus den Gräberfeldern
von Berge bei Forst und Pförten *(HP* und *AeLT)*.
Fach H. Kr. Sorau: Gräberfeld von Pförten *(HP* und
AeLT).

An der vorderen Wand des Saales frei aufgestellt:
Holzfigur von Alt-Friesack, Kr. Ruppin. Grabfunde von
Wandlitz, Kr. Nieder-Barnim, Guscht, Kr. Friedeberg, und
Dahnsdorf, Kr. Zauch-Belzig. Ein grofses Thongefäfs von
Steesow, Kr. West-Priegnitz. Verschlackte Teile eines
Leichen-Verbrennungsherdes von Seddin, Kr. West-
Priegnitz.

28 Vaterländische und andere vorgeschichtliche Altertümer.

An der hinteren Wand des Saales: Grofser Einbaum von Siehdichum, Kr. Guben. Sesselförmige Mahlsteine von Eberswalde, Spandau, Seelow, Helpe *(StZ)*, solche mit ebener Mahlfläche von Burg im Spreewald *(HP* oder *LT)*, runde mit Durchlochung von Telz, Bredow, Beelitz, Kemnitz, Werbig, Golfsen, Kottbus *(IV)*.
Am Eingange zu Saal III auf beiden Seiten der Thür: Gipsabgüsse von Reliefplatten aus Bergen und Altenkirchen auf Rügen, wahrscheinlich altslavische Götterbilder darstellend. Vor der Thür: ein Schrank mit neuen Erwerbungen aus Pommern, der Rheinprovinz, Thüringen, Frankreich und Rufsland.

SAAL II (Goldsaal).

Goldschrank, Fach A. Prov. Ostpreufsen: Fingerring von Stallupönen (10. Jahrh. n. Chr.). Armring von Strobjehnen, Kr. Fischhausen (10.—11. Jahrh. n. Chr.). Prov. Westpreufsen: Armringe von Danzig. Fragmente von Carthaus *(HP)*. Hängezierrat von Stüblau. Prov. Posen: Doppelspiralen von Brzezie, Kr. Pleschen *(HP)*. Halsring von Radosiw, Kr. Czarnikau *(RK)*. Bracteaten, der eine mit Runen-Inschrift, und Ringe von Wapno, Kr. Wongrowitz *(VW)*. Fingerring von Knyszyn, Kr. Posen *(VW)*. Prov. Pommern: Armringe von Egsow, Kr. Schlawe, Grünwalde, Kr. Rummelsburg, und Lübbehn, Kr. Lauenburg, sowie ein Armring unbekannten Fundorts *(HP)*. Zusammengebogene Stücke von Golddraht (verbogene Armspiralen) von Greiffenhagen, Kr. Greiffenhagen *(HP)*. Fingerringe von Grahlhof auf Rügen, Klatzow, Kr. Demmin *(RK)*. Bracteaten und eine Perle aus Golddraht von Körlin, Kr. Kolberg-Körlin *(VW)*. Halsring von Waldow, Kr. Rummelsburg, zwei Bruchstücke eines grofsen doppelten Halsringes von Neu-Mexico bei Stargard, Kr. Saatzig *(VW)*. Massiver Armring von Kloster auf Hiddensee (10. Jahrh.). **Fach B.** Prov. Brandenburg: Fund von Werder, Kr. Zauch-Belzig: Getriebenes Gefäfs, zwei Armringe und zwei

Spiralen. Stirnband von Senftenberg, Kr. Kalau *(HP)*.
Armringe von Zossen, Kr. Teltow, Wolfshagen, Kr. West-
Priegnitz, Streckenthin, Schabernack, Kr. Ost-Priegnitz (s. a.
Saal I, Seitenschrank 1 B), und aus der Uckermark,
Fragmente eines verbogenen Armringes von Hohenwalde,
Kr. Landsberg (s. a. Saal I, Seitenschrank 9 B; *HP*). Spiralen
von Sonnenwalde, Kr. Luckau, Rudow, Kr. Teltow, Grofs-
Särchen, Kr. Luckau, Vetschau, Kr. Kalau. Zierplättchen
von Weissagk, Kr. Luckau, Halsring von Walchow, Kr.
Ruppin. Fingerring aus der Priegnitz *(HP)*. Ringe und
Fragmente aus Golddraht von Tschernow, Kr. West-
Sternberg *(HP)*. Kleines Stück Goldblech aus einer Urne
von Kolkwitz, Kr. Kottbus *(AeLT?;* s. Saal I, Mittel-
schrank IV. D). Fund von Tammendorf, Kr. Krossen:
Gemme, Fragmente von Schmucksachen aus Gold und
Gusskuchen von Silber (hierzu die eiserne Scheere im
Saal I, Seitenschrank 9 A; *RK*). Halskette von Buskow,
Kr. Ruppin *(RK)*. **Fach C.** Prov. Schlesien: Gold-
drahtspiralen von Halbendorf, Kr. Oppeln. Goldspirale
aus Lindenau, Kr. Hoyerswerda *(HP)*. Halsring von Glogau
(RK). Zwei Fragmente eines massiven Armringes von
Vogelgesang, Kr. Nimptsch, und die Nachbildung desselben
in seiner ursprünglichen Gestalt *(VIV)*. Schmucksachen
und Fragmente von Höckricht, Kr. Ohlau. Die zu diesem
Funde gehörenden Bronze-Gefäfse im Mittelschrank aufgestellt
(M). Prov. Sachsen: Nadel von Magdeburg. Goldspiralen
von Naumburg, Kr. Sangerhausen. Fund von Merseburg:
Vier Armringe und ein Celt aus massivem Gold *(HP)*.
Fibel von Henschleben, Kr. Weissensee *(RK)*. Halsring
von Gatterstädt, Kr. Querfurt *(RK?)*. Funde von Leubingen,
Kr. Eckartsberga, und Voigtstedt, Kr. Sangerhausen *(RK)*.
Mittel-Deutschland: Zwei Goldspiralen von Bautzen
im Kgr. Sachsen *(HP)*. Armringe von Wedringen, Kr.
Neuhaldensleben, und von Flurstedt, Grofsh. Sachsen-Weimar
(RK). **Fach D.** Rheinprovinz: Kopfring von Besse-
ringen, Kr. Merzig *(AeLT)*. Fingerring von Köln *(RK)*.
Scheibenfibel von Linz, Kr. Neuwied. Prov. Westfalen:
Zusammengebogener Halsring und Fingerring von Körbecke,
Kr. Soest *(RK)*. Prov. Schleswig-Holstein: Funde

von Egstedt: Stirnband, Armring, Fingerring, kleine Spiralen; Armring von Meldorf. Armring und Fingerspiralen von Hastedt. Kleine Spiralen von Oersdorf und Brickeln (in Dithmarschen) und Tasdorf, Kr. Kiel *(HP)*. Prov. Hessen-Nassau: Regenbogenschüsselchen von Mardorf. Prov. Hannover: Fingerring aus Ostfriesland. Süd-Deutschland: Regenbogenschüsselchen von Siegenburg bei Landshut und aus dem südlichen Baden, ebendaher auch ein Fingerring *(AeLT)*. Longobardenkreuz aus Pfahlheim *(M)*. Goldfunde von unbekannten Fundorten: Zwei Armringe und ein massiver Fingerring. **Fach E.** Nord-Deutschland: Bracteat aus Mecklenburg *(VW)*. Dänemark: Drei Bracteaten *(VW)*. Schweden: Goldene Zierplättchen mit undeutlichen Figuren *(VW)*. Holland: Grofser Goldfund von Velp in Geldern: Sieben grofse Halsringe, zwei Fingerringe, eine Spirale und Fragmente einer Spirale *(VW)*. Frankreich: Ohr- und Fingerringe von verschiedenen Fundorten. Italien: Zwei Longobardenkreuze. Goldfunde von unbekannten Fundorten: Ein Fingerring und sieben Bracteaten. **Fach F.** Österreich-Ungarn: Zwei Ketten aus Perlen *(HP* und ca. 7. Jahrh. nach Chr.), zwei grofse Platten mit getriebenen Buckeln *(HP)*, ein Halsgeschmeide und eine grofse Zahl von Armringen, Fingerringen und Ohrringen aus Ungarn. Vier keltische Goldmünzen von Stradonitz in Böhmen *(LT)*. Rufsland: Stirnbinde von Kertsch.

Mittelschrank. Abgüsse von verschiedenen berühmten Goldfunden, sowie von zwei Bronzegefäfsen. Grabfund von Besseringen (Rheinprovinz), zu dem im nebenstehenden Schrank aufgestellten Goldring gehörig *(AeLT)*. Grabfund von Biethkow, Kr. Prenzlau. Bronzewaage nebst Kapsel und Gewichten von Rugard bei Bergen, aus späterer slavischer Zeit. Derselben Zeit angehörig Hacksilberfunde mit den dazu gehörenden Gefäfsen von Althöfchen, Lácz-Mühle und Bromberg (Prov. Posen), Uszcz (Westpreufsen), Lupow (Pommern), Gnichwitz und Peiskerwitz (Schlesien), Küstrin und Lebus (Brandenburg).

Silberschrank, Fach A. Prov. Posen: Hacksilberfunde von Lácz-Mühle bei Posen, Parlin, Kr. Mogilno,

Turew, Kr. Kosten, Wielowies, Kr. Krotoschin (*W*; vgl. auch Fach F). **Fach B.** Prov. Brandenburg: Hacksilberfund von Göritz, Kr. Prenzlau: Halsringe aus geflochtenem Silberdraht, Armring, Ohrringe, Schläfenringe, Ohrgehänge mit Kettchen, kleine Reliefplatten mit verschiedenen Verzierungen, zerschnittene Münzen des 8.—11. Jahrh., meist orientalischen Ursprungs, nebst vielen zerhackten Fragmenten. Ähnliche Funde von Brandenburg a. H., Grahlow, Kr. Landsberg, Rutenberg, Kr. Templin, Güstrow, Kr. Prenzlau. Sogenannte Wenden-Pfennige von Klein-Beeren, Kr. Teltow, Kyritz, Kr. Ost-Priegnitz, Ring von Dalgow, Kr. Osthavelland, Silberbarren von Markee, Kr. Osthavelland, Halsring von Burg im Spreewalde *(W)*. Römische Münzen von Küstrin. **Fach C.** Prov. Pommern: Hacksilberfunde von Eickstedtswalde, Kr. Kolberg-Körlin, Wollin, Kr. Usedom-Wollin, Plötzig, Kr. Rummelsburg, Grapzow, Kr. Demmin, Gr.-Volz, Kr. Rummelsburg, Franzen, Kr. Schlawe, Schmolsin, Kr. Stolp, Bütow, Witzmitz, Kr. Regenwalde, Quatzow, Kr. Schlawe, Thurow, Kr. Greifswald. **Fach D.** Prov. Sachsen: Zwei Armringe von Günstedt, Kr. Weifsensee *(RK)*. Bracteaten von Neiden, Kr. Torgau. Rheinprovinz: Ohrgehänge von Andernach, Kr. Mayen *(M)*. Nord-Deutschland: Silberfund von Kl.-Rosharden in Oldenburg (Anf. des 11. Jahrh.). Süd-Deutschland: Fibeln und Beschläge aus fränkischer Zeit von Ulm, Nordendorf, Abach; Beschläge von Deidesheim in der Rheinpfalz *(M)*. **Fach E.** Österreich-Ungarn: Armringe, Halsringe, Fibeln (II 5654 und 5655 *LT*, II 6338, 11311, 11312 *VW* und *M*), eine grofse Kette von Borsod, eine Schale von Fünfkirchen, zwölf Schläfenringe von Gran (8. bis 11. Jahrh. nach Chr.). Rufsland: Halsring *(W)*. **Fach F.** Prov. Ost-Preufsen und West-Preufsen: Kleine Zierscheibe und zwei Armbänder von Bischofswerder, Kr. Rosenberg *(RK)*. Kleine Hacksilberfunde von Slawoszyn, Kr. Neustadt, Czerwinsk, Kr. Marienwerder, Kl.-Klatz, Kr. Neustadt *(W)*. Fingerring aus der Gegend von Tilsit. Kette von grofsen Silberperlen und Kristallperlen, Ohrringe und Fingerringe unbekannten Fundortes. Prov. Posen (vgl. Fach A): Hacksilberfunde von Ober-

32 Vaterländische und andere vorgeschichtliche Altertümer.

sitzko, Kr. Samter, Tarnowo, Kr. Wongrowitz, Witakowice, Kr. Gnesen, Rackwitz, Kr. Wollstein. Fünf Armringe und eine kleine getriebene Schale von Kosten *(W)*. Prov. Schleswig-Holstein: Hacksilberfund von Ernsthausen, Kr. Oldenburg: Halsring, Armring, Barren, zerhackte Schmucksachen und Münzen (spätere slav. Zeit). Der grofse Wandschrank ist für neue Erwerbungen, insbesondere für Funde aus einem grofsen Gräberfelde in Ost-Preufsen bestimmt.

SAAL III. Ost-Preufsen, West-Preufsen, Pommern, Posen, Schlesien, Prov. Sachsen, Königr. Sachsen, Sächsisch-thüringische Staaten, Anhalt.

Rechts: Prov. Sachsen, Königr. Sachsen, Sächsisch-thüringische Staaten, Anhalt, Schlesien.

Seitenschrank 1 a (Pultschrank). Prov. Sachsen, nördlicher und mittlerer Teil des Reg.-Bez. Magdeburg (s. a. Mittelschrank I, Fach A—E und Seitenschrank 2 a): Steingeräte von Diesdorf, Güssefeld, Salzwedel und Rohrberg, Kr. Salzwedel; von Dequede, Kr. Osterburg; von Bittkau, Tangermünde und Tangerhütte, Kr. Stendal; von Genthin, Ferchels, Fischbeck und Finerode, Kr. Jerichow II; von Vehlitz und Wallwitz, Kr. Jerichow I; von Darsheim, Kr. Wolmirstedt; von Harbke und Bartensleben, Kr. Neuhaldensleben. Bronzefunde von Grofs-Schwechten *(BZ)*, Kläden und Badingen, Kr. Stendal; Armbergen von Schernikau, Kr. Osterburg, und Sallenthin, Kr. Salzwedel; Bronzeschwert von Santersleben, Kr. Neuhaldensleben; Bronzefunde von Ziesar, Kr. Jerichow I, von Genthin und Reesen, Kr. Jerichow II, von Hundisburg, Kr. Neuhaldensleben *(HP)*. Halsringe von Grofs-Apenburg, Kr. Salzwedel, Schollene, Kr. Jerichow II, und von Magdeburg *(LT)*.

Seitenschrank 1 b (Pultschrank). Südlicher Teil des Reg.-Bez. Magdeburg (s. a. Mittelschrank I Fach F

Vaterländische und andere vorgeschichtliche Altertümer. 33

und Seitenschrank 2): Steingeräte von Halberstadt, Drübeck, Osterwieck, Sargstädt, Kr. Halberstadt; von Quedlinburg, Wilsleben, Schadeleben und Hausneindorf, Kr. Aschersleben: von Kalbe und Stafsfurt, Kr. Kalbe. Bronzefunde von Halberstadt und Mahndorf, Kr. Halberstadt; von Thale, Kr. Aschersleben; von Mennewitz und Kalbe, Kr. Kalbe. Östlicher Teil des Reg.-Bez. Merseburg (s. a. Mittelschrank 2 Fach A und B): Steingeräte von Schweinitz, Herzberg, Schlieben und Grochwitz, Kr. Schweinitz; von Kröbeln, Kr. Liebenwerda; von Elsnig, Eutzsch und Schilda, Kr. Torgau; von Plodda, Zöckeritz und Wolfen, Kr. Bitterfeld. Bronzefunde von Polzen, Prosmarke und Schlieben, Kr. Schweinitz; Armspiralen von Torgau. Halsring und Celt von Liebenwerda; Celte von verschiedenen Lokalitäten *(III)*.
Seitenschrank 2a (hoher Schrank). Kr. Jerichow I und II (s. a. Seitenschrank 1a): Urnen aus den Gräberfeldern von Genthin und Wallwitz, *(III)*. Urnen mit Beigefäfsen und Beigaben von Nedlitz, Pretzien, Ziesar, Hohenwarthe, Ferchels, Schermen *(LT)*. Urnen von Schermen *(VW)*. Stadtkreis Magdeburg (s. a. Seitenschrank 1a): Urnen und Beigefäfse *(IIP* und *LT)*.
Seitenschrank 2b (hoher Schrank). Prov. Sachsen und Thüringen: Hausurnen von Aschersleben und Wilsleben, Kr. Aschersleben; von Unseburg, Kr. Wanzleben; von Stafsfurt, Kr. Kalbe; von Nienhagen (Nachbildung), Kr. Oschersleben. — Thongefäfse und dazu gehörige Fundstücke aus der Steinzeit oder der ältesten Metallzeit von Kötschen, Merseburg und Ammendorf, Saalkreis; von Krumpa und Kämmeritz, Kr. Querfurt; von Magdeburg; von Peifsen und Können, Saalkreis; von Molkenberg, Kr. Jerichow II.; von Tangermünde, Kr. Stendal; von Ebendorf, Kr. Wollmirstedt, von Kalbe, Kr. Kalbe; von Aschersleben, Königsaue und Wilsleben, Kr. Aschersleben; von Meisdorf, Mansfelder Geb.-Kreis, von Grofs-Mühlingen, Bernburg und Rathmannsdorf in Anhalt; von Schwansee, Sachsen-Weimar.
Seitenschrank 3a (Pultschrank). Nördlicher und mittlerer Teil des Reg.-Bez. Merseburg (s. a. Seitenschrank 4a): Steingeräte von Halle a. S.; von Dieskau, Können, Peifsen, Döllnitz, Pritschöna, Giebichenstein,

Saalkreis; von Frankleben, Kr. Merseburg; von Glesien und Freiroda, Kr. Delitzsch; von Mansfeld, Quenstädt, Meisdorf und Welbsleben, Mansfelder Gebirgskreis; von Ober-Röblingen, Mansfelder Seekreis; von Voigtstädt, Gehofen und Artern, Kr. Sangerhausen. Bronze-Funde von Halle a. S., Bennewitz, Riedeburg und Giebichenstein *(HP)*, Saalkreis; von Schkopau, Kötschen und Frankleben, Kr. Merseburg.

Seitenschrank 3b (Pultschrank). Südlicher Teil des Reg.-Bez. Merseburg. Steingeräte der verschiedensten Art von Albersroda, Nebra, Steigra, Laucha, Karsdorf, Dorndorf, Ziegelroda, Querfurt, Reinsdorf Kr. Querfurt; von Eckartsberga; Holzhausen, Lossa, Bibra, Wiehe, Saubach, Memmleben, Leubingen Bucha, Steinburg und Kalbitz, Kr. Eckartsberga, von Rehhausen, Benndorf, Ober- und Nieder-Möllern, Zeckwar, Kr. Naumburg; von Uechteritz und Stöfsen, Kr. Weifsenfels; von Braunshain, Kr. Zeitz. — Bronze-Funde von Schmon, Kr. Querfurt, und Reinsdorf, Kr. Eckartsberga *(HP)*, Halsringe von Hassenhausen, Kr. Naumburg, und Eckartsberga *(LT)*.

Seitenschrank 4a (Pultschrank). Reg.-Bez. Merseburg (s. a. Seitenschrank 2b und 3, sowie Mittelschrank 2 Fach A und B): Urnen und Beigefäfse aus Gräberfeldern des Lausitzer Typus von Pretzsch, Kr. Wittenberg, Annaburg, Kr. Torgau; Tornau, Kr. Bitterfeld; Schmerkendorf, Kr. Liebenwerda *(HP)*. Urnen, Beigefäfse und zahlreiche Beigaben von Bronze und Eisen aus dem Gräberfelde von Meisdorf, Mansfelder Gebirgskreis.

Seitenschrank 4b (Pultschrank). Reg.-Bez. Magdeburg und Merseburg, Anhalt: Urnen und Beigaben von Ober-Wiederstedt und Welbsleben, Mansfelder Gebirgs-Kreis *(LT)*. — Urnen, Bronzegefäfse und verschiedene Beigaben von Gruhna, Kr. Delitzsch; Zerbst in Anhalt; Fichtenberg, Kr. Liebenwerda; Voigtstedt, Kr. Sangerhausen *(RK)*. Thongefäfse und andere Grabbeigaben aus noch späterer Zeit von Ober-Röblingen, Kr. Sangerhausen; Westdorf, Kr. Aschersleben; Eisleben, Mansfelder Seekreis; Reinsdorf, Kr. Querfurt; Pretzsch, Kr. Merseburg *(M)*.

Vaterländische und andere vorgeschichtliche Altertümer. 35

Seitenschrank 5a (Pultschrank). Reg.-Bez. Erfurt: Steingeräte von Kirchheim, Ringleben, Egstädt, Mühlberg, Alach, Walschleben, Kr. Erfurt; von Frömmstedt und Kindelbrück, Kr. Weifsensee; von Neuenheiligen und Tennstedt, Kr. Langensalza; von Nordhausen und Mühlhausen. — Sächsisch-Thüringische Staaten und Anhalt (s. a. Mittelschrank 2 Fach c): Steingeräte des sächsischthüringischen Typus aus den verschiedensten Lokalitäten, besonders Serien von durchbohrten Hämmern aus Schiefer und Kieselschiefer, sowie von Beilen aus Schiefer.
Seitenschrank 5b (Pultschrank). Königr. Sachsen, Sächsisch-Thüringische Staaten und Anhalt (s. a. Mittelschr. 2 Fach c): Steingeräte, besonders Beile, Hacken und Meifsel aus Schiefer, sowie einzelne aus Feuerstein oder Jadeit von verschiedenen Lokalitäten. — Kleine Bronzefunde von Grofsenhain und Dresden, Königreich Sachsen; Miersdorf, Sachsen-Koburg; Hecklingen und Ballenstedt in Anhalt; Bronzeschwert von Hermsdorf, Sachsen-Altenburg; Bronze-Celte von verschiedenen Lokalitäten *(HP)*. — Bronze-Fibeln von Pyrmont in Waldeck; Zaumzeug von Dresden; kleinere Funde von Bernburg und Arnstadt; eiserne Lanzenspitzen von Plötzkau, Anhalt *(RK)*. — Knochengeräte von Kölbigk, Bernburg und Drohndorf in Anhalt *(W)*.
Seitenschrank 6a (hoher Schrank). Prov. Schlesien. Reg.-Bez. Liegnitz (s. a. Mittelschrank 2 Fach D—F und Seitenschrank 7a): Urnen und Beigefäfse von Petschkendorf, Kr. Lüben *(HP)*; von Nikolstadt, Kr. Liegnitz, und Haynau, Kr. Haynau-Goldberg *(LT)*; von Carthaus, Kr. Liegnitz *(HP* und *RK)*. Reg.-Bez. Breslau (s. a. Seitenschrank 6b und 7a): Urnen, Beigefäfse und Beigaben aus den Gräberfeldern von Krehlau und Mondschütz, Kr. Wohlau *(HP)*; von Gnichwitz und Gr.-Oldern, Kr. Breslau; von Neumarkt, Schlaupe und Kamese, Kr. Neumarkt *(HP* und *AeLT)*.
Seitenschrank 6b (hoher Schrank). Prov. Schlesien. Reg.-Bez. Breslau: Urnen, Beigefäfse und Metallbeigaben von Stanowitz, Ohlau und Kl.-Kniegnitz, Kr. Ohlau; von Heidersdorf und Jordansmühl, Kr. Nimptsch; von

36 Vaterländische und andere vorgeschichtliche Altertümer.

Schlaupitz, Kr. Reichenbach *(IIP* und *AtLT)*. Reg.-Bez.
Oppeln (s. a. Seitenschrank 7 b): Funde aus Feuerstein-
werkstätten von Ottitz und Matka Boze, Kr. Ratibor *(StZ?)*.
Thongefäfse von Sauerwitz, Kr. Leobschütz *(IIP)*; Urnen
mit Beigaben von Grofs-Strehlitz *(RK)*.
Seitenschrank 7 a (Pultschrank). Prov. Schlesien
(s. a. Mittelschrank 2 D—F und Seitenschrank 6): Stein-
geräte; besonders durchbohrte Serpentin-Hämmer, von
Brödelwitz, Hausdorf, Wanowitz, Ofswitz, Heidersdorf, Lohe,
Wohlau; Hämmer und Beile von Kosel, Gnichwitz, Kr.
Breslau, und Sauerwitz, Kr. Leobschütz; Feuersteinwerkzeuge
von Tauer, Tschammer-Ellguth, Mühlgast, Rzetzitz. —
Gemischter Fund von Steinhämmern und Bronzen von
Schönau, Kr. Glogau. Bronzefunde von Gurkau und
Glogau, Kr. Glogau; von Schwarz-Colmen, Kr. Hoyers-
werda; von Carmine, Kr. Militsch; Grofs-Wilkau, Kr.
Nimptsch *(IIP)*. Gufsformen eines Hohlceltes von Bronze
aus Gnadenfeld, Kr. Kosel; Celte von verschiedenen Lo-
kalitäten *(IIP)*. — Eisenfunde aus Gräberfeldern: Schwerter,
Lanzenspitzen, Messer, Scheeren, Sporen u. s. w. von
Carthaus, Kr. Liegnitz, Groschowitz, Kr. Oppeln und Zer-
bau, Kr. Glogau *(RK)*.
Seitenschrank 7 b (Pultschrank). Prov. Schlesien.
Urnen, Beigaben und Beigefäfse aus Bronze und Eisen von
den beiden Gräberfeldern Tschammer-Ellguth und Adamo-
witz, Kr. Grofs-Strehlitz, Reg.-Bez. Oppeln. — Altertümer
aus der altslavischen Zeit der Prov. Schlesien; Thongefäfse
und verschiedene andere Fundstücke von Gnichwitz; Kr.
Breslau; Krehlau, Kr. Wohlau; Carthaus, Kr. Liegnitz; Mühl-
rose, Kr. Rothenburg; Schönau, Kr. Glogau; Czechowitz,
Kr. Tost. Eiserne Schalen aus der Zeit der slavisch-arabischen
Hacksilberfunde von Trachenberg, Kr. Militsch.
Mittelschrank 1 Fach A. Prov. Sachsen. Kr. Osterburg (s. a. Seitenschr. 1 a): Gräberfeld von Lohne *(LT)*.
Fach B. Kr. Salzwedel (s. a. Seitenschr. 1 a): Gräber-
feld von Güssefeld *(LT* und *RK)*. Thongefäfse von Packe-
busch, Brietz, Thüritz, Sallenthin, Dahrendorf. **Fach C.**
Kr. Salzwedel (s. a. Seitenschr 1 a): Urnen mit Beigaben
aus den Gräberfeldern von Kahrstedt und Cheine *(VW)*.

Fach D. Kr. Wanzleben (s. a. Seitenschr. 2a): Thongefäfse von Egeln *(HP* und *LT)*. Kr. Wolmirstedt: Thongefäfse von Wolmirstedt *(AcLT)*. Kr. Stendal (s. a. Seitenschr. 1a): Urnen mit zahlreichen Beigaben von Tangermünde *(LT)*, Stendal *(VIV)*. **Fach E.** Kr. Stendal (s. a. Seitenschrank 1a): Gräberfeld von Borstel *(VIV)*. Urnen von Arneburg und Ostheeren *(VIV)*. **Fach F.** Kr. Aschersleben: Urnen, Beigefäfse etc. aus den Gräberfeldern von Aschersleben, Wilsleben, Westdorf und Königsaue (meist *HP* und *AcLT)*.
Mittelschrank 2 Fach A. Prov. Sachsen. Saalkreis (s. a. Seitenschr. 3a): Bronzefund von Bennewitz; verschiedene Funde von Giebichenstein. Kr. Torgau (s. a. Seitenschrank 1b): Thongefäfse aus den Gräberfeldern von Naundorf, Schildau, Roitzsch, Rehfeld und Züllsdorf *(HP)*. Kr. Schweinitz (s. a. Seitenschr. 1b): Urnen, Beigefäfse und Bronze-Beigaben von Klein-Rössen *(HP)*. **Fach B.** Kr. Schweinitz: Thongefäfse aus den Gräberfeldern von Frankenhain, Buckau, Weifsenburg, Herzberg, Fermerswalde, Gräfendorf, Schlieben *(HP)*. Funde aus dem Burgwall von Schlieben. Kr. Liebenwerda (s. a. Seitenschr. 1b): Thongefäfse von Kosilenzien. **Fach C.** Königr. Sachsen (s. a. Seitenschr. 5b): Thongefäfse von Riesa *(HP)*. Anhalt (s. a. Seitenschr. 5b): Grabfund von Wulffen *(HP)*. Thongefäfse von Ballenstedt, Mehringen, Sandersleben, Baalberge, sowie viele ohne genauere Bestimmung des Fundorts *(HP* und *LT)*. Funde von Gänsefurth *(SiZ, HP, RK)*. **Fach D.** Prov. Schlesien (s. a. Seitenschr. 6 und 7). Kr. Hoyerswerda: Gräberfeld von Klein-Neida und Hoyerswerda *(HP)*. Kr. Sagan: Thongefäfse von Sagan, Dobritsch, Popowitz, Schönthal *(HP* und *AcLT)*. Kr. Bunzlau: Gefäfse von Ullersdorf *(AcLT)*. Kr. Grünberg: Gefäfse von Grünberg und Saabor. Kr. Rothenburg: Gefäfse von Domsdorf und Särichen. **Fach E.** Kr. Freystadt: Gräberfeld von Lessendorf, Urnen mit Beigaben und zahlreichen Beigefäfsen *(LT)*. **Fach F.** Kr. Freystadt: Urnen und Beigefäfse aus den Gräberfeldern von Nieder-Siegersdorf, Aufhalt, Tschiefer und Altschau *(HP)*. Kr. Glogau: Thongefäfse von Glogau

38 Vaterländische und andere vorgeschichtliche Altertümer.

(*HP* und *AcLT*), eine Urne mit Beigaben von Glogau (*RK*), Grabfund von Schönau (*LT*).

Seitenschrank 8 a (Pultschrank). West-Preufsen: Gesichts-Urnen etc. von Kl.-Katz, Ober-Prangenau, Elsenau, Sukczyn, Sampohl, Reddischau, Stablewitz (*LT*). Prov. Pommern (s. a. Mittelschr. 3 Fach B—F): Gesichts-Urnen von Persanzig, Steinthal, Mariathron, Nafs-Glienke (*LT*). Prov. Posen: Gesichtsurnen von Tlukom, Posen, Czarnikau, Schneidemühl, Golenzin, Wonsowo, Rombczyn (*LT*). Mäander-Urne von Brostowo (*RK*).

Seitenschrank 8 b (Pultschrank). Ost-Preufsen: Steingeräte von Gerdauen, Kobbelbude, Gr.-Ponnau, Pelkeninken, Münsterberg, Nidden, Tilsit, Pogrimmen, Pillkoppen, Schwarzort. Knochen-Pfeilspitzen von Memel, Perkallen und Preufsen. Bronze-Schwert von Braunsberg, Bronzefund von Wargen (*HP*). Bronze-Axt von Norticken; Celte von verschiedenen Lokalitäten. Bronze-Halsschmuck von Pillkallen (*HP*). Gräberfunde von Kossewen, Jucknaitschen, Rodmannshöfen (*RK*).

Seitenschrank 9 a (hoher Schrank). West-Preufsen: Urnen, Beigefäfse und Beigaben aus einem Gräberfelde mit Leichenbrand von Schlofs Kischau (*LT*). Urne und Beigefäfse von Prussy. Thongefäfse von verschiedenen Fundstellen. Tierfigur aus Bernstein von Danzig. Urnen aus dem Gräberfelde bei Thorn (*AcLT*). Fund von Münsterwalde (*LT*). Urnen aus Steinkistengräbern von Sampohl. Schwanenhalsnadel aus Bronze von Zosnow. Eiserne Pincette von Krojanke. Br.-Fibeln von Schilde. Urne mit Beigaben von Hoch-Stüblau (*LT*). Urnen mit Leichenbrand und eine thönerne Kinderklapper aus Steinkistengräbern von Stablewitz (*AcLT*). Thongefäfse von Dirschau. Urnen und Beigaben von Alt- und Hoch-Paleschken (*AcLT*). Urnen mit Beigaben aus Steinkistengräbern von Stendsitz (*HP*). Ost-Preufsen: Bronzefibeln (*RK* bis *M*). Bearbeitete Bernsteinstücke und Nachbildungen von solchen von Schwarzort. Funde von Friedrichsberg. Verschiedene Geräte und Schmuckstücke von Bronze und Eisen aus Preufsen.

Seitenschrank 9 b (hoher Schrank). West-Preufsen: Urnen und Beigaben aus den Gräberfeldern der La Tène-Zeit von Schwetz, Gr.-Brudzaw, Neuenburg, Zechlau und Kulm. Funde aus dem Skelet-Gräberfelde von Kaldus *(W)*. Abgufs einer kleinen Bronze-Figur von Thorn. Zwei Urnen von Jastrow *(RK)*. Bronzefibel von Marienburg *(RK)*. Funde aus den Brandgräberfeldern von Elbing *(RK)* und Rondsen *(JLT* und *RK)*.

Seitenschrank 10 a (Pultschrank). Ost-Preufsen: (s. a. Mittelschr. 3 Fach A): Grabfunde von Gerinau, Tilsit und vom Rombinus *(RK* u. *M)*. West-Preufsen: Steingeräte von Rehden, Sellnowo, Nogath, Norrishof, Engelsburg, Napole, Müskendorf, Nestempohl, Deutsch-Eilau. Bronze-Schwerter von Lüben *(BZ)*, Bronze-Fund von Gluckau, Kommando-Axt von Bethkenhammer *(BZ)*, Bronzen von Danzig *(BZ)*, Zarnowitz *(HP)*.

Seitenschrank 10 b (Pultschrank). Prov. Pommern. Reg.-Bez. Köslin (s. a. Mittelschr. 3 Fach B—F.): Steingeräte von Persanzig, Küdde, Münchowshof, Gönne, Pustar, Batzlaw. — Bronzeschwerter von Neustettin, Bublitz, Buchwald und Sorenbohm. Bronzefunde von Wusseken, Zezenow, Saleske, Gnewin, Kallies und Beverdieck *(HP)*. Bronze-Funde von Schlönwitz und Sabin; eiserne Lanzenspitzen von Naseband *(RK)*. Eisernes Schwert von Altenwalde, Kr. Neustettin *(W)*.

Seitenschrank 11 a (Pultschrank). Prov. Pommern: Funde aus der grofsen Bernstein-Werkstätte von Butzke *(RK)*. Steingeräte von Crummin auf Usedom und anderen Fundstellen. Grofser Bronze-Fund von Stolzenburg *(HP)*. Schwert und Celt aus Bronze von Anklam. Eiserne Messer und Lanzenspitzen von Demmin *(W)*. Grofser Bronze-Fund von Stargard. Zwei grofse Br.-Armbergen *(HP)*. Bronzen von Pasewalk, Selchow, Zoldekow und Ramsberg.

Seitenschrank 11 b (Pultschrank). Prov. Pommern: Bronzen und Steingeräte. Bronze-Schwert von Jarmen. Br.-Fibel und Halskette von Grischow *(LT)*. Bronze-Celte und Gufskuchen von Plestlin *(HP)*. Bronzeklinge eines Dolches von Neuendorf *(HP)*. Zwei bronzene Hals-Schmuckstücke von Rügen. Zwei Br.-Lanzenspitzen von

40 Vaterländische und andere vorgeschichtliche Altertümer.

Gingst. Kurzes Bronze-Schwert von Rügen. Depot-Funde von Feuerstein-Geräten von Sabitz, Mönkendorf, Göhren, Neuenkirchen, Strüssendorf und Dumsevitz.
Seitenschrank 12a (Pultschrank). Prov. Pommern: Verschiedene Steingeräte von Rügen.
Seitenschrank 12b (Pultschrank). Prov. Pommern: Steingeräte von Rügen.
Seitenschrank 13a (hoher Schrank). Prov. Posen (s. a. Mittelschrank 4): Gräberfelder von Weine und Luschwitz, Kr. Fraustadt *(HP* und *AeLT)*.
Seitenschrank 13b (hoher Schrank). Prov. Posen: Urnen, mit zahlreichen Beigaben und Beigefäfsen aus den Gräberfeldern von Luschwitz, Kr. Fraustadt; Trzebidza, Kr. Schmiegel, und Lissa, Kr. Lissa *(HP* und *AeLT)*.
Seitenschrank 14a (Pultschrank). Prov. Pommern, Insel Rügen: Steingeräte. Prov. Posen: Funde von Karzec, Kr. Gostyn; Gosciejewo, Kr. Obornik; Janocin, Kr. Strelno; Bromberg *(RK)*. Eiserne Axt von Wtelno, Kr. Bromberg. Grabfunde von Schneidemühl *(RK)*.
Seitenschrank 14b Prov. Posen. Steingeräte. Pfeilspitzen aus Feuerstein von Radajewitz; Kupferaxt von Bytyn, Kr. Samter; Bronzecelte von verschiedenen Lokalitäten. Bronze-Depotfund von Posen *(HP)*. Grofser Bronzefund von Floth *(HP)*. Halsschmuckstücke von Trnszkotowo und Budzyn *(HP)*. Bronze-Depot-Funde von Czarnikau und Mariendorf. Fund von Zuravia. Halsring von Steinach *(LT)*. Grabfunde von Wszedzin *(LT)* und Schneidemühl *(RK)*.
Mittelschrank 3 Fach A. Prov. Ost-Preufsen: Urnen mit oder ohne Beigaben von Angerburg, Scheuflelsdorf und Kossewen *(RK* und *M)*. **Fach B.** Prov. Pommern: Urnen und Beigaben von Rügenwalde, Woblanse, Alt-Valm etc. Gräberfelder von Schönthal *(LT)* und Persanzig *(LT* und *RK)*. Slavische Scherben von Persanzig und Hutten. **Fach C.** Prov. Pommern: Urnen und Beigaben von den Gräberfeldern von Neu-Stettin *(LT)*, Steinthal *(LT)*, Falkenburg *(LT)* und Butzke, *(LT)*. Grofse Bernsteinperle von Büddow, Thongefäfse von Dranzig. **Fach D.** Prov. Pommern: Flachgräber-

Vaterländische und andere vorgeschichtliche Altertümer. 41

felder von Grünz (*LT*) und Kehrberg (*HP*). Grabfund von Klatzow. Thongefäfse von Stargard (*StZ, LT, RK, IV*). Funde aus dem Burgwall von Garz (*IV*). Kleinere Fundstücke von verschiedenen Lokalitäten. **Fach E.** Prov. Pommern: Thongefäfse von Rügen. Vier Urnen von Reddewitz (*HP*). Gräberfelder von Göhren (*HP*) und Teschenhagen (*LT*) auf Rügen. Funde von Nadelitz (verschiedenen Alters.) Thongefäfse, Bronzen, Bernsteinschmuckstücke und Steingeräte von Rügen. **Fach F.** Prov. Pommern: Neue Erwerbungen. **Mittelschrank 4 Fach A.** Prov. Posen (s. a. Seitenschr. 13 und 14): Thongefäfse aus dem Kreise Czarnikau und der Prov. Posen, von Wronke, Zerniki und Slaboszewo (*HP* u. *LT*); neolithisches Gefäfs von Weifsenhöhe. Mäanderurne und Bronzesporn von Brostow, Kr. Wirsitz (*RK*). **Fach B.** Prov. Posen: Neolithische Funde von Kl.-Krebbel, Kr. Schwerin. Thongefäfse von Solacz, Obrowo, Obornik, Kazmierz, Przependowo, Lauske und Cerekwiza (*HP* u. *AeLT*). **Fach C.** Prov. Posen: Urnen mit Beigaben von Gorsko, Hohensee, Uleyno, Nadziechewo, Baranow, Wonsowo, Solec, Xionzno, Zalewo, Zerkow (*HP* u. *LT*). **Fach D.** Prov. Posen: Gräberfelder von Neudorf und Starkowo, Kr. Wollstein (*HP* u. *AeLT*). **Fach E.** Prov. Posen: Gräberfeld von Starkowo, (*HP* u. *AeLT*). **Fach F.** Prov. Posen: Gräberfeld von Dluzyn, Kr. Schmiegel (*HP* u. *AeLT*).

Die zwei Schränke vor der hinteren Schmalwand des Saales enthalten Skelette und Beigaben von dem Gräberfeld der jüngeren Steinzeit bei Rössen, Prov. Sachsen, und ein Skelet von Lengyel, Ungarn.

An der vorderen Schmalwand. Prov. Pommern. Mahlsteine. West-Preufsen. Mahlstein von Sampohl. Ost-Preufsen. Grofser Einbaum von Kossewen. **An der Schmalseite des ersten Mittelschrankes und an den Fensterwänden der linken Langseite des Saales** sind Nachbildungen von grofsen, der slavischen Zeit angehörenden Steinbildern aus Ost- und West-Preufsen aufgestellt. **An den Fensterwänden der rechten Langseite des Saales.** Prov. Sachsen: Sogenannte Speckseite. Königr. Sachsen: Steinplatte mit roh eingehauenem Kreuz aus einem Skelctgrabe bei Sobrigau b. Pirna, aus der ersten Zeit der Einführung des Christentums. **An der hinteren Schmalwand.** Prov. Sachsen und Thüringen: Mahlsteine. Prov. Posen: Einbaum vom Primenter See. Mahlsteine. Prov. Pommern: Steinkistengrab von Neustettin (*LT*). Prov. Schlesien: Zwei Gräber mit Urnen und Beigefäfsen aus dem Gräberfelde von Gr.-Oldern bei Breslau. **Zwischen den beiden Mittelschränken.** Prov. Sachsen: Ein grofses Thongefäfs von Wegwitz. Anhalt: Grofse Thongefäfse von Nienburg und Koswig. **An der Schmalseite des zweiten Mittelschrankes.** Prov. Posen: Grofses Thongefäfs von Slupia.

SAAL IV. **Bayern, Württemberg, Grofsherzogtum Hessen, Baden, Schleswig-Holstein, Hannover, Westfalen, Mecklenburg, Oldenburg, die Hansastädte, Prov. Hessen-Nassau, Rheinprovinz.**

Rechts: Bayern, Württemberg, Grossherzogtum Hessen, Baden, Rheinprovinz.

Seitenschrank 1a (Pultschrank). Bayern: Knochengeräte aus Höhlen und Grotten bei Haselbrunn, Püttlach-Thal, Pottenstein, Tüchersfeld, Baumfurt, Kohlstein, Erlstein, Kl.-Leesau, Pfaffenberg, Oberfranken (Fränkische Schweiz) (*StZ*). Feuerstein-Messer von Erlstein. Beile und Hämmer aus Stein, z. T. aus Nephrit und Jadeït, von verschiedenen Fundstellen. Feuerstein-Dolch von Bayreuth. Bronzene Armringe und Leisten (*IIP*): zwei kupferne Halsringe; Br.-Celte, Sichelmesser und Lanzenspitze aus der Rheinpfalz. Zwei Br.-Armringe von München (*RK*). Bronzefund von Riedl (Bronzezeit). Br.-Armringe von Mafsweiler (*IIP*). Br.-Celte von Landshut und Rabeneck.

Seitenschrank 1b (Pultschrank). Bayern: Funde aus Hügelgräbern von Schwarzenthonhausen, Wadendorf, Schmidmühlen, Kl.-Mittersdorf, Ortelsbrunn, Dieteldorf, Pöfersdorf, Haselbrunn (Übergangszeit von *IIP* zu *LT*).

Vaterländische und andere vorgeschichtliche Altertümer. 43

Seitenschrank 2a (Pultschrank). Bayern: Eisenschwert von Gnotzheim *(RK)*. Bronzen und Glasperlen von Aschheim und Ingolstadt *(RK)*. Württemberg: Funde aus einem Gräberfelde bei Ulm *(M)*. Eiserne Schnalle mit Silbertauschierung von Göppingen *(M)*. Grofsherzogtum Hessen: Lanzenspitze und Franciska von Sauerschwabenheim *(M)*. Bronzeringe von Nackenheim *(LT)*. Hiltbarte von Bodenheim *(M)*. Lanzenspitze von Heidesheim *(M)*. Gräberfunde von Alsheim und Horrweiler *(M)*. Br.-Dolch und Hohlcelt von Obbornhofen *(HP)*. Einzelfunde von Mainz und Giefsen. Beile und Hämmer aus Stein von verschiedenen Fundstellen.
Seitenschrank 2b (Pultschrank). Grofsherzogtum Baden: Funde aus den Pfahlbauten von Konstanz, Bodman, Wangen, Allensbach, Meersburg und Hornstaad *(StZ)*. Steinbeile von Markelfingen, Gaienhofen, Mainau und Hemmenhofen.
Seitenschrank 3 (Pultschrank) ist für neue Erwerbungen aus Süd-Deutschland bestimmt.
Seitenschrank 4 und 5. Bayern: Funde aus dem bajuwarischen Gräberfelde des 5.—6. Jahrhunderts nach Chr. von Reichenhall (von Sr. Majestät dem Deutschen Kaiser huldvollst überwiesen).
Mittelschrank 1. Bayern: Funde aus Hügelgräbern von Eichensee, Aufsees, Büchenbach, Nemschenreuth, Parsberg, Hatzenhof, Eichstätt, Holzheim, Anzing, Pappenheim, Neuhof, Haar, Biberbach, Nenntmannsreuth, Daiting, Sangendorf, Rackersberg, Geisellhöhe, Unter-Ödenhart, Bösenbirkig, Klein-Leesau, Ober-Ödenhart, Hollfeld, Waischenfeld, Pottenstein, Gr.-Bissendorf, Matzhausen, Regensburg, Rabeneck, Aidenbach, Langenlohe, Gottelhof, Pfaffenberg, Pörndorf, Markstetten, Prüllsbirkig (Übergangszeit von *HP* zu *LT)*.
Mittelschrank II. Rheinprovinz: **Fach A.** Urnen und Beigefäfse aus Gräberfeldern von Kleve und Xanten *(RK)*. **Fach B.** Thongefäfse, Lampen etc. von verschiedenen Fundstellen des Stadtbezirkes von Köln *(RK)*. Haarzopf und zwei Glasgefäfse, welche in dem nebenstehenden Bleisarkophage in Köln gefunden wurden *(RK)*.

Fach C. Urnen und Beigaben von Kreuznach *(RK)*. Terrakotten und Thongefäfse von Bingerbrück *(RK)*. Bemaltes Thongefäfs von Bonn *(RK)*. Thongefäfse, Bronzen und Terrakotten von einer Ansiedelung und einem Gräberfelde bei Mayen *(RK)*. Funde von Wellen *(RK)*. Bronzen von Saarburg *(RK)*. Urnen und Beigaben von Altenburg bei Köln *(RK)*. Fach D. Urnen und Beigefäfse aus vorrömischer Zeit von Bell. Vorrömische Thongefäfse von verschiedenen Fundstellen. Bronzen aus dem Rheinland. Grabfund von Kempenich *(RK)*.
Seitenschrank 5 a (Pultschrank). Schleswig-Holstein: Thongefäfs von Frestedt *(StZ)*. Thongefäfse, Bronzen und Steingeräte von Frestedt *(BZ—LT)*, Egstedt *(BZ)* und Brickeln *(BZ—HP)*. Thongefäfse und Feuersteindolch von Schuby *(StZ)*.
Seitenschrank 6 b (Pultschrank). Schleswig-Holstein: Beile und Schaber aus Feuerstein von verschiedenen Fundstellen in Schleswig.
Seitenschrank 7 a (Pultschrank). Schleswig-Holstein: Beile, Meifsel, Lanzenspitzen, Dolche, Pfeilspitzen, Messer aus Feuerstein sowie Beile und Hämmer aus anderem Gestein von verschiedenen Fundstellen in Schleswig.
Seitenschrank 7 b (Pultschrank). Schleswig-Holstein: Steinhämmer aus Schleswig. Beile, Meifsel, Dolche, Lanzenspitzen, Pfeilspitzen und Messer aus Feuerstein von verschiedenen Fundstellen in Holstein und Lauenburg.
Seitenschrank 8 a (Pultschrank). Schleswig-Holstein: Runder Bronzeschild von Schiphorst *(HP)*. Br.-Halsringe von Meldorf und Albersdorf. Br.-Celte von Meldorf, Angeln, Flensburg, Alsen, Kappeln, Burg, Friedrichsruh, Preetz, Tondern, Emkendorf *(BZ—HP)*. Br.-Axt von Angeln. Br.-Schwert und Schaftcelte von Schafstedt. Br.-Schwerter von Hastedt und Bornhöved. Br.-Meifsel von Quickborn. Br.-Sichel von Itzehoe. Dolch und Hohlcelt von Escheburg *(HP)*. Hölzerne Bogen und Pfeile, Äxte etc. von Schleswig *(RK)*. Sogen. Gürtelsteine von verschiedenen Fundstellen. Br.-Fibeln von Schwarzenbeck, Apenrade, Itzehoe, Rendsburg, Hadersleben *(RK)*. Schalenfibel von Hadersleben (Wickingerzeit). Kleinere Bronzen von Süder-

Vaterländische und andere vorgeschichtliche Altertümer. 45

Brarup. Steinhämmer und Beile von verschiedenen Fundstellen in Holstein und Lauenburg.

Seitenschrank 8 b (Pultschrank). Hannover: Beile und Hämmer aus Stein von verschiedenen Fundstellen. Fund von Behringen *(BZ)*. Radnadel von Eimsdorf. Feuerstein-Dolche und Lanzenspitzen *(StZ)*, Celte aus Kupfer und Bronze *(BZ—HP)* von verschiedenen Fundstellen. Halsring und Axt aus Kupfer von Dahlem *(BZ)*. Lanzenspitze, zwei Schwerter, Bruchstück eines solchen aus Br. von Höver. Br.-Armringe von Nienburg, Rebenstorf, Bergen, Celle, Ülzen *(HP)*. Nachbildungen bronzener Halsringe von Wendisch-Eber und Lehe *(LT)*. Nachbildung eines Br.-Halsschmuckes von Bevensen *(HP)*. Br.-Hals- und Armring von Ottersberg. Lanzenspitzen, Sichelmesser und Dolche von verschiedenen Fundstellen.

Seitenschrank 9 a (Pultschrank). Hannover. Urnen und Beigaben aus dem altsächsischen Gräberfelde von Wehden *(M)*.

Seitenschrank 9 b (Pultschrank). Westfalen: Bronzecelte von Hamm und Ibbenbüren. Br.-Schwert von Vlotho. Hirschgeweih-Hämmer von Hamm und Dahl. Email-Perle von Lengerich. Steinbeile und -hämmer von verschiedenen Fundstellen. Mecklenburg-Schwerin: Fund von Wolkow *(W)*. Steinhämmer von Waren. Steinbeile von Leezen, Mecklenburg, Schwerin. Feuerstein-Beile, Dolche, Lanzenspitzen, Messer, Meifsel von verschiedenen Fundstellen. Lübeck: Kupfercelt von Schwartau. Steinhammer von Travemünde. Feuersteinmesser und Meifsel von Lübeck. Bremen: Steinhämmer von Bremen. Feuersteinbeile von Bremen und Amt Hagen. Oldenburg: Steinbeile. Hamburg: Steinhammer von Hamburg. Feuersteinbeile von Bergedorf. Mecklenburg-Strelitz: Feuerstein-Dolch von Lichtenberg. Feuerstein-Lanzenspitze von Wesenberg. Steinhammer von Gramzow. Nachbildung eines Steinhammers von Schlicht.

Die Seitenschränke 10—14 sind in Umstellung begriffen. Sie enthalten Altertümer aus der **Rheinprovinz** und **Hessen-Nassau**.

Mittelschrank III Fach A. Schleswig-Holstein: Funde aus Hügelgräbern von Hindorf, Hastedt, Kuden, Windbergen. Br.-Messer und Pincetten von Dithmarschen. Urnen und Beigaben von Blankenese und Dassendorf. Steingeräte und Schmuckperlen von Angeln, Rade, Kappeln, Alsen, Dithmarschen, Ausacker, Westdorf. **Fach B.** Schleswig-Holstein: Funde aus Hügelgräbern von Buchholz *(BZ)* und Oersdorf *(BZ—HP)*. Thongefäfse von Asenbrock, Schwarzenbeck, Rade, Raderfeld, Thienbüttel, Hedehusum. Bronzen von Dithmarschen, Oldenburg, Schwarzenbeck, Gr.-Flotbeck, Tondern, Heide, Puls. **Fach C.** Hannover: Funde aus Hügelgräbern von Döthen *(BZ)*. Thongefäfse und Scherben der jüngern Steinzeit von Giersfeld, Lingen, Tannenhausen, Hassel, Osnabrück, Kl.-Bersen, Sögel, Dalem, Seeste, Börger, Hannover. Thongefäfse, Bronzen und Feuersteingeräte vom Höhbeck. Thongefäfse von Düstrup und Backerade. **Fach D.** Hannover: Thongefäfse von verschiedenen Fundstellen. Gräberfunde von Tarmstedt *(HP)*. Br.-Nadel und Messer von Hekese. Urnen und Beigefäfse von Brelloh *(AeLT)*.
Mittelschrank IV Fach A. Hannover: Urnen und Beigefäfse von Nienburg *(LT)* und Ostereistedt *(LT)*. Zwei Bronzegefäfse von Lüneburg *(LT)*. Thongefäfse von Hassel. **Fach B.** Hannover: Zwei Urnen und eine Pincette von Hemmoor. Thongefäfse von Wehden. Urnen und Beigaben von Rebenstorf *(RK—VW)*. Bronzen von Perlberg. Thonlampen von Winsen *(RK)*. Zwei Bronzeschalen von Hannover *(RK)*. Bronzesporn und Nadel von Dannenberg. **Fach C.** Hannover: Funde aus den altsächsischen Gräberfeldern von Wehden und Altenwalde (4.—7. Jahrhundert n. Chr.). Urnen und Beigaben von Altenwalde *(LT* und *RK)*. **Fach D.** Westfalen: Gräberfeld von Lämmershagen *(HP)*. Knochenbeschläge von Westhausen. Neolithische Funde von Hamm und Münster. Thongefäfs von Marsberg *(RK)*. Eisensporn und Goldring von Minden. Funde von Bergedorf. Mecklenburg-Schwerin und Strelitz. Nachbildung der Hausurne von Kiek in die Mark. Urnen und Beigaben von Leezen. Thongefäfse von Mirow und Damshagen. Bronzen von

Vaterländische und andere vorgeschichtliche Altertümer. 47

Waren, Ribnitz, Hagenow, Malchin, Crivitz, Neu-Brandenburg, Ruehlow, Fürstenberg. Oldenburg: Nachbildung einer Fensterurne *(RK)*. Thongefäfse von Oldenburg und Löningen.
An der vorderen Querwand. Bayern: Zwei Gipsabgüsse männlicher Figuren von Regensburg *(M)*. Gipsabgüsse dreier Steinfiguren von Bamberg *(IV)*. Mahlstein von Dürkheim. Württemberg: Baumsarg von Oberflacht *(M)*. Baden: Schleifsteine vom Bodensee und von Bodman. Stein mit Spaltrinne von Bodman. Schleswig-Holstein: Baumsarg von Rothenkrug. Mahlsteine von Dithmarschen und Buchholz. Oldenburg: Mahlstein mit Reliefkopf von Hude. **An der hinteren Querwand.** Rheinprovinz: Steinsarkophage von Köln und Trier *(RK)*. Steinsarkophag mit Inhalt von Mastershausen *(RK)*. Zwei Glasurnen mit Brandknochen und Beigaben von Trier *(RK)*. Mahlsteine von Wellen und Asberg. Hessen: Gipsabgüsse von Grabsteinen von Worms *(RK* und *M)* und Mainz *(M)*. **An der rechten Fensterwand.** Bayern: Steinrelief von Fufsgönnheim *(RK)*. Rheinprovinz: Gipsabgüsse von Grabplatten von Xanten und Köln. **An der linken Fensterwand.** Modell eines römischen und eines gerüsteten fränkischen Kriegers. Abgüsse von Grabplatten von Wiesbaden und Köln. **Freistehend im Saal.** Bayern: Grabfund von Matzhausen *(HP—LT)* (neben Pultschrank 1). Thongefäfs von Haselbrunn (s. a. Pultschrank 1 b). Skelet mit Beigaben von Reichenhall. Rheinprovinz: Bleisarkophag von Köln *(RK)* (s. a. Mittelschr. II Fach B). Thongefäfse von Oebel und Bell. Württemberg: Nachbildungen grofser Thongefäfse von Trochtelfingen. Gipsabgufs einer alemannischen bärtigen Figur *(M)* (Original in Stuttgart) und einer Figur mit doppeltem Gesicht von Holzgerlingen. Modell einer Grabanlage von Oberflacht *(M)*. Baden: Grofses Thongefäfs vom Überlinger See *(StZ)* (neben Pultschrank 2). Hannover: Thongefäfs von Altenwalde. Hamburg: Grofses Thongefäfs von Holte. — Modell eines Pfahlbau-Hauses.

Heinrich Schliemann-Sammlung.

Die Schliemann-Sammlung enthält einen grofsen Teil der Ausbeute der Ausgrabungen, welche Dr. Heinrich Schliemann in den Jahren 1871—82 in Hissarlik in der Troas ausgeführt hat, sowie kleinere Stücke aus anderen von demselben Forscher angestellten Untersuchungen. Der ältere Teil der Schliemann-Sammlung wurde von Schliemann im Jahre 1881 dem deutschen Reich in hochherzig patriotischer Gesinnung geschenkt und von ihm selbst aufgestellt. Im Jahre 1884 kam eine weitere Schenkung von Gegenständen hinzu, welche vorwiegend aus den Funden, die nach 1881 in Hissarlik gemacht sind, und aus dem Anteil stammen, der vertragsmäfsig der Türkei ausgeliefert war. Da diese Sammlung in Konstantinopel nicht aufgestellt wurde und der Wissenschaft unzugänglich blieb, entschlofs sich Dr. Schliemann dieselbe anzukaufen. Nach dem im Dezember 1890 erfolgten Tode Schliemann's ging durch letztwillige Verfügung eine weitere sehr reichhaltige Sammlung trojanischer Fundstücke, welche er in seinem Hause in Athen aufbewahrt hatte, in den Besitz des Museums über.

Schliemann begann seine Ausgrabungen in Hissarlik im Jahre 1871 und setzte sie mit einigen Unterbrechungen bis 1890 fort. An diesem Ort, in welchem er das homerische Troja erkennt, unterscheidet man die Überreste von neun übereinandergelegenen Ansiedelungen, wobei die erste die tiefste und älteste, die neunte die oberste und jüngste ist, das Ilion, das noch in der römischen Kaiserzeit blühte.

Die Ergebnisse dieser seiner Untersuchungen hat Dr. Schliemann in drei gröfseren Werken niedergelegt: „Ilios, Stadt und Land der Trojaner" Leipzig 1881, „Troja" Leipzig 1884, „Bericht über die Ausgrabungen in Troja im Jahre 1890" Leipzig 1891.

Nach Dr. Schliemann's Tode wurden die Ausgrabungen fortgesetzt: im Jahre 1893 auf Kosten seiner Witwe, im Jahre 1894 durch huldvollst gewährte Überweisung der Mittel seitens Sr. Majestät des Deutschen Kaisers, beide Male unter der Leitung Prof. Dörpfeld's. Durch diese Grabungen wurden Schliemann's Resultate in wesentlichen Punkten ergänzt und richtig gestellt. Ein Buch, welches die Ergebnisse sämtlicher Ausgrabungen in Troja zusammenfafst, wird vorbereitet.

Die folgenden Erläuterungen beschränken sich auf eine kurze Darstellung der über einander liegenden Schichten und der in ihren Einschlüssen zum Ausdruck kommenden Kulturperioden. Da, wo jetzt das Thal des Dumbrek-Su, des alten Simoïs, in die breite Skamander-Ebene einmündet, liefsen sich die ersten Ansiedler auf einem Vorsprunge der steilen Thalränder nieder, welcher jetzt Hissarlik, d. h. Schlofsberg heifst. Sie errichteten Bauwerke aus unbehauenen Steinen, so auch eine Umfassungsmauer. Ziegel hat man in dieser Ansiedelung nicht gefunden. Die Topfwaare ist stets aus freier Hand geformt, meist glänzend schwarz und zuweilen mit tief eingefurchten Linienornamenten versehen, welche, um sie besser hervortreten zu lassen, gewöhnlich mit weifsem Kalk ausgefüllt sind. Besonders häufig sind flache Schalen mit wagerecht oder senkrecht durchbohrten Henkelansätzen. Ferner waren Steingeräte im Gebrauch. Ob man bereits metallene Gegenstände kannte, ist ungewifs.

Die zweite Stadt ist auf dem Schutte der ersten Ansiedelung, aber in einem gröfseren Umfange erbaut, wobei man Ungleichheiten des Terrains ebnete. Sie wurde mehrere Male zerstört und wieder aufgebaut; im ganzen kann man drei solcher Bauperioden unterscheiden. Sie hat bezüglich der Anlage wie auch der Funde für eine der bedeutendsten vorgeschichtlichen Städte zu gelten, in ihr glaubte auch Dr. Schliemann das homerische Troja zu erkennen. Ein Teil der Gebäude und der Funde, die er in seinem Werke „Ilios" der dritten Stadt zuweist, gehören, wie spätere Untersuchungen gezeigt haben, zu dieser zweiten Stadt, so u. a. der gröfste Teil der Goldsachen. In dieser

Zeit wurde die Burg mit einer aus unregelmäfsigen Steinen gebauten Mauer befestigt, welche durch drei Thore unterbrochen wurde. Der obere Teil der Mauern bestand aus Ziegeln, welche, wie der mitgebrannte Mörtel beweist, einem starken Brande ausgesetzt waren, nachdem sie schon verbaut waren. Auf der Burg selbst haben sich einige gröfsere Gebäude gefunden. Von einigen liefs sich der Grundrifs noch deutlich erkennen: das eine zeigte einen Hauptraum mit einer offenen Vorhalle, wie die einfachsten griechischen Tempel, ein zweites bestand aus zwei Gemächern und einer Vorhalle.

Nach der Zerstörung der zweiten Stadt war der Burghügel mit kleinen, dorfartigen Anlagen besetzt, welche man als dritte, vierte und fünfte Schicht bezeichnet. Hierbei häufte sich Schutt auf Schutt, so dafs der Hügel an Höhe und Umfang beträchtlich zunahm.

Die zweite Stadt bezeichnet eine Zeit der Blüte, die dritte bis fünfte Ansiedelung eine Zeit des Verfalls. Trotzdem zeigen manche Fundgruppen der zweiten bis fünften Ansiedelung, insbesondere die Keramik, ununterbrochen fortlaufende Formenreihen. Defshalb ist es auch in vielen Fällen nicht möglich, Fundstücke dieser oder jener Ansiedelung zuzuweisen, und so sind die Funde aus diesen Schichten in der Aufstellung der Schliemann-Sammlung unter der Bezeichnung „II.—V. Ansiedelung" zusammengefafst worden. Einzelne Funde oder Fundgruppen, bei denen eine genauere Bezeichnung möglich war, sind mit einem entsprechenden Etikett versehen. Dies gilt vor allem von den Schatzfunden der zweiten Stadt, unter denen „der grofse Schatz", von Schliemann früher „Schatz des Priamus" genannt, eine ganz hervorragende Stelle einnimmt. Die Kultur der zweiten bis fünften Ansiedler stellt sich als eine hochentwickelte Bronzekultur dar, während man gleichzeitig noch Steingeräte in grofser Menge und in z. T. ganz vorzüglicher Ausführung besafs. Dafs man die zahlreich gefundenen bronzenen Äxte, Dolche, Pfeilspitzen, Meifsel, Messer selbst zu giefsen verstand, beweisen die Gufsformen aus Stein und Thon. Viele halbfertige und bei der Arbeit mifslungene Steingeräte geben Zeugnis von

Vaterländische und andere vorgeschichtliche Altertümer. 51

einer schwunghaften Steinindustrie. Die Thongefäfse sind teils aus freier Hand gearbeitet, teils auf der Scheibe gedreht. Die sechste Ansiedelung beansprucht unser gröfstes Interesse. Ist es doch diejenige Stadt, welche begründeten Anspruch erheben kann, das homerische Troja genannt zu werden. Durch die letzten Ausgrabungen ist jedenfalls erwiesen, dafs sie zur Zeit der mykenischen Kultur (ca. 1500—1000 vor Chr.) bestanden hat und dafs sie sich in Bezug auf die Grofsartigkeit der Anlage und die Schönheit der Ausführung ihren berühmten Schwestern Tiryns und Mykenä ebenbürtig anreiht. Jetzt erweitert sich auch zum ersten Male die Stadt über den eigentlichen Burghügel hinaus und dehnt sich als Unterstadt über eine bedeutende Fläche südlich des Burghügels aus. Letzterer hatte durch die Schuttanhäufung eine solche Höhe erreicht, dafs die Erbauer der sechsten Burg eine wohlgemauerte Terrasse hinter der Burgmauer anlegten. Diese letztere ist aus behauenen, teilweise kolossalen Steinblöcken aufgebaut und wurde durch drei grofse Türme besonders geschützt. Der Zugang erfolgte durch zwei Thore; wahrscheinlich war ursprünglich noch ein drittes vorhanden, welches später zugemauert wurde. An der Innenseite der Burgmauer waren kleine Magazine angebaut, welche eine Menge Vorratsgefäfse, Pithoi, enthielten (zwei dieser Riesengefäfse stehen in Saal I). Der Grundrifs der Häuser ist etwa der gleiche wie früher, nur sind sie besser gebaut. Unter den Funden sind für die Datierung Thongefäfse vom Typus der bekannten mykenischen Topfwaare besonders wichtig. Aufserdem kommen Erzeugnisse einheimischer Töpferkunst vor, bei welcher sich der Einflufs der eingeführten mykenischen Topfwaare bemerkbar macht. Andere bemerkenswerte Gegenstände sind nur in verhältnismäfsig geringer Zahl gefunden worden.

Nach der Zerstörung der sechsten Stadt, welche — wenigstens zum Teil — durch eine Feuersbrunst erfolgte, wurde der Burghügel zum siebenten Male besiedelt, und zwar wahrscheinlich durch einen Stamm, welcher von Norden her aus Europa gekommen war und von dort seine im Vergleich mit den anderen trojanischen Funden ganz fremdartige Kultur mitgebracht hatte. Die Zeit dieser Ansiedelung fällt in die ersten Jahrhunderte des ersten vorchristlichen Jahrtausends.

Die achte und neunte Stadt, das griechische und römische Ilion, erhielt sich von einer frühen archaischen Epoche bis in die späte römische Kaiserzeit. Zuerst war Ilion nach des Geographen Strabo Angabe nur eine mit einem kleinen Tempel der ilischen Athena geschmückte dorfartige Anlage; erst Alexander der Grofse liefs den Tempel mit Weihgeschenken schmücken und den Ort zu einer Stadt umbauen. Später suchten die römischen Kaiser Ilium als die sagenhafte Stammburg ihrer Ahnen nach Kräften zu heben. Man findet aus dieser Zeit Überreste eines prachtvollen dorischen Tempels mit reichem Skulpturenschmuck, zwei grofse Theater und einen kleineren theaterartigen Bau, aufserdem zahlreiche Marmor-Skulpturen, Terrakotten und Münzen.

Ferner grub Schliemann einige der sogenannten Heroentumuli der Troas aus, welche, wie man sich durch die in Saal II ausgehängten Abbildungen überzeugen kann, ganz das Aussehen von künstlichen Aufschüttungen haben. Topfwaaren, Steinbeile etc. aus verschiedenen Perioden zeugten von Ansiedelungen, aber Spuren einer Benutzung der Hügel als Gräber fanden sich mit Ausnahme des Hanai Tepeh nicht vor.

Aufser den Funden von Troja und aus der Troas sind in Saal I Erwerbungen Schliemann's aus Griechenland und Ägypten aufgestellt.

Das Bildnis des Mannes, welcher die Wissenschaft vom Spaten durch seine grofsartigen Ausgrabungen in ungeahnter Weise gefördert und wie kein Anderer zuvor populär gemacht hat, hängt, vom Maler Hodges in London in Öl gemalt, im Saal II, während der Abgufs seiner vom Bildhauer Grüttner in Berlin angefertigten Büste im Saal I aufgestellt ist.

SAAL I.

Wo nicht anders bemerkt, ist Troja der Fundort.

Schrank 1. Thongefäfse und Bruchstücke von solchen, nach Schliemann aus der I. Ansiedelung.

Schrank 2. Zwei grofse Thongefäfse aus der II.—V. Ansiedelung sowie verkohlte Getreidereste aus verschiedenen Perioden.

Schrank 3. Grofses Thongefäfs sowie Ziegeln aus der II. Ansiedelung; letztere sind in einer Feuersbrunst gebrannt und teilweise verschlackt.

Schrank 4—11. Thongefäfse aus der II.—V. Ansiedelung, aus freier Hand gearbeitet.

Schrank 12—13. Gröfsere Vorratsgefäfse aus der II.—V. Ansiedelung.

Schrank 14—17. Thongefäfse aus der II.—V. Ansiedelung, auf der Töpferscheibe hergestellt.

Schrank 18—19. Dgl. aus der V.—VI. Ansiedelung.

Schrank 20. Thongefäfse aus der VI. Ansiedelung, einheimische Arbeit.

Schrank 21. Thongefäfse aus der VI. Ansiedelung, teils einheimische, teils importierte (mykenische) Waare.

Schrank 22. Thongefäfse, Untersätze zu solchen und Kohlenbecken aus der VI. Ansiedelung.

Schrank 23. Thongefäfse aus der VI. Ansiedelung.

Schrank 27. Thongefäfse aus der VII. Ansiedelung.

(Fortsetzung der trojanischen Keramik in Saal II. Vgl. auch Saal I Schrank 29 und 32).

Wandschrank 25 und 27. Verzierte Spinnwirtel aus Thon.

Wandschrank 26. Beile, Hacken und Hämmer aus Stein, darunter auch solche von Nephrit und Jadeït.

Schrank 28. Keulenköpfe aus Stein. Toilette-, Schmuck- und Luxusgegenstände. Geräte für Spiel und Musik. Waffen aus Stein, Knochen und Thon. Idole und Ähnliches.

Schrank 29. Grofse Thongefäfse, unverzierte Wirtel, verzierte Thonkugeln, verschiedene siebartig durchlöcherte Thongefäfse.

Schrank 30 und 31. Verschiedene Altertümer aus Ägypten.

Schrank 32. Verschiedene Altertümer aus Griechenland. Grofse Thongefäfse aus Troja.

Wandschrank 33. Webstuhlgewichte und linsenförmige Körper aus Thon.

Wandschrank 34. Netzsenker und andere Gewichte aus Stein und Thon. Gerillte und gekehlte Geräte aus Stein, Thon und Muschel. Reibschalen aus Stein. Haken und Bürstengriffe aus Thon. Stempel aus Thon und Siegelcylinder aus Stein und Thon. Herdrost aus Thon.

Wandschrank 35. Schleifsteine. Messer und Sägen aus Stein und Knochen. Geräte zum Glätten und Reiben.

Wandschrank 36. Pfriemen und Ähnliches, Beile, Stabgriffe oder Hämmer, Nadeln, Spindeln (?), Schreibgriffel (?) und Messergriffe aus Knochen, Geweih und Elfenbein.

Kasten 37. Zwei Embryo-Skelette aus der I. Ansiedelung und ein Kinderskelet aus einem Grabe der VI. Ansiedelung.

Kasten 38. Poliersteine.

Postament 39. Grofser Pithos (Vorratsgefäfs). Auf den Stufen verschiedene Steingeräte: gerillte Hämmer, Widerlager für rotierende Achsen, pyramidale Gewichte, runde, scheibenförmige, kubische und walzenförmige Klopfsteine. Grofses Thongewicht.

Schrank 40. Funde aus den sogen. Heroen-Gräbern der Troas: aus den Hügeln des Achilleus, des Patroklos, des Priamos, aus dem Pascha-Tepeh, dem Ujek-Tepeh, dem Kurschunlu-Tepeh, dem Besika-Tepeh; ferner aus dem Tumulus des Protesilaos auf dem thrakischen Chersonnesos

Vaterländische und andere vorgeschichtliche Altertümer.

und aus dem Hügel Bos-öjük in Phrygien. Funde von den Ansiedelungsplätzen auf dem Bali-Dagh bei Bunarbaschi und von Eski-Hissarlik sowie von der Baustelle von Ophrynion. Bronzen aus einem Grabe in Kebrene.

Schrank 41. Funde vom Hanaï-Tepeh in der Troas.
Postament 42. Grofser Pithos.
Drehständer 43. Gewebe-Reste aus ägyptischen Gräbern des 3. bis 6. Jahrh. n. Chr.
Über Wandschrank 33. Eine Marmor-Metope, den mit einer Strahlenkrone geschmückten Helios darstellend, wie er mit seinem Viergespann, dessen Wagen von dem vorderen Pferde verdeckt zu denken ist, aufsteigt. Sie ist auf beiden Seiten von den Triglyphen eingefafst, die linke (vom Beschauer) ist Ecktriglyphe.
Unter Schrank 1—11. Mahlsteine.
Unter Schrank 14—24 und 40—41. Verschiedene gröfsere Steingeräte.

SAAL II.

Die Decke dieses Saales ist in geprefstem Messing und Kupfer einer Wanddekoration nachgebildet, welche Schliemann in Orchomenos gefunden hat.

Schrank 1. Thongefäfse, Spinnwirtel und Marmorfragmente aus der VIII.—IX. Ansiedelung.

Schrank 2. Der „grofse Schatz" A (s. a. Schrank 3) aus der II. Ansiedelung, und die andern Gesamtfunde B, K, M, Q und S aus der II.—III. Ansiedelung. Nadeln verschiedener Form aus Bronze, Kupfer und Silber. Bohrer und Meifsel aus Bronze oder Kupfer.

Schrank 3 (Goldschrank). Die Goldsachen des „grofsen Schatzes" A (s. a. Schrank 2). Schmucksachen aus Gold, Silber und Elektron aus den Funden D, E, F, Ha, I, N, O, R der II.—V. Ansiedelung. Goldscheibe aus Fund H b, wahrscheinlich VI. Ansiedelung. Einige einzeln gefundene Goldsachen.

Schrank 4. Fund L aus der II. Ansiedelung. — Einzelfunde aus Metall: Messer, Dolche, Celte, Bolzen u. A., eine Silbervase, ein Bleiidol aus der II.—V. Ansiedelung. Aus der VI. Ansiedelung: Fund K, Messer, Flachcelte, Armring aus Kupfer und Bronze. Aus der VII. Ansiedelung: eine Doppelaxt und ein Axthammer aus Bronze von ungarischem Typus, Nadeln, Armringe, ein Tutulus. VIII.—IX. Ansiedelung: Pfeilspitzen aus Bronze und Eisen, Bronzefibeln, darunter eine mit der Inschrift AVCISSA, Schleudergeschosse aus Blei, Messer, Gewichte, Gefäfsteile, Nadeln, Schreibgriffel, chirurgische Instrumente. — Giefsereigeräte: Einteilige Gufsformen aus Stein und Thon, zweiteilige Gufsformen aus Stein, eine sog. verlorene Form aus Thon für eine Axt von ungarischem Typus; Gufstiegel; Gufstrichter.

Schrank 5. Thongefäfse, Lampen, Terrakotten, Marmorfragmente, ein Grabfund (Kanne, zwei Glasschalen, Strigilis aus Eisen) aus der VIII.—IX. Ansiedelung. Einige glasierte Gefäfsproben aus dem Mittelalter.

Auf den Postamenten an den Wänden. Marmorskulpturen und Inschriftensteine. Photographien und Zeichnungen der Ausgrabungen.

Ethnologische Sammlungen.

Die Anfänge der ethnologischen Sammlungen gehen auf verhältnismäfsig frühe Zeit zurück, sie bildeten einen Teil der im Laufe des 17. Jahrhunderts entstehenden wissenschaftlichen und kunstästhetischen Sammlungen, welche dann lange gemeinsam den Namen „Kunstkammer" führten. Die colonialen Unternehmungen des grofsen Kurfürsten hatten die Anknüpfung geboten. Eine geregelte Beachtung und Pflege konnten sie aber erst finden, als die ursprünglich mit ihr vereinigten Sammlungen, welche der alten Mittelmeerkultur galten, einzelnen Wissenszweigen zugefallen waren und so die Ziele und Aufgaben der jetzt ethnologisch genannten Forschung mit gröfserer Klarheit erkannt und festgestellt werden konnten.

Als erst die antike Archäologie mit ihren Zweigdisciplinen, die mittelalterliche und moderne Kunstgeschichte sich entwickelt hatten, als die Entzifferung der Hieroglyphen und der Keilschrift der alten Geschichte Vorderasiens eine Basis gegeben hatte, wodurch diese Wissenschaft erst lebensfähig geworden war, da erübrigte es nur noch, die Behandlung der asiatischen und amerikanischen Kulturen, sowie der Eigenartigkeiten der sogenannten Naturvölker wissenschaftlich zu gliedern und durch Sammlungen zu stützen. Da diese Arbeit erst seit etwa einem Menschenalter mit bewufster Methode angefafst wurde, so bedarf es zur Herstellung einer, den vorliegenden Zielen entsprechenden Sammlung aufsergewöhnlicher Anstrengungen, und in Anbetracht der Versäumnisse, die es nachzuholen gilt, ist das lebhafte Interesse und die mannigfache Unterstützung, welche den Sammlungen zu Gute kommen, um so wärmer zu begrüfsen. Vor allem hat es dem Museum an reichster Förderung durch die Gnade Sr. Majestät des hochseligen Kaisers und Königs Wilhelm I. und durch andere Mitglieder des Königlichen Hauses, insbesondere I. I. K. K. H. H. die Prinzen Karl und Friedrich

Karl nicht gefehlt; eine der wichtigsten Erweiterungen ward ihr durch die indische Sammlung Sr. Königlichen Hoheit des Prinzen Waldemar zu Teil. Der durch den erlauchten Protektor der Königlichen Museen, Se. Majestät den hochseligen Kaiser Friedrich III. über die Ethnologie und deren Sammlungen gebreitete Schutz waltet fort in ihrem Gedeihen, und ebenso sind Seiner Majestät dem Kaiser Wilhelm II und Ihrer Majestät der Kaiserin Friedrich vielfache huldvolle Zuwendungen zu danken. Wiederholte Förderung fand die Sammlung durch die Kaiserliche Admiralität, welche jedem wissenschaftlichen Ansuchen stets geneigtes Gehör geliehen hat.

Zahlreiche Bereicherungen des ethnologischen Materials sind der unter Leitung der Königlichen Akademie der Wissenschaften stehenden Humboldt-Stiftung, der Afrikanischen Gesellschaft und ihren regelmäfsig ausgerüsteten Expeditionen, sowie auch der Ritter-Stiftung zu verdanken. Eine wirksame Förderung wurde mit Begründung des Ethnologischen Hilfs-Komitees*) gewährt, indem die aus dessen Mitteln ausgerüsteten Reisenden mit speziellen Instruktionen des Museums entsandt werden konnten.

Zu ganz besonderem Danke ist das Königliche Museum auch der Kolonial-Abteilung des Auswärtigen Amtes und den Herrn Gouverneuren sowie vielen Beamten und Offizieren in den Schutzgebieten verpflichtet, durch deren unermüdliches Zusammenwirken es möglich geworden ist, die Sammlungen aus Afrika und Oceanien auf eine Höhe zu bringen und auf ihr zu erhalten, die in keinem anderen Museum übertroffen oder auch nur erreicht wird.

Auch sonst hat die ethnologische Abteilung seit ihrem selbständigen Bestehen sich stets der thatkräftigsten Unterstützung einer grofsen Zahl von Gönnern zu erfreuen gehabt; allen, welche die Sammlungen durch Zuwendungen irgend

---

*) Dasselbe bestand bei der Begründung aus den folgenden Mitgliedern: Isidor Richter, Emil Hecker, Geheimer Kommerzienrat von Bleichröder, Baptist Dotti, Kommerzienrat Franke, Kommerzienrat Goldberger, Wilhelm Maurer, V. Weisbach, A. v. Le Coq, sämtlich in Berlin, und aufserdem Konsul Relfs in Mannheim. Der gegenwärtige Vorsitzende ist Herr V. Weisbach.

Ethnologische Sammlungen. 59

welcher Art gefördert haben, sei hier der schuldige Dank ausgesprochen. Da die Namen aller Schenker regelmäfsig in den Vierteljahresberichten des „Kunsthandbuches" zum Druck gelangen, so kann hier eine Nennung der Namen unterlassen werden, um so eher als die Listen, welche gerade in den letzten Jahren ungewöhnlich sich vergröfserten, hier mehrere Seiten füllen würden. Wenn also der Raummangel zwingt, von einer bisher gepflogenen Sitte abzugehen, so kann, wie erwähnt, für die Geschichte der Sammlung überhaupt, wie für ihre Vermehrung durch Geschenke auf das „Kunsthandbuch" verwiesen werden; es mufs aber auch hervorgehoben werden, dafs die Etiketten der Sammlungen überall die Namen der Geschenkgeber aufführen.

Die ethnologische Abteilung besteht aus folgenden Gruppen.

1. **Europa**, umfangreiche Sammlungen aus Lappland, Island, dem europäischen Rufsland: Tscheremissen, Syrjänen, Wotjaken etc.

Diese Gruppen werden in der 3. Etage aufbewahrt.

2. **Asien**, Vorderasien: Syrien, Ägypten, Yemen (3. Etage); Persien, Turkistân (parterre aufgestellt, Interessenten nach Meldung bei dem Direktor zugänglich).

Indische Kulturländer: vollständig in der 2. Etage aufgestellt.

Ostasiatische Kulturländer: vollständig in der 2. Etage aufgestellt.

Nord-Asien: umfangreiche Sammlungen aus dem Amurgebiet. Tungusisches, Jakutisches, Samojedisches etc. (parterre, Interessenten nach Meldung bei dem Direktor zugänglich).

3. **Afrika**, die Sammlungen sind vollständig in der 1. Etage aufgestellt.

4. **Amerika**, die Sammlungen — sowohl die Altertümer, wie die Ethnologica der modernen Völker — sind in der 1. Etage aufgestellt. Abgüsse von zentralamerikanischen Altertümern befinden sich in der 3. Etage und sind nach vorhergehender Meldung zugänglich.

5. **Australien**, die einschlägigen Sammlungen sind vollständig in der 1. Etage aufgestellt.

Wissenschaftliches Material über die Sammlungen findet sich u. a. in den

1. *Originalmitteilungen aus dem Königl. Museum für Völkerkunde*, 4 Hefte 1885/1886 (nicht mehr erschienen);
2. *Veröffentlichungen aus dem Königlichen Museum für Völkerkunde.* 5 Bände 1889—1897;
3. in der amtlich subventionierten „*Zeitschrift für Ethnologie*";
4. in dem „*Ethnologischen Notizblatt*" (Heft 1—3, 1894—6) herausgegeben von Dr. Adolf Bastian (nicht mehr erschienen).
5. *Festschrift für A. Bastian*, Berlin, Reimer 1896.
6. *Beiträge zur Völkerkunde der Deutschen Schutzgebiete*, herausgegeben mit Unterstützung des Kgl. Museums für Völkerkunde von Dr. v. Luschan, Berlin, Reimer 1897.

SAAL I, I² und II.
Afrika.

Die Bevölkerung Afrikas bildet kein homogenes Ganze, sondern zerfällt in vier grofse Gruppen oder Schichten, die noch in ihrer heutigen geographischen Verbreitung die Reihenfolge ihrer Einwanderung in die jetzigen Wohnsitze wiederspiegeln. Die ältesten Bewohner des Kontinents, und wahrscheinlich Ureinwohner, sind ohne Frage die hellfarbigen Südafrikaner, die Buschmänner und Hottentotten, denen man diesen Rang mit um so gröfserer Berechtigung zusprechen kann, als sie eine ausgesprochene Ähnlichkeit mit jenen merkwürdigen kleinwüchsigen und kulturarmen Jägerstämmen, den Pygmäen oder Zwergvölkern, besitzen, die im ganzen centralen Afrika unter den hochgewachsenen Bantustämmen ein kümmerliches Dasein führen und in allen ihren Zügen sich als zurückgedrängte Reste einer Urbevölkerung kennzeichnen. Nördlich an die hellfarbigen Stämme schliefst sich, in kompakter Masse den ganzen übrigen Süden des Erdteils bis etwa zum 5° nördl. Breite ausfüllend, die Gruppe der Bantuvölker an, über deren Einwanderung wir zwar nichts Bestimmtes wissen, die aber ohne allen Zweifel jünger sind als ihre hellfarbigen südlichen Nachbarn. Von allen afrikanischen Bevölkerungselementen bilden die Bantu (Plural von Umu-ntu, Mensch, Mann) die gleichartigste Masse, sowohl der Physis wie der Sprache nach. Dagegen ist der nördliche Zweig der Negerbevölkerung Afrikas, die von mehreren Forschern den Bantu als eigentliche Neger gegenübergestellten Sudan-Neger, in so hohem Grade mit fremden, meist berberischen Elementen, durchsetzt, dafs das ursprüngliche Völkerbild hier stark verwischt worden ist und eine allgemeine Charakteristik einfach ausgeschlossen erscheint. Noch nicht geklärt ist die anthropologische Stellung der Fulbe (Fellata, Fullah,

Peul), jenes hellfarbigen Hirtenvolkes, das, von Westen, vom Senegal, kommend, sich den ganzen westlichen Sudan unterworfen hat. Ihre Sprache zeigt Anklänge ans Hamitische, nimmt aber sonst eine sehr selbständige Stellung ein. Weit jünger auf afrikanischem Boden als die Neger, wenn auch schon in grauer Vorzeit eingewandert, sind die Hamiten, die einen grofsen Teil des gesamten Nordens von Afrika bewohnen und zu denen von manchen Gelehrten ausser den Ägyptern auch die zahlreichen Berber- und Bedscha-Völker, die Somâl und Galla gezählt werden. Das jüngste Bevölkerungselement sind endlich die in historischer Zeit aus Asien herübergekommenen Semiten, Völker durchweg arabischer Stammesangehörigkeit, deren älteste Einwirkung in der Verpflanzung himjarischer Sprache nach Abessynien besteht, während die neuere Einwanderung an die grofse, durch den Islam hervorgerufene Kultur- und Religionsbewegung sich anschliefst.*)

I. Südafrika (Schränke 3ᵃ⁻ʰ und 21).

A. Die hellfarbigen Völker
(Hottentotten und Buschmänner). Schr. 3ʰ.

Die Hottentotten bewohnen hauptsächlich Deutsch-Südwest-Afrika; ihre Nordgrenze ist etwa der 23° südl. Br., wo sie an die Hereró grenzen. Sie sind ein Hirtenvolk, im Gegensatz zu den unter ihnen und in der Kalahari (Kung, Haiumga) zerstreut lebenden Buschmännern, die ein unstetes Jägerleben führen. Stärkster und reinster Stamm der Hottentotten sind die Nama in Gross-Namaland; mehr mit fremden Elementen durchsetzt sind dagegen die Griqua an den Karroobergen und in Griqualand und die Koranna

---
*) *Die Sammlungen sind nach geographischen Gesichtspunkten geordnet, indessen ist bei deren andauerndem, kräftigen Wachstum eine räumliche Trennung nicht immer durchführbar gewesen, sodafs neben einander stehende Schränke oft Sammlungen aus ganz verschiedenen Gegenden Afrikas enthalten. Zur Orientierung diene der neben dem Haupteingang von Saal I aufgehängte Plan.*

im Gebiet des Oranjefreistaats. Mischlinge von Hottentotten und Weifsen sind die Bastards, die sich zum Teil zu eigenen Stämmen zusammengeschlossen haben.

Bemerkenswert aus dem Kulturbesitz dieser Völker sind die prachtvollen Fellmäntel (Karofs), die Steinskulpturen und Malereien der Buschmänner, sowie deren Waffen (Bogen und vergiftete Pfeile).

*Die den Hottentotten und Buschmännern nahestehenden **Zwergvölker** sind bei den Stämmen aufgestellt, unter denen sie leben; demnach siehe die Abongo bei den Gabunvölkern (4c, d), die Watwa (Bátua und Bapoto) im südlichen Congobecken (23 und 25), die Akka und Meüdje bei den Niam Niam (14), die Wambutti (Ewe) bei den Zwischenseevölkern (16).*

B. Die südlichen Bantuvölker.

1. **Die Kaffern.** Sie sind der am weitesten nach Südosten vorgeschobene Teil der Bantuvölker, deren energischste und kriegerischste Vertreter sie sind. Die Südgrenze ist jetzt der Grosse Fischfluss im Kapland; im Westen gehen sie bis in die Kalahari hinein. Die Grenze im Norden ist unsicher, da Kaffernhorden bis über den Nyassa-See hinaus, ja bis fast an den Victoria Nyansa vorgedrungen sind; im allgemeinen kann die Breite von Sansibar als äufserste Grenze ihres Vordringens nach Norden gelten. Heute zerfallen sie in folgende Hauptgruppen:

a) Die Südost-Kaffern im Osten des Kaplandes bis zur Grenze von Natal (Amakosa, Amapondo, Fingu) (3 a, b).

b) Die Sulu (Zulu) in Natal und im Sululand. Sie sind der kriegerischste und bestorganisierte aller Kafferstämme und nehmen mit ihren häufigen Kriegen gegen die Weifsen einen breiten Raum in der Geschichte Südafrikas ein. Zu ihnen gehören die Matabele und Amaswasi (3 a—c).

c) Die Betschuanen, in der Mitte Südafrikas, zwischen Oranjeflufs und Sambesi. Sie sind weniger kriegerisch als die Sulu und der Kultur zugänglicher. Die Betschuanen zerfallen in zahlreiche Stämme, deren hauptsächlichste sind:

die Basuto, Ost- und West-Bamangwato, Bakwena, Bamlong, Batlapi, Maschona, Marutse-Mambunda, Makalaka etc. Untergegangen sind die in der ersten Hälfte des Jahrhunderts an den Sambesi gewanderten Makololo. Auf das Niveau der Buschmänner herabgedrückt sind die in die Steppe hinausgedrängten und verkümmerten Bakalahari (3^d und 21).

Den kriegerischen Neigungen der Kaffern entsprechend, nimmt die Bewaffnung in ihrem Kulturbesitz die erste Stelle ein, wie die zahlreichen Angriffs- und Schutzwaffen bezeugen. Aufserdem ist bemerkenswert neben der eigenartigen Fellkleidung der ungemein reichhaltige Schmuck; ferner die kunstvollen Schnitzarbeiten (Schnupftabaksdosen, Stöcke) der Sulu, die Zauberwürfel der Amakosa und die aus Straufseneiern bestehenden Wasserbehälter der Bakalahari.

2. **Die südwestlichen Bantu.** Die Gruppe umfafst die **Ovaherero, Ovambo, Ondonga** und **Ovambandjeru**. Dem körperlichen Habitus nach gehören dazu auch die **Bergdamara** (Hau-Koin), die aber hottentottische Sprache haben. Alle diese Völkerschaften bewohnen den nördlichen Teil Deutsch-Südwest-Afrikas bis zum Cunene. Die Herero treiben ausschliefslich Viehzucht, während die Ovambo schon Getreide bauen. (3^{efg}).

Bezeichnend für den ganz in der Viehzucht aufgehenden Charakter der Herero ist die ungemein grofse und mannigfaltige Sammlung von Geräten für Milchwirtschaft (3^g), eigenartig ist auch die Kleidung und der Schmuck, besonders der Hererofrauen (3^f) und schliefslich die mehr auf die Parade als den Angriff berechneten Waffen (3^e).

II. Centralafrika.

A. Der Westen.

Die ungeheure Menge der im gewaltigen Becken des Congo und an der langgestreckten Westküste wohnenden Bantuvölkerschaften zerlegt man behufs leichterer Übersicht am besten in geographisch bestimmte Gruppen, deren Benennung sich vorteilhaft an die Stromgebiete anschliefst.

Afrika. 65

1. **Kassai-Völker.** Nördlich von den im Museum nicht vertretenen Völkerschaften der Wasserscheide zwischen Sambesi und Congo, den Ambuella, Ganguella, Luchaze etc., nehmen die Lunda-Völker einen breiten Raum ein. Ihre politische Organisation gipfelt in dem durch seine merkwürdige Regierungsform berühmten Lundareich des Muata-Jamwo (28), doch gehören zu den Lundavölkern auch noch die überaus rührigen und als Jäger und Händler geschickten Kioque (36), wie auch die Bewohner von Kazembe's Reich. Von höherem Interesse und auch stärker in den Sammlungen vertreten sind die durch die Reisen von Pogge, Wissmann, Wolf, v. François etc. so bekannt gewordenen Stämme im Norden der Lundavölker, die verhältnismäfsig hochkultivierten Bakuba (26 und 27) und die Baluba mit ihrem durch den erst vor wenig Jahrzehnten eingeführten Hanf-(Riamba) Kultus merkwürdigen Seitenzweig der Baschilange (23^bc, 24). Zu ebenderselben Gruppe zwischen dem Loange im Westen und dem Lualaba-Congo im Osten gehören ferner noch die durch arabische Sklavenhändler ausgerotteten Benekki, die Bassonge, Batetela, Bena-Lussambo, Bena N'Gongo im Süden, und die Bakete, Bassongo-Mino, Bajeje etc. an den nördlichen Zuflüssen des Kassai (Sankurru) (23. 27). Zwar dem Kassaigebiet, aber einem andern Kulturkreise gehören die Anwohner des Kuango an, die Minungo, Songo, Bangala, Schinsche. Hollo (36) an dessen Oberlauf, die Mayakalla (36) am Mittellauf und die Wabuma (25) um die Einmündung des Kuango in den Kassai und an dessen unterstem Lauf selbst. Räumlich weit von allen diesen Völkerschaften getrennt, nur flüchtig von europäischen Reisenden (v. François) berührt und in ihrer ethnologischen Stellung noch wenig bekannt sind die Anwohner des Lulongo, Tschuapa und Bussera, die Balolo, Imballa, Inkundo und Baringa, und die Bena-Kamba am Mittellauf des Lomami (25). Spärlich über den central-afrikanischen Urwald verteilt leben inmitten der hochgewachsenen Bantustämme die Batua und Bapoto. Angehörige der merkwürdigen, kleinwüchsigen Urrasse, die Batua besonders im Flussgebiet des Sankurru, die Bapoto am Tschuapa.

Führer durch das Museum für Völkerkunde. 5

Neben vielem Gemeinsamen, z. B. der aus den Fasern der Raphiapalme gewebten Kleidung, dem geflochtenen oder durchflochtenen Schild und dem das Abgleiten der Sehne verhindernden Bogenknauf haben alle diese Völkerschaften ihre Besonderheiten, die im Charakter des Kulturbesitzes trefflich zum Ausdruck gelangen. Besonders bemerkenswert sind:

23, 24: *Die Difuma dia Dikongo, das alte Reichsszepter des Baschilangehäuptlings Mona Kalembe; ferner die überaus elegant und kunstreich gearbeiteten Messer, Äxte, Speere und Holzgefäfse.*

25: *Die grossen Trommeln in Menschengestalt, ein Thürschloss aus Holz, die Idole vom Sankurru.*

26: *Raphiazeuge, besonders von den Tupende (auch in 25, 27, 28, 36); ein ausserordentlich schöner Baluba-Fetisch, einen alten Krieger in voller Rüstung darstellend; Masken, Kopfschmucke, Trinkhörner.*

27: *Merkwürdig geformte runde Wurfmesser vom Kassai, Korbflechtereien, Kopfbedeckungen (c).*

28: *Grosses Musikinstrument (Marimba), Keulenszepter.*

36: *Kioque-Fetische (a, b), an ägyptische Figuren erinnernd, Mayakalla-Kopfputz (c).*

2. Die Congovölker.

a) Aus dem Gebiet des obersten Congo bis zu den Stanley-Fällen hinunter sind im Museum vertreten: Das grofse, mit den Baluba nahe verwandte Volk der Warua, ferner die Wamarungu, Waguha, Wabudschwe, Wasi-Malungo (22); nördlich schliessen sich an die räuberischen Manyema, die Wakussu und Waregga (23ª).

Zu erwähnen sind die schön geschnitzten Ahnenfiguren, Bogenhalter und Trommeln der Warua, die Speere und Schwerter der Manyema und Wakussu, die Schilde der Wasi-Malungo und Wabudschwe (Saal I, nördl. Längswand).

b) Den oberen Congo von den Stanley-Fällen abwärts bewohnen Stämme (Wakumu, Wabuna, Wassangolo, Basoko), deren Technik, soweit sie sich in ihren Schilden und Angriffswaffen offenbart, sicherlich am höchsten von allen centralafrikanischen Völkern steht (33). Bekannter als alle diese sind die zwischen unterem Ubangi und Congo

Afrika. 67

sitzenden Bangala, ein Handelsvolk, das gleich den um die Kassaimündung wohnenden Bayansi und Bateke ausgezeichnet ist durch den ungemein massigen Schmuck, der in Gestalt schwerer Metallringe um Arme, Hals und Beine getragen wird (40).

Beachtenswert in 40 ist aufserdem noch die Reihe der Bateke-Fetische und die geschnitzte und bemalte Hausthür der Wambundu.

c) Der untere Congo. Vom Stanley-Pool abwärts bis zur Mündung werden die Ufer des Stromes von Stämmen bewohnt (Babwende, Bakongo, Mussorongo, Muschikongo, Kakongo), die mit den Völkerschaften im nördlichen Angola, wie auch den zahlreichen Stämmen der Loangoküste ethnographisch die gröfste Ähnlichkeit besitzen.

Von den Loangostämmen seien nur erwähnt die Bawili, Mayombe, Bakunya, Bayaka, Bantetje und Balumbo.

Die Sammlungen, soweit sie Kultus und Aberglauben dieser ganzen Region betreffen, sind in 39 aufgestellt. Der übrige Kulturbesitz dieser Völker befindet sich in 4 a-f.

3. Das Uëlle-Gebiet ist der Sitz der hochkultivierten, aber menschenfressenden Monbuttu, der gleichfalls anthropophagen Niam Niam, Bombé, Makraká, Momfú, Bubu etc. (14).

Von den Monbuttu sind zu nennen die Sichelmesser, Thongefäfse, grofsen viereckigen Schilde, von den Niam Niam die grofsen Elfenbeinhörner, Wurfmesser, Haarnadeln, Saiteninstrumente, von den Bubu die schönen Speere.

4. Ogowe-Völker. Keilförmig schiebt sich zwischen die Stämme der Loangoküste einerseits und die von Kamerun andererseits die Völkergruppe der menschenfressenden Fan, deren ständiges Vorrücken nach dem Meere die früher im Ogowegebiet ansässigen Stämme z. T. fest an die Küste geprefst, z. T. schon auf das linke Ogoweufer hinübergedrängt hat. Die hauptsächlichsten dieser letzteren sind: die Akelle, Mpongwe, Osekiani, Orungu, Ininga, Galloa, Okota, Okande, Apingi, Osaka, Aduma und Mbamba (4 a-d).

Beachtenswert sind aufser den Korbflechtereien und Holzschnitzereien die Eisenarbeiten der Fanvölker (Schwerter und Wurfmesser); von hohem Interesse auch die wahrscheinlich

5*

den portugiesischen Entdeckern entlehnten, sonst in Afrika nicht vorkommenden Armbrüste.

5. **Kamerun.** Reich vertreten sind in den Sammlungen des Museums die Völkerschaften des deutschen Schutzgebietes Kamerun. Im Mündungsgebiet des gleichnamigen Flusses sitzen die Dualla, ein durch jahrhundertlange Berührung mit Europäern keineswegs veredeltes Handelsvolk (4 a b). Kräftiger sind die am Südhang des Kamerunberges um Buea sitzenden Bakwiri, die nördlich davon wohnenden Bakundu und die Balung am Mungo (37 und 38), ferner am unteren Sannaga die Lungahe (Lungasi), am Wuri die Abo und Budiman.

Charakteristisch für Kamerun sind in erster Linie die für die sogenannte Trommelsprache gebrauchten Signaltrommeln, ferner die Masken und Maskenanzüge, die Stühle (oben auf dem Schrank) und Boote mit ihren reich geschnitzten phantastischen Schnäbeln und bemalten Rudern (östliche Querwand von Saal I und Schr. 13). Beachtenswert sind auch die Fetische der Bakundu und Balung.

Das **Kamerun-Hinterland** beherbergt keine einheitliche Bevölkerung. Von Süden und Südosten drängen die Fan nach Norden und nach der Küste, und von Norden her dringen sudanische Stämme weiter und weiter nach Süden. Dergestalt werden die alteingesessenen Völkerschaften immer mehr eingeengt. Von diesen die bedeutendste sind die Bakoko (Welle), an die sich die küstennahen Batanga (s. deren Brandungsboot, Saal I nördl. Längswand), Mabea und Ngumba angliedern (34). Von den Fanvölkern ist der Stamm der Yaunde nebst seinen Nachbarn, den Batschinga, Yetuti, Bawa, Banch, Yatenge und Mpong, reich vertreten (30).

Bei den Yaunde nehmen das gröfste Interesse in Anspruch die auf die Pubertätsfeier bezüglichen Gegenstände, besonders die von den mannbar werdenden Jünglingen (infoun) während der Übergangsperiode angelegten Kleidungs- und Schmuckstücke; ferner die bei dem beliebten Hasardspiel gebrauchten geschnitzten Spielmarken, das Eisengeld u. a. m.

Von den Sudanstämmen des **Kamerun-Hinterlandes** sind die Wute der bedeutendste. Aufser ihnen sind jedoch

Afrika. 69

auch die Landschaften Tibati und die kleinen Stämme der Bonso, Bati, Genoa und Yanguana vertreten (31).

Zu erwähnen ist besonders die Bogenspannung der Wute mittels geschnitzter Spannhölzer, von denen eine ganze Reihe, neben vielen Schutzpolstern für das linke Handgelenk, in 31ᵃ ausgestellt sind. Andere bemerkenswerte Erzeugnisse ihrer hochentwickelten Technik sind die Schwerter, die Kalebassen etc.; auch ihre riesigen, aus Büffelhaut gefertigten Schilde (nördliche Längswand Saal I) verdienen Beachtung.

Aus dem **nördlichen Kamerungebiet** sind von den Waldlandstämmen die Mabům, Batóm und Banyáng im Museum vertreten, von den Graslandstämmen, die erst im Anfang unseres Jahrhunderts aus dem Benuegebiet in ihre jetzigen Sitze eingewanderten Bali.

Einzig in ihrer Art ist die Kollektion von Pfeifen und Pfeifenköpfen der Bali (**235** und **236**); ferner hervorzuheben die Thongefäfse, Körbe und Kalebassen (ebenda), sowie die Stühle und die Hinterschurze der Frauen (**29**).

6. **Ober-Guinea.**

a) Calabar (**37**) und die Nachbargebiete schliefsen sich ethnographisch eng an Nordwest-Kamerun an, wogegen die Bubi auf Fernando Poo eine selbständige Stellung einnehmen.

Bemerkenswert ist die reiche Sammlung von Fetischen von den Ngolo am Rio del Rey und die Holzspeere, sowie der Schmuck der Bubi.

b) Benin. **249** und **250**. (Saal Iᵃ). Grofsartige Blüthe von Metalltechnik und Elfenbeinschnitzerei im 16. u. 17. Jahrh. Gufsverfahren in verlorener Form (cire perdue).

c) Die Sklavenküste umfafst die Landschaften Yoruba, Dahomey und Togo, alle reich im Museum vertreten (**1 ʰ, 7—10, 11 ᵃ, 12, 153**).

Ethnographisch weist die ganze Region mitsamt dem Hinterland (Dagomba, Mossi, Grussi, Borgu) eine grosse Gleichartigkeit auf. Erwähnenswert sind die verzierten Kalebassen und Messinggefäfse, die phantastischen Holzschnitzereien, die mit Amuletten besetzten Kriegsröcke und die dem hochentwickelten Fetischwesen dienenden Gegenstände (Schädeltronuueln etc.). Einen abweichenden Typus zeigen dagegen die Waffen (Streithämmer, Bogen, Armschienen etc.), sowie der Kriegs- und Tanzschmuck der Bewohner der Landschaft Kabure (12).

d) Die Goldküste mit dem Aschantireich ist ausgezeichnet durch seine Metallindustrie (Goldschmuck, Goldgewichte, Scepter) (11 $^{b\,c}$, 153).

e) Aus dem westlichen Ober-Guinea sind die Landschaften Liberia, Sierra Leone und Senegambien vertreten, besonders die Stämme der Kru, Vey, Mandingo, Papel, Balante. (5, 6.)
Zu erwähnen sind die Lederarbeiten der Mandingo und die Masken des Purrah-Geheimbundes.

B. Der Osten.

Die Nordgrenze der Bantuvölker weicht im Osten des Erdteils mehr und mehr nach Süden zurück, von 5° n. Br. am Busen von Guinea bis unter den Aequator am indischen Ozean. Auch diese östliche Hälfte des Bantugebietes ist gleich vielen anderen Teilen Afrikas ausgezeichnet durch zahlreiche Völkerbewegungen und Durchdringungen, die zum Teil in der Gegenwart noch fortdauern. In die Masse der sefshaften Stämme des Sambesi- und Nyassagebiets sind erst spät in diesem Jahrhundert versprengte Suluhorden des Südens (Masitu, Wangoni, Atonga) verheerend eingebrochen, während seit unbekannter Zeit nilotische, besonders aber hamitische Elemente (Massai, Wahuma, Galla, Somâl) langsam, aber unaufhörlich die nördliche Grenze des Bantubereichs nach Süden verschieben.

1. Das **Sambesigebiet** (43 u. 44). Von den sefshaften Stämmen seien hier nur erwähnt: in der Nähe der Küste die Landin, am Mittellauf die Banyai. Die wichtigste Völkergruppe des Gebietes sind die Manganja mit den Unterabteilungen der Maravi, Marimba, Matschewa, alle ausgezeichnet durch den Lippenpflock (pelele). Ihnen nahe steht das grofse Volk der Makua im Hinterland der Mosambique-Küste.

Zu beachten ist die eigenartige Technik der Drahtumflechtung von Speerschäften, Axtstielen etc.; ferner auch die ausgezeichnet gewirkten Gürtel aus Missongwe am unteren Flufslauf, Musikinstrumente und Holzschnitzereien.

2. **Das Nyassagebiet (42, 44).** Den Süden des Sees umsäumen die schon erwähnten Manganja, gleich den am Ostufer sitzenden Wanyassa arg bedrängt von den thatkräftigen Wayao, die sich im Lauf der letzten Jahrzehnte auch nach der Küste zu mehr und mehr ausgebreitet haben. Durch diese Völkergruppe hindurch, ebenso wie am Westufer des Nyassa hinauf sind die Sulustämme der Magwangwara (Wamatschonde) (47), Atonga und Angoni (44) nach Norden gedrungen; diese haben den mittleren Teil des Westufers inne, während jene, bis vor kurzem der Schrecken der Küstengebiete, im Stromgebiet des Rovuma sitzen. Ethnographisch von hohem Interesse ist das am nördlichen Westufer des Sees wohnende, hochstehende Volk der Wanyakyusa oder Konde (42), zu denen die degenerierten Wakinga im Livingstone-Gebirge in starkem Gegensatz stehen. Aus dem Gebiet zwischen Nyassa und Tanganyika sind die Stämme der Wawemba und Wafipa vertreten (42).

42. *Hervorragend sind die Leistungen der Konde im Schmiedehandwerk; merkwürdig ist ferner der Baustil (s. das Hüttenmodell), die Bemalung der Rindenstoffe, sowie die Form der alten Schutz- und Trutzwaffen (Schilde, Waffenstöcke, Aexte).*

44. *Hervorzuheben sind: die Holzschnitzereien (Pfeifen in Ibisform, Axtstiele, Messerscheiden, Musikinstrumente etc.), ferner die vielgestaltige Verwendung europäischer Perlen zu mannigfachem Schmuck.*

3. **Gebiet zwischen Küste und Nyassa (47).** Angeregt durch die Erfolge der Magwangwara, haben in den letzten Jahrzehnten eine ganze Reihe alteingesessener Stämme Tracht, Kriegs- und Lebensweise der Sulu angenommen, so die Wahehe, Mahenge, Wabena, Warori, Bassango. Unter der Bezeichnung „Mafiti" haben die genannten Stämme seit dieser Umwandlung den ganzen Süden von Deutsch-Ostafrika gebrandschatzt, besonders die von den Wangindo, Wamwera und Makonde bewohnten Küstengegenden.

Man beachte den Sulu-Charakter der Waffen bei den erstgenannten kriegerischen Stämmen, sowie die interessanten Proben der primitiven Malkunst eines Wahehe-Mannes. Charakteristisch für die Küstenstämme sind die Tanzmasken der Makonde, die Lippenpflöcke, die zierlichen Schnitzereien und die schön beflochtenen kleinen Kämme.

4. Das **Küstengebiet** und die vorliegenden Inseln werden von Stämmen bewohnt, die z. T. sehr stark unter arabischem und indischem Einflufs gestanden haben. Am meisten ist dies der Fall bei den Suaheli (Waswahili), die die Inseln Sansibar und Pemba und die Küste (Mrima) von Mombas im Norden bis Lindi im Süden bewohnen (46). Im Hinterland von Dar-es-Salam sitzen die Wasaramo und die ihnen nahestehenden Wakami und Waluguru (45 u. 229), weiter nach Norden die Wadoë, Wakwere, Wasagara, Wasegua und Wanguru (2 d), an die sich nördlich vom Pangani die Wabondeï, Wadigo, Waschambaa, letztere im Bergland Usambara, und die schmiedekundigen Wapare anschliefsen (2 a). Die nördlichsten Bantustämme sind die Wakamba, Wateita und das Fischervolk der Wapokomo am unteren Tana (2 c). Der Kulturbesitz aller aufgeführten Stämme stimmt im wesentlichen überein.

Hervorzuheben sind bei den Suaheli die Gebetsmatten mit eingeflochtenen arabischen Inschriften (Saal I, westl. Querwand), bei den Wasaramo die sonst in Ostafrika sehr seltenen plastischen Darstellungen des Menschen (in Gestalt von Grabfiguren), das zahlreiche Kinderspielzeug (Puppen), Musikinstrumente (Trommeln und grofse Blashörner), bei den als Menschenfresser verschrieenen Wadoë Trinkschalen aus Menschenschädeln, bei den Waschambaa Schilde von altertümlicher Form, bei den Wadigo kunstvolle Pfeifenköpfe und die mannigfaltig geformten Schnupftabaksbüchsen der Wabondeï und Wakamba.

5. **Central-Deutsch-Ostafrika.** Das gröfste und wichtigste Volk sind die Wanyamwesi (2 f–h), die fast das ganze Gebiet zwischen dem Küstengebirge und dem Tanganyika und zwischen Victoria- und Rikwa-See erfüllen. Sie sind ein Handelsvolk, das jährlich viele Karawanen nach der Küste entsendet und infolge der langen Berührung

mit den arabischen Händlern viel von seiner Eigenart eingebüfst hat.

Erwähnenswert sind die aus der Rinde des Myombobaums gefertigten cylindrischen Schachteln (Lindo), die Kopfputze aus Grashalmen und Federn, die Schemel, der zahlreiche und mannigfaltige Schmuck. Zu ihnen gehören auch die Wassukuma am Südostufer des Victoria Nyansa (2 ᵉ), die indessen manches mit ihren östlichen und nördlichen Nachbarn gemein haben, und die Wagalla gegen den Tanganyika hin. *Typisch für die Wassukuma sind der Schild, die Blas- und Saiteninstrumente.*

6. Die **Steppe**. Am Südrand, an der grofsen Karawanenstrafse nach Tabora, wohnen die Wagogo (2 ᵈ), die fast alles von den nördlich angrenzenden Massai (4 ᵍ·ʰ) angenommen haben. Diese bis vor kurzem gefürchteten, in viele Stämme (Wahumba, Sigirari etc.) zerfallenden, von Viehzucht und Viehraub lebenden Nomaden hamitischkuschitischer Abstammung beherrschen (mit den stammverwandten Wakuafi) das Gebiet von Ugogo im Süden bis zum Kenia im Norden. *Sie weichen in fast ihrem ganzen Kulturbesitz von allen bisher genannten Stämmen ab; s. z. B. die Bewaffnung (Speere, Schild, Schwert), Kleidung, Schmuck (Gesichtsumrahmung aus Straufsenfedern, Hals- und Armmanschetten, sowie Ohrspiralen aus Metalldraht), Wohnung (s. Hüttenmodell).*

In ihrem ethnographischen Bild den Massai völlig gleich, aber zu den Bantu gehörig ist der an den Hängen des Kilimandscharo wohnende Stamm der Dschagga (4 ᵍ·ʰ). Eingesprengt in das Gebiet der Massai lebt eine Reihe kleiner, hochinteressanter, aber noch wenig erforschter Stämme, die Wanyaturu, Watataru, Wafiomi, Wairangi, Wambugwe, Wassandaui, Waburunge u. a. (**234**). *Zu erwähnen: Stockschilde und Schlagstöcke, Watataruspeere alter Form mit bemalter Klinge, spitzenartig durchbrochene Lederkleider der Wafiomi.*

7. Das **Nilquellengebiet**. Am Ostrand des Victoria Nyansa sitzen im Norden die Wagaya (Kavirondo) (2 ᵃ), im Süden die Waruri und Waschaschi (**233**).

*Beachtenswert in Kavirondo die Waffen (riesige Büffel-
fellschilde) (Wand zwischen Saal I und III), lange Speere
und prachtvolle Kriegshelme; in Uschaschi Saugrohre mit
Behältern, bemalte Schilde von Massaiform.* Das ganze Gebiet vom Victoria im Osten bis zu dem
grofsen, durch Tanganyika, Kivu-, Albert Edward- und
Albert-See bezeichneten centralafrikanischen Graben be-
wohnen von den eingedrungenen hamitischen W a h u m a
(Watussi) beherrschte Bantu. Die Wahuma haben hier eine
Reihe von Staaten gegründet, deren bedeutendste sind:
Uganda, Unyoro, Karagwe, Mpororo, Ruanda und Urundi.
Die Landschaften Ussiba, Ussui, Usindja und Uha zerfallen
in kleinere Staatengebilde; auch auf den Inseln des Sees
(Ukerewe, Kome etc.) herrschen Wahuma.

*Gemeinsam sind allen Wahuma die hölzernen Melkgefäfse,
die mit Blutrinne versehenen Speerklingen, schön geflochtene
und gemusterte Körbe, die mit Rotang überflochtenen Holzschilde. Wohl am höchsten in ganz Afrika steht die Töpferkunst der Waganda (**18, 19**), wie auch das von ihnen gefertigte und oft mit schwarzen Mustern verzierte Rindenzeug
das beste ist; ebenfalls durch saubere Arbeit ausgezeichnet sind
die Musikinstrumente und Saugrohre.) Die den Waganda nahestehenden Wanyoro (**17ᶜ**) bilden den Übergang zu den Nilvölkern,
wie die Stämme am Albert Edward-See (Witwira, Wambuba,
Wassongora, Wakondjo, Wawamba, Wahoko etc.)* (**16**) *zu
den Uëlle- und Congovölkern (Lippenpflöcke, Brustpanzer aus
Leder, geflochtene Schilde, lederne Schutzpolster gegen die
Bogensehne). Die Wassiba (**48**) zeichnen sich aus durch ihre
Kleidung (Mäntel und Schurze aus Raphiastroh und Fell),
die Holzspeere, grofse Strohhüte, hohe, spitze Gefäfsdeckel und
die als Geld dienenden, mit feinem Draht überflochtenen Armringe. Aus Ruanda und Urundi (**49**) sind zu erwähnen die
überflochtenen Töpfe und Kalebassen, bemalte Holzschilde und
dicke hölzerne Schlagringe, aus Ukerewe und Usindja (**2ᵇ**)
die schönen Pfeile, Holzgefäfse und die bemalten Schilde aus
Ambatschholz (Saal I, nördl. Längswand).*

8. Das **Osthorn**, bewohnt von den grofsen hamitischen
Völkergruppen der G a l l a and S o m â l (4ɪᶠ⁻ʰ).

Afrika. 75

Silberschmuck, geschweifte Bogen, runde Schilde aus Rhinoceroshaut, Milchgefäfse aus Holz und Korbgeflecht.
 9. **Abessynien** mit christlicher, aus Negern, Hamiten und Semiten gemischter Bevölkerung (20).
Siegel, Schild und Trinkhorn des Königs Theodor, Mantel und Schmuck seiner Gemahlin Durenesch; Salzbarren als Geldersatz.
10. **Madagaskar,** bewohnt im W. von Negerstämmen (Sakalaven), im O. von malaiischen Einwanderern (Hova), steht ethnographisch völlig unter indischem Einflufs (250).
(Der gröfste Teil der Sammlung ist wegen Raummangel nicht aufgestellt.)

C. Der Sudan.

1. Der Westsudan umfafst im wesentlichen die sog. Haussastaaten (Gandu, Nupe und Sokoto mit den Tributärstaaten Saria, Bautschi, Adamaua etc.), in denen aber im Lauf dieses Jahrhunderts das Hirtenvolk der Fulbe (Fellani, Fellata, Peulh) sich der Herrschaft bemächtigt hat. Unter diesen Völkern, die den Islam angenommen haben, zerstreut sitzen viele kleine heidnische Stämme (1[a-c]).

Hauptindustrien der Haussa sind: Schmiedekunst (chirurgische Bestecke), Lederbearbeitung, Weberei und Färberei (Toben). Aufserdem bemerkenswert: Kriegsrüstung (Wattepanzer, Helme, Wurfmesser), Schmucksachen (Armringe aus Glas und Holz mit Metalleinlage), Musikinstrumente.

2. Der Centralsudan mit den Reichen Bornu, Bagirmi, Wadai und Dar For (13).

Nur schwach, aber in auserlesenen Stücken vertreten: Korbflechtereien aus Dar For, Gefäfse von Holz und Straufseneischalen aus Bornu.

3. Der Ostsudan (Kordofan und das Gebiet des Weifsen Nil).

Am reichsten vertreten sind die Stammesgruppen der Bari (15), der Schilluk und Dinka (17[ab]), die Bongo, Lango, und Magongo (17[c]).

Zu beachten: Die Elfenbeinringe, Schurze mit Eisenperlen und Ahnenfiguren der Bari; die mit Eidechsenhaut umwickelten Bogen der Nuer; die Tabakspfeifen und Parierschilde der

Dinka; die Kopfbedeckungen der Lango; die Schmiedearbeiten und die Tanzmaske der Bongo.

D. Nordafrika.

Der längs des Mittelmeeres sich erstreckende Nordrand zeigt gleich dem untern Nilthal eine ethnologische Färbung, die den nahen Zusammenhang mit Asien kundgiebt. Die Bevölkerung besteht aus zwei Schichten, einer älteren hamitischen (Berber, Altägypter) und einer jüngeren semitischen (Araber).

Einigermafsen reichhaltig sind nur die Sammlungen aus Marokko (Silberschmuck, Haus- und Ackergeräte (41^{b-c}), während die übrigen Gebiete, wie auch die grofse Wüste mit den Völkergruppen der Tuareg und Tubu (Tibbu) nur sehr schwach vertreten sind.

Die Pultschränke 237—239 an der östl. Querwand von Saal I enthalten vergleichende Zusammenstellungen von Löffeln, Haarzieraten und Körben aus sämtlichen Teilen Afrikas.

SAAL III.

Ozeanien.

Unter diesem Namen wird der australische Kontinent (Neu-Holland) zusammengefafst mit der Inselwelt des stillen Ozeans, sofern diese nicht als Indonesien einem anderen Kulturkreise angehört.

A. Neu-Holland.

Geringe Küstenentwicklung, unvollständige und ungleichmäfsige Bewässerung, jahrelange Dürre, die, nur selten durch verderbliche Überflutungen unterbrochen, den gröfsten Teil des Kontinentes als wüste Steppe erscheinen läfst, zudem der fast überall vorhandene Salzgehalt des Bodens, die Armut und Einförmigkeit der Vegetation, die Armut auch an jagdbaren Tieren — das sind die Verhältnisse, welche dem Australier den Kampf ums Dasein erschweren und den geringen Grad von Kultur bedingen, zu dem sich diese gegenwärtig anscheinend im Aussterben begriffene Rasse bisher aufgeschwungen hat. Ursprünglich vielleicht mit Süd-Asien zusammenhängend, steht sie heute völlig vereinzelt da, ohne direkten Anschlufs an irgend eine benachbarte Bevölkerung. Negerhaftes Aussehen, aber schlichtes üppiges Haar charakterisieren den physischen Menschen, während das Wurfbrett und der Bumerang, rohe Rindenkähne und sorgfältig verzierte Decken aus Opossum-Fellen, schmale Parier-Schilde und rohe Steinhämmer, sowie freilich auch der Besitz einer Art von Zeichenschrift in den Botenstäben das ethnographische Charakterbild zusammensetzen.

B. Die Inseln.

Die australischen Inseln des stillen Ozeans, deren Entdeckung durch Europäer im wesentlichen zwischen 1521 und 1778 sich vollzog, in welchen Jahren Magalhaens die Ladronen und Cook die Sandwich-Inseln entdeckte, werden trotz ihrer Ausdehnung über 88 Breiten- und 116 Längengrade und trotz zahlloser Verschiedenheiten in ihrem Aufbau, in ihrer Oberflächenbildung, in Klima, Flora, Fauna und vor allem in ihrer Bevölkerung doch meist als ein einheitliches Ganze, als ein „Land-Individuum" (C. Ritter) betrachtet; man thut aber besser, sie sofort in drei Gruppen zu teilen, bei deren Aufstellung sowohl ihre geographischen Verhältnisse, als die physischen Eigenschaften und die Sprachen ihrer Bewohner mafsgebend sind: in Melanesien, Polynesien und Mikronesien.

Melanesier, ausgezeichnet durch dunkle Hautfarbe, schwarzes, glanzloses, wollig-krauses Haar, mittlere Körpergröfse und lange, schmale und hohe Schädel, bewohnen heute Neu-Guinea, Neu-Britannien und Neu-Irland, die Admiralty-, die Salomo-Inseln und die Neu-Hebriden, die Inseln der Viti-Gruppe und Neu-Caledonien mit der Loyalty-Gruppe und der Fichteninsel. In dieser Gegend der Südsee sind Neu-Guinea, die Salomo-Inseln und die Neu-Hebriden das eigentliche Verbreitungsgebiet von Bogen und

Pfeil, während Neu-Britannien, Neu-Irland, die Viti-Inseln und Neu-Caledonien durch typische Keulenformen ausgezeichnet sind; grofse Speere, oft reich geschnitzt und verziert, sind hingegen allen Melanesiern gemeinsam, den meisten auch die eigentümlichen Boote mit grofsen Auslegern und brückenartiger Plattform, die freilich noch vollendeter auch bei einzelnen Polynesiern gefunden werden, und vielleicht überhaupt als ursprünglich polynesischer Kulturbesitz anzusprechen sind. Gefäfse aus Thon finden sich nur in einigen Gegenden Neu-Guinea's und auf den Viti-Inseln, da sogar mit guter Glasur, während auf den übrigen Inselgruppen der Mangel an geeignetem Thone die Entwicklung der Töpferei unmöglich gemacht hat. Vermischungen mit polynesischen Elementen fehlen fast auf keiner der melanesischen Inselgruppen; am meisten machen sie sich auf den Viti-Inseln bemerkbar, am wenigsten wohl auf den Inseln der Salomo-Gruppe und auf den Neu-Hebriden.

Die Polynesier haben in Wanderungen, deren Erforschung zu den schönsten und dankbarsten Aufgaben der Völkerkunde gehört, wahrscheinlich von Samoa aus alle die grofsen und kleinen Inselgruppen besiedelt, welche in dem Dreiecke eingeschlossen sind, das im Süden Neu-Seeland, im Norden die Hawaii-Gruppe, im Osten Rapanui begreift, welches sich also über 80 Längen- und ebensoviel Breitengrade erstreckt. Die Tonga-, Cook- oder Hervey-, die Gesellschafts-, Manahiki-, Ellice- und die Markesas-Inseln sind nach Neu-Seeland und Hawaii die wichtigsten dieser Gruppe. Natürlich sind die Polynesier ursprünglich auch in Samoa nur eingewandert und gemeinsame Sprachwurzeln weisen ebenso auf malaiischen Ursprung, wie die gelbbraune Haut, das schlichte, schwarze, glänzende Haar und die manchmal recht kurzen, breiten Köpfe südost-asiatischen Ursprung erkennen lassen. Nur die häufig sehr bedeutende Körpergröfse scheint ein nicht malaiisches Merkmal, aber sie findet sich kaum irgendwo als Regel und ist, wo sie auftritt, leicht auf besonders günstige Ernährungsverhältnisse und auf Zuchtwahl zurückzuführen.

Auch die Polynesier befanden sich zur Zeit der ersten

Entdeckungsreisen noch im Zustande reiner Steinzeit und ohne jegliche Kenntnis von Metallgeräten; ja so sehr sie sonst den Melanesiern geistig überlegen sind, fehlen ihnen, wohl im Zusammenhange mit dem Mangel an jagdbaren Tieren, auch Pfeil und Bogen. Ebenso sind Thongeschirre unbekannt; zwar ist auf Hawaii eine Art Thon vorhanden, aber dieser ist so reich an organischen Substanzen, dafs er wohl gegessen, aber nicht gebrannt werden kann. Die Nahrungsmittel werden deshalb mit glühenden Steinen gekocht, zwischen Blättern in Erdgruben oder in kunstvoll geschnittenen und verzierten Holz- und Kürbis-Gefäfsen. Fischerei ist überall sehr entwickelt, auch das zahme Schwein und der gleichfalls zur Nahrung dienende Hund fehlen fast nur in Neu-Seeland und dort vielleicht auch nur wegen der allzulangen Fahrt bei der ersten Besiedlung, während welcher Hunger zur Aufzehrung aller mitgenommenen Haustiere geführt haben mag. Vegetabilische Nahrung aber wird überall in reichstem Mafse durch Kokosnufs, Brodfrucht und Taro-Knolle geliefert. Hingegen fehlen, da die Kunst des Webens unbekannt ist, gewebte Stoffe gänzlich, sie werden durch geflochtene Matten ersetzt und durch Zeuge aus dem geklopften Bast von morus papyrifera, welche, fast dem japanischen Papiere ähnlich, in mannigfachen Formen hergestellt werden, von der Zartheit des feinsten Battistes bis zu derben lederartigen Stücken. Den Polynesiern ist ferner eigentümlich und nur später auch von den melanesischen Viti-Insulanern übernommen, der Genufs der Kawa, eines durch Kauen der Wurzel von piper methysticum hergestellten Getränkes, das in seiner Wirkung mit dem ihm auch chemisch nahestehenden Cocaïn übereinstimmt. Noch eine weitere Sitte ist schliefslich für die Polynesier bezeichnend (und von dem Vorkommen ähnlicher Gebräuche vielleicht gemeinsamen Ursprunges auf Timor und in Borneo abgesehen, auf diese beschränkt) das Tabu, die Macht der göttlich verehrten Fürsten und Häuptlinge, alles was sie selbst berühren, für Andere unberührbar zu machen und zu heiligen; der Knochen, den ein Fürst abnagt und unvorsichtiger Weise wegwirft, ist ebenso Tabu, als die erntereife Pflanzung, die sein Fufs berührt. Auf der Verletzung des Tabu aber stehen die schwersten Strafen, selbst der Tod, so dafs auch Europäer durch Uebertreten dieser Satzung schwer zu sühnendes Ärgernifs erregen können, während sich für die Eingeborenen fortwährend die verwickeltsten Störungen des täglichen Verkehres aus demselben ergeben, allerdings aber auch der denkbar beste Schutz privaten Eigentums.

Die mikronesischen Völker schliefslich bewohnen die Pelau- und Karolinen-Gruppe, die Marianen und die Marshall- und Gilbert-Inseln. Physisch sollen sie ein Mischvolk von Mela- und Polynesiern sein, was natürlich nur so verstanden werden könnte, dafs Anklänge an beide Typen unter ihnen zur Beobachtung kommen. Blasrohr und Wurfbrett (neben Speer und Bogen) der Pelau-Inseln weisen auf die nahe Nachbarschaft im Westen hin, ebenso die kunstvoll gewebten Gürtel, Bänder und Stoffe. Auf den Marshall- und Gilbert-Inseln aber hat die Verwendung scharfer Haifischzähne zum Besatz von Dolchen, Schwertern und riesigen Kampfspeeren eine eigene Art von mörderischen Waffen ausgebildet, zu deren Abwehr wiederum, trotz des aquatorialen Klima's, mächtige Panzer erforderlich waren, ganz in der Art und auch von dem Gewichte unserer Ritter-Rüstungen, aber aus Kokosfasern geflochten und mit menschlichen Haaren höchst sorgfältig verziert. Wie in Melanesien dienen auch hier aus Muscheln geschnittene Scheibchen, deren Gewinnung und Herstellung ein Regale der Häuptlinge ist, als Geld, unseren kleinsten Kupfermünzen entsprechend, während auf Pelau einzelne alte Glasperlen aus der Zeit der ersten Entdecker heute den Wert grofser Goldstücke oder Banknoten haben und als kostbare Juwelen einzeln bekannt sind, so dafs sie nicht mit modernen Perlen verwechselt werden können. Diese werden in Masse als Schmuck eingeführt und verdrängen rasch die schönen alten Schmuckstücke, welche in kunstvoller Weise aus weifsen und roten Muschelscheibchen, Cocosnufsringen, Schildpatt und durchbohrten Zähnen hergestellt waren.

Eine ganz isolierte Stellung scheinen die Bewohner der kleinen Matty-Insel einzunehmen, die trotz der unmittelbaren Nähe von Neu-Guinea ohne jede Spur von melanesischem

Einfluſs sind und sich bei näherer Untersuchung vielleicht z. T. als Nachkommen versprengter Japaner oder Chinesen erweisen werden, während andererseits auch Beziehungen zu den Hermit- und Anachoreten-Inseln wahrscheinlich sind.

Neu-Holland, 53 *ᵈ Schilde, Speere, Körbe, Netzbeutel, Fischnetze, diese ohne Netzbrett, aus freier Hand hergestellt, Steinhämmer, Werkzeuge mit Stein- und Glassplittern besetzt; Gürtel aus Rinde, Holzschüsseln, Schmuck aus Casuarfedern, Grasstengeln und Perlmutter; in* **69** *Wurf- und Schlagkeulen, Bumerangs, Wurfstöcke, Wurfbretter zum Abschleudern von Speeren, Botenstäbe, Feuerzeuge.*

Neu-Britannien, *in* **79** *an der Hinterwand die verschiedenen Formen von Kriegskeulen, in* a *Stein- und Muschelbeile, Muschelgeld (di varra) und Behälter für Kalk zum Betelkauen; in* b *Halskragen mit di varra-Schmuck, Musikinstrumente u. a., in* c *Schmuck- und Geldschnüre, Steinschleudern u. s. w., in* **68** *Masken, aus dem Gesichtsteile von menschlichen Schädeln hergestellt, mit weifsen, braunen und roten Erdfarben bemalt, einige mit wirklichen Haupt- und Barthaaren, einige an der Innenseite mit einem Stäbchen, an dem die Masken beim Gebrauche mit den Zähnen festgehalten werden; ebenda ein rot bemalter Schädel und zwei Kopfbedeckungen mit Federn.*

53ᵃᵇ. *Grofse Anzüge aus Blattbüscheln, von Duk-Duk-Leuten, welche eine Art Ordensgemeinschaft bilden, die an unsere alten Vehme-Einrichtungen erinnert. Aufserdem in diesem Schranke Fischerei und Schiffahrt, grofse schwimmende Fallen für Haifische.* **68**ᵃ *Schädelmasken.*

Neu-Irland *und* **Neu-Hannover, 80,** *an der Rückwand Keulen, in* a *noch Schmuck, Kämme, Armbänder aus Tridacna, ganze „Sätze" von Armbändern aus Schneckenschalen, Muscheltrompeten und andere Musikinstrumente, in* b *Behälter und Löffel für Betelkalk, Rindenzeug, Regenmäntel und Weiberkappen aus Pandanusblättern, in* c *Stein- und Muschelbeile, Grasschurze, ein Zweig von Coix lacrima u. A.*

55ᵃ⁻ᶠ *Grofse Schnitzwerke, bunt bemalt.*

Nissan, 74[ab], *Bogen, Pfeile, Armbänder, Steinbeile, Muschelgeld.*

French-Inseln, 74[c], *Maske, Steinschleudern, Armringe.*

Admiralty-Inseln, 73, *Speere, Dolche und Beile mit Obsidian-Klingen.* a *geschnitzte Gefäfse (weitere gröfsere auf dem Pultschrank 74 und ein ganz grofses frei in der Mitte des Saales),* b *Kalebassen mit Brandmalerei, für Betelkalk, Bootmodell, Steinbeile.* c *Ösfässer, Schmuckscheiben, gravirte und geschnittene Muschelarmbänder, Penisdeckel aus Ovula ovum.*

Hermit- und Anachoreten-Inseln, 53[cd], *Beile mit Klingen aus Tridacna, grofse Schnitzwerke, verzierte Unterkiefer.*

Matty-Insel, 65, *bemalte Keulen, Speere und Dolche mit Haifischzähnen, Apparate zum Raspeln von Kokosnüssen, Ruder, Bootmodell. Ein wirkliches Boot von Matty hängt frei im Saale.*

C Salomo-Inseln, 76 [ab] *Rückwand: geschnitzte und bemalte Tanzkeulen.* a *angeschärfte Muscheln, als Messer dienend, Meifsel, Pfriemen, Bohrer. Schaber für Kokosnüsse, Schlägel für Rindenzeug.* b *Schnitzwerke,* c *Körbe, Fächer, Angelhaken.* **77** *Keulen, Schilde, Pfeile, grofse Spiralen als Schutz für den linken Arm beim Bogenschiefsen, gegen den Rückschlag der Sehne; Steinbeile, Flaschen für Wasser, Kalebassen für Betelkalk.* **78** *Pfeile,* a *grofse rundliche Kopfbedeckungen aus Pandanus-Blättern, Stäbe als Schmuck im Nasen-Septum getragen, grofse Ohrscheiben;* b *Arm- und Fingerringe aus Tridacna, geflochtene Armbänder, Federschmuck;* c *Rohrflöten, verzierte Kämme, technologische Sammlung.* **244—246** *Kleinere Schnitzwerke, meist von der Insel Alu.*

Neu-Hebriden, 72. *Drei „Mumien" mit wirklichen präparierten Köpfen, die Körper künstlich aus Bambus, Moos und Rindenzeug hergestellt und in der Art, wie sie für die Lebenden üblich ist, bemalt; an der Hinterwand Speere, Keulen, Rohrflöten, gemusterte geflochtene Gürtel. Assymmetrische Bogen, reich verzierte Pfeile; „künstlich" gekrümmte Eberzähne (die Krümmung fast bis zu einem ganzen Kreise erfolgt dadurch, dafs jungen Ebern die Eckzähne des Oberkiefers ausgebrochen werden; dann werden die des Unterkiefers nicht mehr ab-*

Ozeanien. 83

geschliffen, sondern wachsen in der ihnen eigentümlichen Krümmung weiter).

Viti-Inseln, 70, feine Rindenzeuge, Steinbeile, Schmuck aus Physeter-Zähnen, Keulen in der Art der „Herkules-Keulen," „Ruderkeulen" und Keulen mit ananas-förmigem Kolben. **71** Keulen in Flintenform, Wurfkeulen, glasierte Thongefäfse, Kawa-Schalen (über den Kawa-Genufs vgl. unter Samoa, von wo diese Sitte auch nach der Viti-Gruppe gelangt sein dürfte), Schurze, Fächer; Schüsseln und Gabeln für Menschenfleisch.

Neu-Caledonien, 52ᵃ⁻ᶠ, b c Keulen, Beile mit grofsen Scheiben aus Nephrit, Schleudern für Speere und für Steine, Speere. d, e Idole und andere Schnitzwerke, Masken, Modelle von Häusern und Booten, Ruder, Netznadeln, Bohrer. f Körbe, Töpfe, Kalebassen, Armbänder, Kämme, Schnüre mit Nephrit-Perlen, Mumie mit trepaniertem Schädel.

Neu-Seeland, 51ᵃᵇ. Schnitzwerke, meist noch aus dem Nachlasse von Cook stammend. c d Keulen aus Holz, Knochen, Nephrit und aus anderem harten Gestein. Steinbeile, Angelhaken. Zu beiden Seiten des Pultschrankes frei an der Wand gröfsere Schnitzwerke. **240** oben kleines reich geschnitztes Canoe, unten Keulen und Ruder. Beim Fenster neben Schrank 56 die Figur eines Maori-Häuptlings in vollem Schmuck. **52**ᵃ Mäntel aus Phormium tenax und aus Streifen von Hundefellen, Taschen, Beutel, Kämme. Zwei alte tätowierte Köpfe.

Hawaii, 57, a Schmuck, Mörserkeulen, Steine zum m a i k a - Spiel, b Halsgehänge mit Schnüren aus Menschenhaar, Mörser, Lampen, Fackeln. c Fächer, Steinbeile, Hausmodelle. **58** Rindenzeuge (kapa) und Geräte zu ihrer Herstellung und Bemalung, in der Mitte die Figur eines Häuptlings mit kostbarem Federmantel. **59**ᵃ Musikinstrumente. **59**ᵇᶜ Gefäfse aus Holz und Kalebassen. **60** Federkragen, Helme, Idole, Dolche, Bretter zum Sporte des Schwimmens in der Brandung, Netze, Angelhaken, Apparate zum Octopus-Fang, Bootmodelle. Ein grofses altes Boot hängt frei an der Wand über dem Pultschrank 51. Ein merkwürdiges Idol, wohl einen alten spanischen Seefahrer mit Perücke und Halskrause darstellend, steht frei

zwischen den Schränken 52 und 54 und ein anderes steinernes Idol frei neben der Thür zwischen Saal I und III.
Rapanui (Osterinsel), 67. In a verwitterte Planke (angetriebenes Holz) mit Resten der für die Insel bezeichnenden alten Glyphen. Einzelne alte und sehr kostbare Schnitzwerke, Ruder, Geräte aus Obsidian; daneben eine gröfsere Anzahl neuerer Gegenstände, die anfangs der 80er Jahre auf Veranlassung von Mr. Salmons, einem Halbblut-Tahitier, angefertigt und an Reisende verkauft wurden.

Tonga, 66ᵃ. Keulen, Flöten mit Brandmalerei, Octopus-Köder, Körbe, Kämme, Steinbeile, genähte Matrizen zum Bedrucken von Rindenzeug.

Samoa, 63. a Geräte zur Bereitung von Kawa, dem aus der Wurzel von Piper methysticum hergestellten Getränke, das durch seinen Gehalt an Kawaïn eine Wirkung äufsert, die mit der von Cocaïn verglichen werden kann. Die älteren Angaben, dafs Kawa ein alkoholisches Getränk sei, sind unrichtig. b Fächer, Modelle von Häusern, Perücken für Häuptlinge, aus mit Kalk entfärbten menschlichen Haaren, Steinbeile, Abbildung eines Samoaners mit der typischen Tätowierung. c Kämme, Schlägel zur Herstellung von Rindenzeug, rote und gelbe Farbe zum Bemalen desselben. Verzierte Scheiben aus Kokosnufsschalen und lange Matten zum Aulafo-Spiel. Geräte zum Tätowieren. **64ᵃ⁻ᶜ** Keulen, Modelle von Booten, Angelhaken, Körbe zum Palolo-Fang, Sprecherstäbe, geschnitzte Bretter zum Bedrucken von Rindenzeug — ebenso wie die genähten Matrizen von Tonga mit unseren Platten für Holzschnitte zu vergleichen. In b Frauenjäckchen aus Rindenzeug, mit der Nähmaschine genäht; Drillbohrer mit Knochenspitze wie in Neu-Guinea und auf den Marshall-Inseln. Neben dem Schranke, an der Fensterwand zwei grofse Reibsteine, auch zum Zerkleinern von Kawa-Wurzeln verwendet. Über dem Schranke ein kleines Auslegerboot, „Einbaum“, mit Ovula ovum verziert; an der Wand gegen Saal IV, über den Schränken 244—246 ein gröfseres Auslegerboot, aus mehreren Planken so kunstvoll zusammengenäht, dafs fast nirgends Fugen sichtbar sind. In der Nähe, an der Wand gegen den Hof zu zwei alte Signaltrommeln.

Tahiti, 56ª. *Vorzügliches altes Rindenzeug, Fächer, Schmuckstücke.*

Hervey-Inseln 56ᵇᶜ. *Reich geschnitzte „Gabenschaufeln", darunter eine mit einer halben Fruchtschale der Seychellen-Palme (Laodicea), alte Steinbeile mit geschnitzten Stielen, grofse, besonders schön geschnitzte alte Trommel, Angelhaken, Osfässer.*

Markesas-Gruppe, 66ᵇᶜ. *Alte Keulen, Speere, geschnitzte Tritte für stelzenartige Geräte, ähnlich den Spaten der Maori. Alte Muscheltrompeten, reich verzierter kronenartiger Kopfputz, kleine Schnitzwerke aus Knochen mit Darstellungen der auf den Markesas besonders reich entwickelt gewesenen Tätowierung.*

Karolinen und Nachbar-Inseln, 54ᵃᵇ. *Modelle von Booten, geschnitzte Holzgefäfse, Lampen aus Thon (wohl unter europäischem Einflusse entstanden), Holzformen zum Pressen von Löffeln und kleinen Tellern aus Schildpatt, Proben von Arragonit-Geld: zwei weitere derartige sehr grofse Stücke in der Form von Mühlsteinen sind dem Schranke gegenüber an der Fensterwand frei aufgestellt. Auf dem Schranke selbst sind einige geschnitzte und bemalte Hausbalken zu vorläufiger Aufstellung gebracht.* Pultschrank 61: *Schmuck, kleinere Waffen, Angelhaken u. s. w. von Yap, Pelau, Ruk u. s. w.*

Gilbert- und Marshall-Inseln, 54ᶜ⁻ᶠ. *Speere und Dolche mit Haifischzähnen besetzt; in Zusammenhang mit diesen überaus gefährlichen Waffen stehen die mächtigen Panzer und Rüstungen aus Kokosfasergeflecht, die eine ganz merkwürdige Spezialität der Gilbert-Gruppe bilden. Matten, Reusen, Fächer, Trommeln.* Pultschrank 62: *Schmuck mit Zähnen, Muscheln und Schnecken, Schildpatt; Kämme, Angelhaken. Ein grofses Boot mit Ausleger und Mattensegel von den Marshall-Inseln steht frei in Saal IV.*

SAAL IV.

Neu-Guinea.

A. Deutsch Neu-Guinea oder Kaiser Wilhelms-Land.

Küste von Cap Parsee bis Fortification Point 205ª.
Keulen, Schleudern, Schwirrhölzer, kleinere Schnitzwerke.

b Masken, gröfsere Schnitzwerke, sorgfältig geschnitzte Schälchen aus Kokosnufs, Trommeln. c grofse Sammlung von Kopfbänken, in dieser Gegend stets aus einem Stück Holz geschnitzt, anscheinend aus einem von Telamonen getragenen Capitell hervorgegangen. 207ª. Genetzte Täschchen für Frauen, reich mit Hundezähnen und geschliffenen Nassa-Schnecken verziert; gröfsere genetzte Beutel, auch zum Tragen von Säuglingen dienend. b Kopfbedeckungen, Kämme, Federschmuck, Angelhaken, Mörser, steinerne Schlägel zur Herstellung von Rindenzeug. c Federschmuck, Arm- und Stirnbänder mit Hundezähnen und Nassa, Geräte zur Herstellung kleiner Muschelperlen, Steinbeile. Pultschrank **223:** *Grofse Sammlung von gravierten Armbändern aus Schildpatt und von anderen Schmuckgegenständen. Technische Serie zur Herstellung von Ohrringen aus Schildpatt.*

Fortification Point bis Cap Croisilles 206. *a grofse Schnitzwerke, teilweise bemalt, b verzierte Büchsen für Betelkalk, Kämme, Trommeln, spatelförmige Geräte aus Holz, ähnlich den Schwirrbrettern. c grofse, roh bemalte Masken, geflochtene Schilde, Federschmuck.* **210**[abc] *Schmucksachen mit Zähnen und Muscheln, gravierte Armbänder aus Schildpatt, gebrannte Töpfe, Keulen, Steinbeile.*

Cap Croisilles bis Berlinhafen 211, *a grofse Serie von sehr kunstvoll geschnitzten Kopfbänken, analog denen in Schrank* 205ª, *aber mit kurzen Beinchen aus Rotang (vgl. die S.* 60 *erwähnten Beiträge zur Völkerkunde, S.* 66 ff.), *Wurfhölzer zum Schleudern von Speeren, ausgezeichnet durch schön geschnitzte Widerlager aus Holz. b Masken und maskenähnliche kleinere Schnitzwerke. c kleine geschnitzte Figuren; zwei grofse Hauspfeiler mit Figuren ähnlicher Art stehen frei in den beiden Ecken dieses Saales an der Hofseite.* **212**[abc] *Schmuck, cylindrische Körbchen als Kopfputz zur Aufnahme der Haare, Steinbeile, verzierte Dolche aus Kasuarknochen. In a Apparat zur Herstellung grofser Armringe aus Tridacna gigas, der Riesenmuschel, cylindrische Bambusröhre, die in der Art der Kronenbohrer wirkt — vgl. die eben erwähnten „Beiträge" S.* 74; *ähnliche Apparate haben zweifellos auch zur*

Durchbohrung unserer prähistorischen Steinhämmer gedient.
219ᶜ *Schmuck mit Zähnen von Hunden und Ebern, Conus-Scheiben, Nassa u. a.*
Berlinhafen (*und ein Teil von Holländisch Neu-Guinea, bis Tanah-Merah*). **218ᵃ** *grofse herzförmige Brustschmuckplatten, aus Flechtwerk, mit Eberzähnen und Abrus-Kernen (Paternoster-Erbsen) verziert.* **b** *Schnitzwerke und Schmuckgegenstände.* **c** *verzierte Kalkbüchsen, kleine Kalebassen als Peniskapseln, Kopfbänke, Knochenspatel, sehr eigenartige Steinbeile mit rundem, kegelförmigem Stein mit flacher Delle, bei der Sagobereitung gebraucht.* **219ᵃ** *verzierte Tragkörbe, genetzte Beutel, Kämme, Nasenschmuck, Proben efsbarer Erde, getrocknete Fische als Konserve.*
Kaiserin Augusta-Flufs, 219ᵇ *grofse Maske mit Rüssel, Kalebassen, Töpfe, geschnitzte Kreisel mit sehr wichtigen Verzierungen.*

B. Holländisch Neu-Guinea.

Küste westlich von Tanah-Merah bis nahe zur Geelvink-Bay, 217ᵃᵇᶜ, *grofse Serie von Schnitzwerken und Schmuckstücken.*
Geelvink-Bay, 216ᵃ, *bunte Matten, geschnitzte Stempel für Töpfer von der Form der Tapa-Klopfer.* **b** *Schnitzwerke, Steinbeile.* **c** *Kopfbänke.*
Mac Cluer-Golf und Südküste 215. *In diesem Teile von Neuguinea macht sich indonesischer Einflufs am lebhaftesten geltend. Viele Schmuckstücke, auch die Schilde sehen ganz aus, als ob sie nicht aus Neu-Guinea, sondern vom Archipel stammen würden.*

C. Britisch Neu-Guinea.

Die Sammlungen aus dem südöstlichen, britischen Teil der Insel sind in den Schränken **220, 221, 222, 225** *und* **226** *aufgestellt; doch ist gerade zur Zeit der Drucklegung dieser Auflage des Führers eine umfassende Neuordnung in Aussicht genommen; es mufs deshalb hier auf die Etikettierung in den Schränken selbst verwiesen werden.*

Neu-Guinea. Amerika.

Grofse Serien von Schilden und Rudern aus allen Teilen der Insel sind gegenwärtig aus Raummangel frei an den Wänden des Saales aufgehängt; ihre Unterbringung in dichten Schränken ist gleichfalls für die nächsten Jahre beabsichtigt.

SAAL V—VIII.

Amerika.

A. *Bastian.* Steinskulpturen aus Guatemala. Berlin. Weidmann'sche Buchhandlung. 1882.

Amerika's Nordwestküste. Neueste Ergebnisse ethnologischer Reisen. Aus den Sammlungen der Königlichen Museen zu Berlin. Herausgegeben von der Direktion der Ethnologischen Abteilung. Berlin. A. Asher Co. 1883.

dass. Neue Folge. Berlin. A. Asher Co. 1884.

A. *Bastian.* Mitteilungen über die Sammlungen des Reisenden Richard Rohde. Originalmitteilungen aus der Ethnologischen Abteilung der Königlichen Museen zu Berlin. Heft I. W. Spemann. 1885 p. 11—16.

Ed. *Seler.* Notizen über die Sprache der Colorados von Ecuador. Ebendaselbst. p. 45—56.

Franz *Boas.* Sammlung aus Baffinland. Ebendaselbst Heft II/III. 1886. p. 131—133.

Jorge S. *Hartmann.* Indianerstämme von Venezuela. Ebendaselbst p. 160—164.

Franz *Boas.* Mitteilungen über die Vitkūla Indianer. Ebendaselbst. Heft IV. 1886. p. 177—182.

Goeken. Das religiöse Leben der Bella-Coola-Indianer. Ebendaselbst. p. 183—186.

Karl *von den Steinen.* Die Sammlung der Schingú-Expedition. Ebendaselbst p. 187—207.

M. *Uhle.* Ausgewählte Stücke zur Archäologie Amerikas. Veröffentlichungen aus dem Königlichen Museum für Völkerkunde. Band I. Heft 1. Berlin. W. Spemann. 1889.

Ed. *Seler.* Altmexikanische Studien. (Ein Kapitel aus den in aztekischer Sprache geschriebenen ungedruckten Materialien zu dem Geschichtswerk des P. Sahagun. Die sogenannten sakralen Gefäfse der Zapoteken). Ebendaselbst Band I. Heft 4. W. Spemann. 1890.

Amerika.

P. Ehrenreich. Beiträge zur Völkerkunde Brasiliens. a) Die Karaya-Stämme am Rio Araguaya (Goyaz.) b) Über einige Völker am Rio Purus (Amazonas). Ebendaselbst Band II. Heft 1/2. W. Spemann. 1891.

Ed. Seler. Peruanische Altertümer, insbesondere Altperuanische Gefäfse, und Gefäfse der Chibcha und der Tolima- und Cauca-Stämme, Goldschmuck, etc. Berlin. Dr. E. Martens u. Cie. 1892.

Frank Hamilton Cushing. Katalog einer Sammlung von Idolen, Fetischen und priesterlichen Ausrüstungsgegenständen der Zuñi- oder Ashiwi-Indianer von Neu-Mexiko (U. S. Am.). Ebendaselbst Band IV. Heft 1. Berlin. Dietrich Reimer. 1895 p. 1—12.

Karl Sapper. Altindianische Ansiedelungen in Guatemala und Chiapas. Ebendaselbst p. 13—20.

Ed. Seler. Altertümer aus Guatemala. Ebendaselbst p. 21—53.

Hermann Strebel. Über Thierornamente auf Thongefäfsen aus Alt Mexiko. Ebendaselbst Band VI. Berlin. 1898 p. 1—28.

Ed. Seler. Über Zauberei und Zauberer im alten Mexiko. Ebendaselbst p. 29—57.

Ed. Seler. Die bildlichen Darstellungen der Jahresfeste der Mexikauer. Ebendaselbst p. 58—66.

Ed. Seler. Die achtzehn Jahresfeste der Mexikaner. Ebendaselbst p.67ff.

Vorbemerkung. Die geographischen Namen sind nach der in dem betreffenden Lande üblichen Orthographie geschrieben. Die Götternamen und andere Bezeichnungen, welche den Sprachen der alten Kulturvölker des ehemaligen spanischen Amerikas (Peruaner, Tšibtša, Mexikaner) entnommen sind, sind in der für diese Sprachen üblichen spanischen Orthographie geschrieben. In den übrigen Fällen sind die Laute des deutschen Alphabets zu Grunde gelegt mit folgenden Besonderheiten:

s am Anfang und zwischen zwei Vokalen ist weiches s.
s am Ende und ss ist scharfes s.
ç gleich englisch th.
š gleich deutsch sch in „Scheibe".
j französisch gleich j in „jouer".
y gleich deutsch j in „jeder".
ch gleich deutsch ch in „ich".
χ gleich deutsch ch in „auch".
q ein gutturales, tief in der Kehle liegendes k, welches die deutsche Sprache nicht kennt.
γ ein ähnliches g.

å gleich schwedisch å, dänisch aa, ein zwischen a und o liegender Laut.
ĩ in den brasilischen Sprachen ein dumpfes, in der Kehle liegendes ü.
ü in den chilenischen und Pampas-Sprachen ein ähnliches, kurzer, schwer zu definierender Laut.
ng ist nasales n.

Dieses Alphabet ist sowohl hier im Text, wie auf den Etiketten in den Schränken angewendet.

Schrank 88 A. B. Feuerländer. Das Feuerland wird von drei verschiedenen Stämmen bewohnt. Die den Osten des Archipels einnehmenden Ona sind den Teueltše oder Patagoniern verwandt und zeigen auch in ihrer Kulturentwickelung den letzteren verwandte Züge. Der westliche und südliche Teil des Archipels dagegen wird von zwei Stämmen eingenommen, die man Jagan und Alacaluf (nach bestimmten Lokalitäten) genannt hat und die man früher mit den nördlich der Magalhães-Strafse wohnenden Tšono zusammen als Pešerāh bezeichnete. Sie gehören unstreitig zu den niedrigst stehenden der amerikanischen Stämme. Sie sind nackt, bis auf ein Seehund- oder Guanacofell, das sie bei nasser Witterung umwerfen, wohnen in rohen aus Zweigen und Laub erbauten Hütten, und leben von dem Ertrag der Jagd und des Fischfanges. Letzterer wird vorzugsweise oder ausschliefslich von den Frauen betrieben. Auf dem Boot pflegen sie ein Feuer zu unterhalten, daher der Name, den die Europäer dem Lande gegeben.

Die hier ausgestellten Gegenstände (Waffen, Geräte, Schmucksachen), stammen zum gröfsten Teil von der Gesellschaft von Feuerländern, welche Herr Hagenbeck im Jahre 1881 nach Europa brachte. Besonderes Interesse erregten damals die Pfeilspitzen, die sie aus europäischem Flaschenglase durch Absprengen der Splitter mittels Drucks — nicht durch Schlagen! — anzufertigen verstanden. Eine solche liegt auch hier aus.

Schrank 88 C., 89 A. Teueltše oder Patagonier. Die Teueltše sind den nördlich von ihnen in den argentinischen Pampas schweifenden Pueltše und den Araukanern von Chile verwandt. Gleich ihren Verwandten haben sie schon in früher Zeit die von importierten spanischen Pferden abstammenden Wildpferde zähmen und benutzen gelernt. Sie schweifen, ohne feste Wohnsitze, in dem weiten Gebiet umher, von der Jagd auf Strauſse und Guanaco lebend. Ihre Hauptwaffe sind die Bolas, in deren Handhabung sie grofse Geschicklichkeit entwickeln.

Der Schrank 89 A enthält unter anderem einen von den Patagoniern selbst gefertigten mit Guanacoleder überzogenen Sattel, Zaumzeug, einspitzige Sporen, Kleider und Schmuckgegenstände. Die Hauptmasse der Sammlung ist in Punta Arenas an der Magalhaes-Strafse zusammengebracht, in dessen Nähe die südlichen Teueltse gern ihren Winteraufenthalt nehmen.

Schrank 89 B. *Silbersachen der Teueltse, mit Silberperlen besetzte Kopfbinden, silberne Gewandnadeln, Ohrringe, Steigbügel, Zaumzeug.*

Schrank 89 B C. und 91 A. Sammlungen aus Chile. Der einheimische Stamm sind die Araukaner, die den Stämmen der argentinischen Pampas und Patagoniens verwandt sind. Der Norden des Gebiets stand unter Einflufs der Inkaperuaner, die ihre Herrschaft bis zum Rio Maule ausgedehnt hatten. Der Süden hat sich zum Teil sogar von der spanischen Herrschaft bis in die jüngste Zeit frei zu halten gewufst.

In Schrank 89 B sind silberne Schmucksachen der Araukaner aufgestellt. In den andern Abteilungen Kleider, Waffen, Geräte, Sattel- und Zaumzeug, Thongefäfse der modernen indianischen und Halbblutbevölkerung von Chile. Hierzu noch die hölzerne Grabfigur vor Schrank 88, 89 und das Hausmodell von Chiloe, an der Hofwand von Saal V, gegenüber den Schränken 94*, 94**. Chilenische Altertümer sind in der untern Abteilung von Schrank 132 B ausgestellt.

Chaco-Stämme.

Das nördlich an die argentinischen Pampas grenzende, im Osten vom Paraguayfluſs, im Westen von den Ausläufern der bolivianischen Berge begrenzte, nach Norden in die Waldgebiete der Amazonas-Zuflüsse sich verlaufende Steppengebiet des Gran Chaco wurde von einer Anzahl verschiedener Stämme bewohnt, von denen die einen (Lule Vilela, Matako) das Pferd nicht benutzten, während die anderen (Abipon, Toba, Mokobi, Waigurú), die alle unter einander verwandt sind — Reiterstämme waren. Im Norden wohnten die den Tupi-Stämmen Brasiliens verwandten Tširiwana (Chiriguano), die Ackerbauer sind. In den Thälern von Salta, Jujui und Tucuman wohnten die Diagüita oder Kaltšaki (Calchaqui), eine kriegerische, ackerbauende Bevölkerung, die eine Halbkultur besafs, die in mancher Beziehung an die der Pueblo-Indianer von Nordamerika erinnert, die aber schon seit langem vollständig christianisiert und in der spanisch-indianischen Mischbevölkerung aufgegangen ist. In ihrem Gebiet, wie überhaupt im ganzen Westen hat die altperuanische Kultur Einflufs geübt. Die einst als Flufspiraten des Paraguay gefürchteten Payaguá sind in den Jahren 1740 und 1790 unterworfen und zur Ansiedelung in der Nähe von Asuncion gezwungen worden.

Schrank 91 B. *Gegenstände der Toba und der Tširiwana (Chiriguano).*

Schrank 91 C. *Waffen, Schmuck und Geräte der Angayté, Lengua und Sanapaná. Sammlungen des Reisenden Richard Rohde.*

Schrank 92 A. *Waffen, Schmuck und Geräte der Lengua. Sammlung des Reisenden Dr. Bohls.*

Schrank 92 B. *Gegenstände der Payaguá. Sammlung des Reisenden Richard Rohde.*

Schrank 92 C. *Gegenstände der Tšamakoko und Wand (Guaná). Sammlungen des Reisenden Richard Rohde.*

Stämme Brasiliens und der Guyana.

In den weiten Waldregionen, welche die Ufer der Riesenströme Südamerikas umsäumen und in den Sawannen, welche die höhergelegenen Zwischenstromgebiete bezeichnen, wohnt eine grofse Zahl verschiedener Stämme, die sich zum grofsen Teil noch heute in gänzlicher oder teilweiser Unabhängigkeit von der europäischen Civilisation erhalten haben. Während man früher eine endlose Sprachzerplitterung annahm, und absolut daran verzweifelte, etwas Ordnung in diesen Wirrwarr zu bringen, haben neuere Untersuchungen festgestellt, dafs der bei weitem gröfste Teil dieser Stämme in einer kleinen Zahl wohl charakterisierter Sprachfamilien unterzubringen ist. — Es sind fünf gröfsere und zwei kleinere Gruppen, in welche sich die Hauptmasse der brasilianischen Stämme einordnen läfst.

Vom argentinischen und bolivianischen Chaco reichen nach Brasilien (Matto Grosso) herüber die Stämme der **Waigurú**-Gruppe, Reiterstämme, mit kleinen Bogen und Rohrpfeilen bewaffnet, ähneln sie in ihrer Lebensweise den südlicher wohnenden Chaco- und Pampa-Stämmen. Kriegerisch und feindselig gesinnt, haben sie bis in die jüngste Zeit den Ansiedelungen und den Reisenden Gefahr bereitet. Nur wenige, wie die Kadioéo und Kinikinau in Matto Grosso haben sich friedlichem Verkehr geneigt gezeigt.

In der Nähe dieser Gruppe, in Paraguay, Uruguay und Rio Grande do Sul, hatten, wie es scheint, ihre ursprüngliche Heimat die **Tupi**-Stämme, welche von den ersten Seefahrern längs der Ostküste Brasiliens und an den Ufern des Amazonas bis zur Rio Negro-Mündung verbreitet angetroffen wurden. An der Küste haben diese Stämme natürlich längst als selbständige Völker zu existieren aufgehört. Doch haben sich mehr im Innern noch vielfach reine Tupi-Stämme erhalten. Auch gehören zu den Tupi die am oberen Marañon wohnenden Kokama und Umáua (Omagua), die wohl vom Chaco aus längs des Ucayale ihren Weg dorthin gefunden haben. Es waren kriegerische Stämme und kühne Bootfahrer. Ihre Hauptnahrung war das geröstete Maniokmehl. Zu gewissen Zeiten aber folgten sie den Zügen der Fische, von dem Fleisch derselben lebend, den Überschufs geröstet und zerstofsen als Vorrat mit nach Haus führend. Sie wohnten, mehrere Familien zusammen, in langen palmblattgedeckten Häusern, und umschlossen die ganze Ansiedelung mit Palisaden. Sie schliefen in Hängematten, unter denen sie immer ein brennendes Feuer unterhielten. Die erschlagenen Feinde verzehrten sie. Die Toten setzten sie in grofsen Urnen, sog. igaçaba, bei. Ihre Sprache, die lingua geral do Brasil, ist noch heute als Missionssprache und allgemeines vermittelndes Idiom zwischen Weifsen und Indianern und den verschiedensprachigen Indianerstämmen in Gebrauch. Den Tupí-Stämmen der Küste und der Flufsufer standen überall barbarische, vorwiegend von der Jagd lebende Binnenstämme gegenüber, die von ihnen insgemein als Tapuya, „Barbaren", „Fremdlinge" bezeichnet wurden. Diese gehören zum gröfsten Teil einer Sprachfamilie an, welche v. Martius unter den Namen **Gês-Stämme** zusammengefafst hat, weil einige der bedeutendsten Zweige dieser Nation sich mit Namen nennen, die auf die Endsilbe ges ausgehen. Diese kennen insgemein das Boot und die Hängematte nicht. Verschiedene weit von einander entfernt wohnende Zweige dieser Nation sind von ihren anderssprachigen Nachbarn in sehr auffälliger Weise durch das Tragen von grofsen runden Scheiben in der Unterlippe unterschieden. Zu ihnen gehören die barbarischsten Stämme, die wir in Brasilien kennen. Nördliche Nachbarn der Gês-Stämme waren die ebenfalls als Tapuya bezeichneten Stämme, die in oder nahe dem Gebiet der ehemaligen holländischen Kolonie in den Provinzen Pernambuco und Rio Grande do Norte lebten.

Westlich von den Gês-Stämmen wohnen zwei grofse Völkerfamilien, über deren Zusammengehörigkeit und ursprüngliche Wohnsitze erst in neuerer Zeit sich etwas Klarheit verbreitet hat. Das sind die **Karaiben** und die **Arawak-** oder **Maipure-**Stämme. Die ersteren haben ihre Heimat wohl in centralen Gebieten. Denn dort, in dem oberen Xingú-Gebiet, hat die von den Steinen'sche Expedition echte noch im Steinzeitalter lebende Karaibenstämme kennen gelehrt. Von hier aus aber sind die Karaiben nordwärts über den Amazonas vorgedrungen. Zahlreiche Stämme derselben füllen die Guyana und das nordöstliche Venezuela. Und vom Festlande aus haben sie sich in vorkolumbischer Zeit auch über die kleinen Antillen bis zur Ostspitze von Haiti verbreitet, die einheimischen (arawakischen) Stämme verdrängend. Die äufsersten Vorposten der Karaiben im Westen sind die Motilon am Rio Cesar in Kolumbien

Amerika. 95

und die Karijona und Uitoto, die am Yapura, einem der nördlichen oberen Amazonas-Zuflüsse, wohnen. Eine umgekehrte Wanderungsrichtung scheinen die arawakischen Stämme eingeschlagen zu haben. Zur Zeit der Entdeckung Amerikas bevölkerten arawakische Stämme das Küstenland von Kolumbien bis zur Amazonasmündung, sowie die kleinen Antillen, in stetem Kampfe mit den von Süden vordringenden Karaibenstämmen. Im NW. haben die Goaxiro (Goajiro) auf der Halbinsel gleichen Namens bis heute ihre volle Unabhängigkeit bewahrt. Am Orinoco bilden die Maipure und in Guyana die eigentlichen Arawak immer noch ein wichtiges und auffälliges Bevölkerungselement, das sich von den neben ihnen angesiedelten Karaibenstämmen scharf unterscheidet. Im SO., im Mündungsgebiet des Amazonas, sind die Arawak-Stämme so gut wie erloschen. Aber ihre Sprache ist aufgezeichnet worden. Und von ihrer Kultur zeugen die zahlreichen und an Beigaben reichen Gräber, die auf der Insel Marajó aufgedeckt worden sind. Vom Orinoco und der Guyana ziehen die Arawak-Stämme in einem breiten Streifen nach SW. bis zu den Gebirgsthälern, in welchen die oberen Amazonas-Zuflüsse ihren Ursprung nehmen. Und von dort aus haben sie sich nach Osten bis in das Quellgebiet des Xingú und nach SO. bis zum oberen Paraguay verbreitet.

Karaiben- und Arawak-Stämme kennen die Bereitung des Maniokmehls und den Gebrauch der Hängematte. Aber die Karaiben gebrauchen baumwollene, die Arawakstämme aus Bast geflochtene Hängematten. Unter den Karaibenstämmen finden sich die berühmtesten Pfeilgiftmacher. Und ihre beliebteste Jagdwaffe ist das Blasrohr, das aber auch bei anderen Urwaldstämmen im Gebrauch ist. Für die Arawak-Stämme ist kennzeichnend die hohe Vollendung, die bei ihnen die Töpferei erlangt hat (vgl. die aus Gräbern der Insel Marajó stammenden Gefäfse in Schrank 134 A).

Im Westen von den Karaiben und den Arawaken sind noch zwei kleinere Gruppen sprachlich einander verwandter Stämme zu unterscheiden. Das sind die **Pano**, die in zwei getrennten Gruppen am Madeira und Madre de Dios und am mittleren und unteren Ucayale wohnen, durch arawakische Stämme (Ipuriná, Píro, Kampa) von einander getrennt. Und nördlich des Amazonas am Yapura und Rio Negro die **Tukano** und ihre Verwandten. Zwischen den gröfseren Gruppen zerstreut finden sich aufserdem überall noch kleinere Gruppen und einzelne Stämme, die sich bisher noch keiner der grofsen Sprachfamilien haben angliedern lassen, in der Kultur bald der einen, bald der anderen Gruppe nahestehend oder eine vermittelnde Stellung zwischen zweien derselben einnehmend. So die **Puri** oder **Coroados** in Rio de Janeiro, die **Bororó** in Matto Grosso, die **Karayá** am Araguaya, die **Waupe** am Rio Negro, die **Tekuna**, **Yameo**, **Xivaro** an den oberen Amazonas-Zuflüssen, die **Warrau** (Guarano) an der Küste von Guyana u. a.

Schrank 92* A—C *und* **93 A.** *Gegenstände der Kadiöéo und Tereno der Provinz Matto Grosso. Sammlung des Reisenden Richard Rohde.*

Schrank 93 B. *Gegenstände der Guató, Flufsindianer am Rio Paraguay in der Provinz Matto Grosso. Sammlung des Reisenden Richard Rohde. In der unteren Abteilung Graburnen und Beigaben aus dem Gräberfelde vom Descalvado-Berge am rechten Ufer des Paraguay. Dazu gehört auch die grofse Graburne, die an der Aufsenwand von Saal V, gegenüber Schrank 103/104 aufgestellt ist.*

Schrank 93 C. *Waffen, Kleidung, Schmuck der Bororó des rechten Paraguayufers in der Provinz Matto Grosso. Sammlungen der Reisenden Natterer und Richard Rohde.*

Schrank 94 AB. *Waffen, Kleidung, Schmuck der Bororó des Rio Saö Lourenço am linken Paraguayufer. Sammlung Dr. Karl von den Steinen.*

Schrank 94*. *Kunst und Ornamentik der Indianerstämme des obern Xingú-Gebiets. Sammlung Dr. Karl von den Steinen.*

Schrank 94**. *Gegenstände der Indianer des obern Xingú-Gebiets. Sammlungen und Geschenke des Reisenden Dr. Hermann Meyer. Hierzu noch die grofse dachförmige Tanzmaske in dem Durchgang von Saal V nach Saal VII.*

Schrank 95. *Waffen, Kleidung und Schmuck der ka-*

raïbischen Stämme (*Bakairi* und *Nahuqua*) des Xingú-Quellengebiets. Sammlung Dr. Karl von den Steinen.

Schrank 96 AB. Waffen, Kleidung, Schmuck der arawakischen (*Mehinaku*) und Tupi-Stämme (*Auetö* und *Kamayurá*) des Xingú-Quellgebiets. Sammlung Dr. Karl von den Steinen.

Schrank 96 C. Gegenstände der *Trumai* und *Suyá* des obern Xingú-Gebiets. Sammlung Dr. Karl von den Steinen.

Wandschränke über dem Glaskasten 108 in Saal V. Tanzmasken der Indianerstämme des obern Xingú-Gebiets. Sammlung Dr. Karl von den Steinen.

Mittelschrank 84 A. Sammlungen der *Caingua* des Waldgebiets von Paraguay, der *Kaingáng*, der sogenannten *Bugres* von Südbrasilien, der *Puri* der Provinz Rio de Janeiro und der *Burung* oder *Aimoré* der Provinz Espiritu Santo, die von den Portugiesen *Botocudos* genannt werden, wegen der runden Holzscheiben (botoques), die sie in der Unterlippe tragen. Die Caingua-Stücke sind von Richard Rohde gesammelt worden. Die andern Gegenstände entstammen meist älterem Bestand. Ein Teil der Botocudos-Sachen ist von Dr. Ehrenreich gesammelt und dem Museum überwiesen worden. — Der aus Federn des roten Ibis gefertigte Mantel stammt wahrscheinlich von einem sogenannten *Tapuya*-Stamme der Provinz Pernambuco oder Rio Granae do Norte, die zur Zeit, als die Holländer dort noch eine Kolonie hatten, in jenen Gegenden umherzogen. Eine Kopie eines alten Gemäldes, welches diese Indianer darstellt, ist an der an Saal IV anstofsenden Wand von Saal V aufgehängt.

Mittelschrank 84 BCD. Waffen, Schmuck, Tanzkostüme der *Karayá* des Araguaya-Flusses. Sammlung Dr. Ehrenreich. In Abteilung D aufserdem einige Gegenstände der *Yuruna* des mittleren Xingú. Sammlung Dr. Karl von den Steinen.

Mittelschrank 84 E. Gegenstände der *Mundrukú* und *Parentintim* des Tapajoz-Flusses und der *Yamamadí*, *Ipurina* etc., arawakischer Stämme des mittleren Rio Purús. Die erstern gehören älterem Bestand an, die letzteren in der Hauptsache den Sammlungen Dr. Ehrenreich's.

Mittelschrank 84 F. *Sammlungen der Indianerstämme des obern Amazonas und obern Rio Madeira.*
Schrank 86* *(an der Mittelwand)*. *Tanzmasken der Tekuna des obern Amazonas.*
Mittelschrank 86 A. *Sammlungen der Kampa, Kokama, Konibo vom Ucayale Flusse. Meist der Reise des Dr. Hähnel entstammend.*
Mittelschrank 86 B. *Gegenstände der Xivaro (Jivaro) u. a. Indianerstämme der östlichen Abhänge der ecuadoranischen und peruanischen Anden.*
Mittelschrank 86 C. *Indianerstämme des Rio Negro und benachbarter Gebiete des südlichen Venezuela.*
Mittelschrank 86 D E. *und untere Abteilung von 86 F. Indianerstämme von Guyana. Hauptsächlich Sammlungen der Reisenden Robert Schomburgk (1845) und Prof. Wilhelm Joest (1889). Hierzu auch die Hausmodelle an der Hofwand von Saal V, gegenüber den Schränken 94*, 94**.*
Mittelschrank 86 F *oben GoaXiro der nach ihnen benannten Halbinsel an der Grenze von Venezuela und Kolumbien.*
Schrank 97. *Altertümer der Küste von Brasilien. Sambaki-Funde u. a. Sammlungen Dr. Karl von den Steinen's und Geschenke der Herren C. von Koseritz, Apotheker C. Nehring in Piracicaba, F. Vahl in Desterro u. a. Hierzu gehören auch die 3 Begräbnisurnen, die in der Mitte des Saales auf den Mittelschränken stehen, und die Graburne an der Aufsenwand von Saal V, gegenüber Schrank 100'101, und der grofse Mahlstein auf der Estrade an der an Saal IV anstofsenden Wand, der von Dr. Karl von den Steinen am Fufse eines Sambaki angetroffen worden ist.*
Schrank 134 A *(in Saal VII). In der Mitte Altertümer der Insel Marajó, wohl von den Aruan stammend, einer den Arawak und Maipure verwandten Nation, die bis in unser Jahrhundert in diesen Gegenden gewohnt hat. Die meisten Stücke sind Geschenke von Dr. Ladislaus Netto.*

Unten Altertümer von den Antillen, zum grofsen Teil Geschenke des Herrn Prof. L. Krug, ehemaligen Konsuls in Mayaguez auf der Insel Puertorico. Dazu gehören auch die kummetartigen Steine auf der Estrade an der an Saal IV

Amerika. 99

anstofsenden Wand. Ihre Bedeutung ist, gleich der der altmexikanischen Steinjoche, noch vollständig rätselhaft. Oben Altertümer aus Venezuela und von der Sierra Nevada de Santa Marta. Sammlung Dr. Karsten und Dr. Sievers und Geschenke des Herrn Regierungsbaumeisters C. Plock.

Vergleichende Gruppen.

An der Hofwand im Saal V, gegenüber Schrank 89, 90.
Speere und Harpunen verschiedener südamerikanischer Stämme.
An der an Saal IV anstofsenden Wand des Saales V.
Links (vom Beschauer) Bogen verschiedener südamerikanischer Stämme. Rechts Blasrohre für Pfeile mit vergifteter Spitze.
Schrank 85** *(an der an Saal IV anstofsenden Wand).*
— *Vergleichende Zusammenstellung amerikanischer Waffen.*
Schrank 90. *Modelle von Fischerfahrzeugen und Fanggeräten aus Nordbrasilien. Von der brasilischen Kommission für die Fischereiausstellung in Berlin (1880) dem Königlichen Museum überwiesen, und Modelle von Binsenflössen, wie sie auf dem Titikaka-See in Bolivien üblich sind. Vgl. auch noch das Schlauchflofs von der Südchilenischen Küste über dem Mittelschrank 84.*

Nichtindianische oder europäische Bevölkerung Südamerikas.

Schrank 85* *(vor Schrank 97).* — *Moderne Gegenstände aus dem spanischen Südamerika (Bolivien, Perú, Ecuador, Kolumbien, Paraguay). Dazu noch die grofsen roten Gefäfse auf Schrank 85**.*
Schrank 84* *(vor Schrank 88).* — *Moderne Gegenstände aus Brasilien und Kleidung, Schmuck, Fetischgeräte u. s. w, der Buschneger von Surinam und der schwarzen ehemaligen Sklavenbevölkerung Brasiliens.*

Die alten Kulturnationen Mittel- und Südamerikas.

Anmerkung. Für die in dem Folgenden aufgeführten Götternamen und andere Bezeichnungen, welche den Sprachen der alten

Kulturvölker des ehemaligen spanischen Amerikas entnommen sind, ist, dem allgemeinen Gebrauch entsprechend, die spanische Orthographie beibehalten worden. Danach wird
h gar nicht ausgesprochen.
qu vor e und i, sowie c vor a, o und u = unserm k.
s, ç und z sind scharfe Laute.
ch = tš, d. h. also = tsch in „deutsch".
x = š, d. h. = sch in „Schale".

Alt-Mexiko. Die alten Mexikaner, die Bewohner der Stadt Mexiko, fühlten sich stamm- und sprachverwandt einer Reihe von Stämmen oder ursprünglich selbständigen Gemeinden, deren Wohnsitze teils auf dem Hochlande zu beiden Seiten des Popocatepetl, teils in den tief eingeschnittenen Thälern im Süden desselben lagen, und die von da aus nach beiden Seiten sich bis an das Meer dehnten. Man bezeichnet diese Stämme insgesamt als Naua oder Nauatlaca. Und mit demselben Namen bezeichnen auch ihre Sprache die Verwandten der Mexikaner, die weit im Süden, im Gebiet der heutigen Republik Guatemala und an dem grofsen Süfswassersee von Nicaragua angesiedelt sind. — Den Nauatlaca gegenüber standen als stammfremde Urbewohner die Olmeca Uixtotin in den regenreichen, feuchten Niederungen des südlichen Vera Cruz, die nördlich von ihnen wohnenden Totonaca und deren Nachbarn die Cuexteca (Huaxteca), die eine Maya-Sprache sprechenden Leute von Pánuco. Weiter die Tarasca von Michoacan, die streifenden, wesentlich vom Ertrage der Jagd lebenden Stämme des Nordens, die unter dem Gesamtnamen Chichimeca begriffen wurden, und die in den Bergen unmittelbar westlich und nordwestlich von Mexico angesiedelten barbarischen Otomi. Im Süden die Mixteca und die Tzapoteca und die Maya-Völker von Yucatan, Chiapas und Guatemala. — Die Grundlagen der mexikanischen Macht waren der Handel und der Krieg. Vereint mit andern im Umkreis des Sees gelegenen Städten, zogen die Kaufleute von Mexiko nach Tabasco, Chiapas und Tehuantepec und tauschten dort gegen die Erzeugnisse der mexikanischen Industrie die reichen Naturprodukte dieser Länder, sowie Sklaven ein. Der Krieg aber brachte fast das gesamte mexikanisch redende Land, nebst den Gebieten der Otomi, eines Teils der Huaxteca und zuletzt auch der Totonaca in die unmittelbare Gewalt der Mexikaner. Nur die auf der andern Seite des Popocatepetl gelegenen Staaten Uexotzinco, Tlaxcallan und Atlixco bewahrten bis zu dem Fall des Reichs ihre Unabhängigkeit. — Die mexikanische Kultur, als Ganzes, überraschte die spanischen Eroberer nicht nur durch die Grofsartigkeit ihrer Bauwerke, sondern auch durch die hohe Vollendung in verschiedenen Künsten und durch die Ordnung, welche das bürgerliche Leben in Haus, Gemeinde und Staat beherrschte. Mit Grauen nahmen sie dagegen wahr, wie diese hohe Zivilisation gepaart war mit einem blutigen Götzendienst, der das gesamte Leben der Nation in seine Kreise zwang. — Von den bildergeschmückten Tempeln und den grofsartigen Monumenten innerhalb derselben ist im eigentlich mexikanischen Gebiet wenig übrig geblieben. Einzelnes, was in den ersten Zeiten der spanischen Eroberung vergraben wurde, ist später wieder ans Tageslicht gefördert worden. So der grofse sogenannte Kalenderstein, der Sonnenstein Tiçoc's und die Kolossalstatue der Erdgöttin, die sog. Teoyaomiqui (von letzteren beiden stehen Abformungen in Naturgröfse im Lichthof), die auf der Plaza mayor von Mexiko gefunden wurden. Auch die grofsen prachtvoll geschmückten Idole der Tempel sind dem frommen Eifer der Eroberer zum Opfer gefallen. Allein der religiöse Drang der alten Mexikaner beschränkte sich nicht auf die Verehrung der in den Haupttempeln aufgestellten Bilder. In jedem Hause gab es eine Ecke, in der mehr oder minder rohe Darstellungen der Gottheiten, deren Verehrung dem Hausherrn besonders am Herzen lag, aufgestellt waren, und denen jeden Morgen Speise dargebracht und jeden Morgen und Abend geräuchert ward. Von diesen Idolen ist ein grofser Teil gerettet worden, indem die Eigentümer sie vergruben oder an unzulänglichen versteckten Stellen vor den Augen der Bekehrer verbargen. — Die ursprüngliche Gottesverehrung der Naturvölker pflegt nicht eine platonische Verehrung von etwas Unendlichem, Überirdischem, Erhabenem zu sein, sondern hat meist sehr

greifbare nahe Zwecke im Auge. Die alten Mexikaner
verehrten diejenigen Mächte, die nach ihrem Glauben für
das Wachsen und Gedeihen der Feldfrucht von Einfluſs
waren. Diese suchten sie durch Kultushandlungen, Opfer
und eigene Kasteiungen für sich günstig zu stimmen, damit sie ein fruchtbares und gedeihliches Jahr gewährten.
Auf der Hochebene, welche den eigentlichen Wohnsitz der mexikanisch redenden Bevölkerung ausmacht, und
deren durchschnittliche Höhe 5—8000' beträgt, haben die
klimatischen Verhältnisse auf die Entwickelung der Vegetation grofsen Einfluſs. Von Anfang November bis zum
Juni fällt kein Tropfen Regen. Der Himmel ist klar und
wolkenlos, trockene Winde wehen über die kahle Ebene,
und der Reflex der Sonnenstrahlen von den unbewaldeten
Höhen vermehrt die Dürre. In diesen ganzen sechs Monaten
ist in dem ausgedehnten Landstrich nur das Grün der Kaktus,
Agave und Pfefferbäume sichtbar, Gras schiefst nur auf,
wo die Wurzeln der Gewächse unmittelbar mit dem Wasser
in Berührung kommen, also wo natürliche oder künstliche
Bewässerung stattfindet. Die letztere wurde schon in alter
Zeit vielfach vorgenommen. Im allgemeinen aber bestellte
man die Felder erst mit dem Beginn der Regenzeit, oder
kurz vorher. Die Aussaat — Mais, Bohnen und spanischer
Pfeffer waren die Hauptfrüchte, die gebaut wurden — wurde
in letzterem Falle in den völlig trockenen Boden gemacht,
und sehnsüchtig schaute man nach den ersten Regenwolken
aus, die sich um die Häupter der Berggipfel bildeten, und
lauschte auf die ersten Donner, welche das Nahen der regen-
bringenden Gottheiten verkündeten. — Diesen, den Regen
bringenden Gottheiten oder den Bergen, an deren Gipfeln
sich die Regenwolken ballten, galt daher die ursprünglichste
und allgemeinste Verehrung auf dem mexikanischen Hochlande. Die Mexikaner im engeren Sinne, die Umwohner
der beiden grofsen Seen, des Sees von Chalco und des von
Tetzcuco, verehrten die Regengottheiten unter dem Bilde
Tlaloc's. Ihm galt das erste, im Beginn des Sommerjahrs
gefeierte Fest, das nach aztekischer Rechnung in den Monat
Februar, also noch mitten in die trockene Jahreszeit fiel.
Gleich bei Beginn des Jahres suchte man sich die Gottheit

des Regens durch Opfer von Kindern, die auf den Bergen und auf der Höhe des Sees dargebracht wurden, für das neue Jahr günstig zu stimmen. Sein Hauptfest fiel in den sechsten Monat d. h. Anfang Juni, wo die Regenperiode einsetzt. Und ein letztes Fest wurde ihm im Monat Dezember, im Anfang der trockenen Jahreszeit gefeiert. — Die Regenwolken, die sich um die Berggipfel ringeln, nicht minder wie der Blitz, der in Wellenlinien dahinschiefst und mit dem ersten Angriff tötet, sind symbolisiert in der Schlange. Daher wird die Gottheit des Regens und des Gewitters oft angeschaut unter dem Bilde der Schlange. Der mexikanische Tlaloc ist nicht direkt als Schlange dargestellt, aber sein Gesicht ist gleichsam durchzogen von Schlangenwindungen, und unter der Oberlippe hängen lange Zähne hervor, gleich den Giftzähnen der Schlange. Dieses Bild Tlalocs, wie wir es aus den aztekischen Bildermalereien kennen, wird auch in den Skulpturen häufig angetroffen (Estrade in der Mitte von Saal VII). — Aufser dem Regengott selbst (Tlaloc), bezw. den Regengöttern (Tlaloquê), oder mit ihnen, genossen übrigens auch die einzelnen Berge, an denen die Wolken sich sammelten, eine lokale Verehrung. Und neben ihnen die Göttin der Quellen und Bäche, des fliefsenden bewegten Wassers, Chalchiuitlicue oder Chalchiuhcueye „die mit dem blauen Gewand" genannt, — Wie die Phönizier dem Baal den Moloch gegenüberstellten, so verehrten die Mexikaner neben den Gedeihen und Fruchtbarkeit bringenden Regengöttern, die Gottheiten des Feuers, der brennenden Sonne, der Dürre, der trockenen Jahreszeit. Und zwar waren diese Gottheiten ihnen zugleich die Götter des Krieges. Als erster derselben ist der eigentliche Feuergott zu nennen (Xiuhtecutli oder Ixcoçauhqui). Aber auch Camaxtli oder Mixcoatl und Uitzilopochtli gehören in diese Reihe. Eine eigentümliche Gestalt ist Tezcatlipoca, der rauchende Spiegel, auch Yaotl, der Feind, genannt. Tezcatlipoca galt als Nationalgott von Chalco. Sein Hauptfest ward im fünften Monat am Ende der trockenen Jahreszeit gefeiert und charakterisiert sich als eine symbolische Darstellung des Abschiednehmens, indem ein Jüngling, der zum Repräsentanten des

Gottes erkoren ward, nachdem er ein ganzes Jahr lang herrlich und in Freuden gelebt hatte, von seinen Weibern und den Freuden der Welt Abschied nahm, am Caualtepec, dem Orte des Verlassens, seine Flöten zerbrach, und zum Tempel emporstieg, um geopfert zu werden.

Jenseits der Sierra Nevada, in den grofsen Ebenen des heutigen Staates Puebla, in den Städten Cholollan und Uexotzinco, deren Bevölkerung als alter galt als die Bewohner des Thals von Mexiko, begegnen wir einer Gottheit, die den Namen Quetzalcoatl führt und als Gottheit des Windes bezeichnet wird. Der Name Quetzalcoatl bedeutet grüne Federschlange oder Schmuckfederschlange, dem Sinn des Wortes quetzalli entsprechend im Deutschen vielleicht besser mit Edelsteinschlange zu übersetzen. Als besonderes Geschäft dieses Gottes wird bezeichnet, den Regengöttern die Wege zu fegen. Mit diesem Ausspruch ist die eigentliche Natur des Gottes recht gut gekennzeichnet. Derselbe spielt nämlich die Rolle eines Vermittlers zwischen Mensch und Gott, welcher bewirkt, dafs die segenbringenden Gottheiten sich zu den Menschen herablassen. Darum wird von ihm gesagt, dafs er der einzige Gott gewesen sei, der Menschennatur besessen habe. Darum erscheint er mit priesterlichen Attributen, wird auch geradezu als Priester bezeichnet, wie umgekehrt die Oberpriester in Mexiko seinen Namen führten. — Die Bilder dieses Gottes sind höchst eigenartig und leicht zu erkennen. Der Gott trägt eine rote Maske, die an einen Vogelschnabel mit weit vorragenden röhrenförmig verlängerten Nasenlöchern erinnert. So beschreibt Duran sein Bild, das von den spanischen Eroberern noch in dem Sakrarium auf der Plattform der grofsen Pyramide von Cholollan gesehen ward. Und so finden wir ihn auch in den Bilderschriften dargestellt, und werden ihn unter den Skulpturen wiederfinden.

Ein anderer Kreis von Gottheiten, dem sich die Verehrung der Mexikaner zuwandte, bezeichnete die fruchtbringende, segenspendende Erde. Die Gottheiten dieser Art sind alle weiblich gedacht, und je nach den örtlichen Auffassungen tritt bei ihnen bald der Begriff der fruchtbaren, alles Lebendige aus ihrem Schofse gebärenden (als

Ciuacoatl, Göttin von Xochimilco), bald das Unheimliche der finsteren Erde, die zu den Toten hinabreicht und im Krampfe sich schüttelt (die Erdbebengöttin, Teteoinnan oder Toci), bald das Dämonische, zu Verbrechen und Sünde verleitende Wesen der Weiblichkeit (als Tlaçolteotl) mehr hervor. Oder sie wird gedacht als Göttin der Lebensmittel (Tonacaciuatl), als Göttin der Maisfrucht (Cinteotl oder Chicomecoatl) und der Agave (Mayauel) oder der Blumen, in welche die Erde gekleidet ist (Coatlicue und Xochiquetzal).

Die Tempel der Mexikaner waren abgestumpfte Pyramiden, zu denen Stufen hinaufführten, und auf deren oberer Plattform das Sakrarium mit dem Bildnis des Gottes stand und ihm gegenüber, hart am Rande der Treppe, der Opferblock. Menschenopfer wurden übrigens nur an den hohen Festtagen gebracht, von denen allerdings fast auf jeden der 18 Monate des Jahres einer fiel. Im übrigen beschränkte sich der Kultus auf Räucherungen, Darbringung von Speisen und auf Tänze und Gesänge zu Ehren der Götter.

Fasten und Kasteiungen (Blutentziehung) waren häufig, fast die stehende Vorbereitung zur Begehung eines Festes. Mit kleinen Obsidianmessern machte man Einschnitte ins Ohr, in die Zunge oder in das Muskelfleisch der Arme oder Waden und fing das daraus hervorquellende Blut auf Stücken der stachelspitzigen Agaveblätter auf, die dann in einen Knäuel Gras gesteckt und als Zeugnis der Kasteiung den Göttern dargebracht, bezw. auf der Mauer der Tempel ausgestellt wurden. — Diese Kasteiungswerkzeuge ebenso wie Räucherpfanne und Kopalbeutel und das von Blut rot gefärbte Opfermesser aus Feuerstein sind in den Malereien überaus häufig, und stellenweise auch in den Skulpturen, neben den Bildern der Götter zu sehen. — Zum Verständnis der auf den Skulpturen und in den Malereien dargestellten Gegenständen ist noch des Kalenders der Mexikaner zu gedenken. Wie schon erwähnt, wurde das Jahr in 18 Monate von 20 Tagen geteilt, die mit dem Hauptfeste irgend einer Gottheit zusammenfielen. Dabei blieben fünf Tage übrig, in denen keine Feste gefeiert wurden, und die als nemontemi, als unnütz, unglückbringend, zu keiner ernsten Verrichtung geschickt galten. Die 20 Tage eines Monats waren durch bestimmte Benennungen gekennzeichnet, die von bestimmten greifbaren Objekten hergenommen waren. Indem nach Schlufs des letzten Monats die Tage in derselben Weise weiter benannt wurden, ergab sich, dafs der Anfangstag des zweiten Jahres nicht dasselbe Zeichen, wie der des ersten erhielt, sondern nach dem sechsten der Reihe benannt ward. Der Anfangstag des dritten Jahres erhielt dann den Namen des elften Zeichens, der des vierten den des sechszehnten Zeichens und erst der Anfangstag des fünften Jahres trug wieder den Namen desselben Zeichens, wie der des ersten. Nun wurden aufserdem die Tage beziffert, und zwar von 1 bis 13. Daraus ergab sich, dafs erst nach einer Periode von $13 \times 20 = 260$ Tagen ein Tag erschien, der den Namen desselben Zeichens und dieselbe Ziffer trug, wie der erste Tag. Aber 73×260 Tage oder 52 Jahre mufsten verfliefsen, ehe ein Jahr wieder mit einem Tage begann, der dasselbe Zeichen und dieselbe Ziffer trug, wie der des ersten Jahres. Dem Schluss dieses 52. Jahres sah man mit Zittern und Zagen entgegen, denn man fürchtete, dafs mit der laufenden Rechnung auch die gegenwärtige Welt ein Ende nehmen könnte. Danach aber ward das Alte bei Seite gelegt, die Feuer gelöscht, und mit neu erriebenem Feuer feierlich der Beginn einer neuen Ära eingeleitet. — Dieses eigentümliche, höchst ingeniöse System, dessen Erfindung den mythischen Tolteken zugeschrieben ward, und wonach nicht nur bei den Mexikanern, sondern genau in derselben Weise auch bei den Mixteca und Tzapoteca, den Maya-Stämmen von Chiapas, Guatemala und Yucatan und den Naua-Stämmen des fernen Nicaragua gerechnet ward, — gestattete mit einfachen Mitteln, durch eine Ziffer und einen Namen, auf einen weiten Zeitraum hin einen Tag oder ein Jahr genau zu bezeichnen. Wir finden danach die Zeit, nicht nur in den Bilderhandschriften, welche die alte Geschichte des Volkes erzählen, angegeben, sondern auch auf Denkmalen zur Bezeichnung der Zeit, wann diese errichtet wurden. — Weiter aber wurde auf Grund derselben Zeichen ein ausgedehntes astrologisches System aufgebaut, indem die Himmelsrichtungen, die Jahreszeiten, die verschiedenen Gottheiten und ihre Qualitäten unter diese Zeichen verteilt wurden und so für jedes Jahr und jeden Tag sein Geschick und sein Ungeschick, sein guter und sein böser Einflufs bestimmt ward. — Die alten Mexikaner lebten, wie sämtliche übrigen Völker des alten Amerikas, noch fast ganz in der Steinzeit. Kupfer war zwar bekannt und wurde zu Äxten und Messern verwendet, aber die Hauptwerkzeuge lieferte der Stein, hauptsächlich der in dem vulkanischen Lande nicht seltene Obsidian (itztli). Die Splitter wurden, wie Torquemada ausdrücklich angiebt, durch Druck abgesprengt. Alle Arten von schneidenden Werkzeugen, Messer, und Pfeile und Speerspitzen, wurden daraus gefertigt; und indem man die Splitter auf zwei gegenüberliegenden Seiten eines mit Handgriff versehenen Holzes einsetzte, erhielt man die nationale Waffe, das maquauitl, die sog. Espada de los Indios. Die Kunst der Metallbearbeitung war hoch entwickelt. Die Gold- und Silberarbeiten erregten das höchste Staunen der Spanier. Namentlich besafsen die indianischen Schmiede die Kunst, das Gold und Silber in einander zu arbeiten, in einer Weise, wie es nach dem eigenen Geständnis der Spanier ihre Landsleute nicht zu Stande brachten. Leider ist von diesen Kunstprodukten das meiste in den Schmelztiegel gewandert. — Nächstdem stand die Steinschneiderei und Steinschleiferei in hoher Blüte. Aus dem spröden Obsidian und dem harten Bergkrystall wurden Spiegel und die zierlichsten Schmucksachen gefertigt, Figürchen, Totenköpfe, Lippenpflöcke, Ohrpflöcke mit weitem Lumen, in welche schwere Hänger kamen. Solche Ohrpflöcke aus Obsidian bildeten neben Obsidianmessern, zu Kleiderbesatz dienenden Schellen, als Feuerzeug dienendem Schwefelkies und Cochenille Hauptgegenstände des Exports nach dem Ausland. — Das Spinnen und Weben war Sache der Frauen. Als Gespinstfaser ward die Agavefaser verwendet, die aber nur ein grobes, sackleinwandartiges Gewebe lieferte, und Baumwolle, welche feinere Gewebe lieferte. Letztere durften aber nur von den Vornehmeren getragen werden. Man verstand die Kunst, die Gewebe zu färben und zierliche Muster zu weben. Berühmt waren die Zeuge aus der Huaxteca, die centzonquachtli oder centzontilmatli („Decken von 400 Farben") hiefsen. Das Tragen gefärbter und gestickter Mäntel war aber nur gewissen Rangstufen erlaubt. — Eine besondere Kunst war die Zurichtung der Schmuckfedern, welche die Kaufleute aus dem heifsen Niederland an der Meerküste brachten. Es wurden daraus grofse Federschmucke gefertigt, die einen Teil des kriegerischen und festlichen Aufputzes bildeten, und die feineren Federn der Papageien und anderer Schmuckvögel wurden in die Gewebe eingeknüpft, und so Federmäntel hergestellt, die durch die Accuratesse der Arbeit, die Pracht der Farben und den Geschmack der Muster die Bewunderung der Spanier erregten. Ein prachtvolles Stück dieser Art besitzt unser Museum. — Eine weitere Kunstfertigkeit war die Herstellung schön gefärbter Mosaiken. Es wurden Ohrpflöcke, Masken für Götzenbilder und ganze Idole in dieser Weise gearbeitet. Man wählte mit Vorliebe blaue und grüne Farben, und es wurden zur Herstellung der Mosaiken Stücke Türkis (Kalait), Malachit, weifse, gelbliche, rötliche, schwärzliche Stücke Muschelschale und kleine Metallstückchen verwendet. Eine solche Maske trug das Bildnis des Feuergottes an dem Feste, das ihm am 10. Tage des letzten Monats in Tlatelolco gefeiert ward. Doch kamen auch andere Farben zur Verwendung. So erhielt das Bildnis desselben Gottes bei dem Feste, das ihm 10 Tage später in demselben Ort gefeiert ward, eine Maske, bei der durch rote Korallenstückchen und schwarze Steinchen rote und schwarze Querstreifen hergestellt waren. — Von solchen Mosaiksachen finden sich noch ungefähr zwanzig Stück[*]) in den europäischen Museen.

Die Töpferei hatte einen nicht unbedeutenden Grad der Entwickelung. Die Gefäfse wurden auf der Drehscheibe gefertigt und einem kräftigen, meist sehr gleichmäfsigen Brennen unterworfen. Verschiedene Dekorationsfarben wurden aufgetragen, meist künstliche Mischungen von fetten Thonen mit Kreide, Eisenoxyd, Eisenocker etc., die hauptsächlich

---

[*]) Drei ausgezeichnete Stücke im Glaskasten 108 Abteil. e.

durch Reiben auf der Grundfläche fixiert wurden, wodurch die Gefäfse einen schönen Glanz erhielten. Eine wirkliche Glasur, ein Einbrennen der Farben unter Zusatz von Flufsmitteln scheint nicht stattgefunden zu haben. — Ein besonderes Gewerbe war die Mattenflechterei. Es wurden Weidenruten, Binsen, Rohr, Palmblattstreifen und Agavefaser verwandt, und daraus Körbe, Matten, Stühle und Stricke jeder Art geflochten, die in ausgedehntester Weise zur Verwendung kamen. Bei der Vergänglichkeit des Materials ist von den Leistungen dieser Kunst in den Sammlungen kaum etwas anzutreffen. — Auch die **Holzarbeiten** sind selten.

Von **Musikinstrumenten** waren aufser der grofsen mit Fell überzogenen Pauke (ueuetl) noch eine Art Holztrommel (teponaztli), ferner Thonflöten, Thonpfeifen und Muschelhörner in Gebrauch, ferner Kürbisrasseln und Schellenbretter. Das ganze Orchester kam in ausgedehnter Weise zur Verwendung bei den priesterlichen Aktionen, insbesondere bei Tänzen und Gesängen zu Ehren der Götter. Aus der Agavefaser wurde ein **Papier** bereitet, auf welchem die Schriftkundigen in bunten Malereien den Gang der alten Wanderungen, die wechselvolle Geschichte des Volkes, die Genealogien ihrer Könige, die Namen der unterworfenen Städte und Zahl und Art ihrer Tributleistungen, die Zeichen des Kalenders und der sie beherrschenden Gottheiten, Landgrenzen u. a. m. zur Anschauung brachten. Diese Art, Bücher, Dokumente und Urkunden zu schreiben, war noch eine ganze Zeit nach der spanischen Eroberung in Gebrauch.

Glaskasten A in Saal VII (Aufsenwand). *Mexikanische und centralamerikanische Bilderschriften.*

An der Mittelwand von Saal VII und dem gegenüberliegenden Pfeiler der Aufsenwand. *Kopien von Wandgemälden aus einem altmexikanischem Hause in Teotihuacan.*

Estrade in der Mitte von Saal VII (Aufsenseite). *Mexikanische Steinfiguren, meist wohl von dem Hochlande stammend: die verschiedenen Formen der Erdgöttin (Maisgöttin, Wassergöttin), der Regengott, der Kopf des Feuergottes, der Kopf*

Amerika.

des Windgottes u. a. Viereckige Steinsitze, teils mit Tageszeichen, teils mit Darstellungen von Kultushandlungen.
Wandgestelle an der Aufsenwand von Saal V. Mexikanische Steinfiguren, Idole, Tiergestalten u. a.
Glaskasten 108 (in Saal V) D E. Mexikanische Kleinkunst-Geräte aus Stein, Knochen, Muschelschale.
Schrank 137 (Saal VII). Thongefäfse, Figuren und Bruchstücke solcher aus der Gegend von Cholollan und aus Teotihuacan. Sammlungen C. Uhde und Seler.
Schrank 136. Kleine Idole aus Thon, Räucherbecken, Räucherlöffel u. a. m. aus dem Hochthale von Mexiko. In der Hauptsache Sammlung C. Uhde.
Schrank 135*. Thongefäfse (Trinkbecher, Reibschalen, Teller) aus dem Hochthal von Mexiko. Sammlung C. Uhde.
Schrank 135. Zusammenstellung von gefälschten mexikanischen u. a. Altertümern.

Altertümer der Huaxteca.

Die Huaxteca, die ein Zweig der grofsen Maya-Familie sind, wohnen in dem Stromgebiet des Pánuco im Gebiet der heutigen Staaten Vera Cruz, San Luis Potosi und Tamaulipas. Sie hatten unzweifelhaft schon vor sehr langer Zeit von ihren Stammbrüdern sich getrennt, denn ihre Sprache weist beträchtliche Abweichungen gegenüber den andern auf. Auch stehen sie den letztern in der Kultur entschieden nach. Keine steinernen Paläste, keine ragenden Bauten, keine grofsartigen Skulpturen, keine Bilderschrift. Sie wohnten in Häusern, die, dem warmen Klima entsprechend, leicht aus Rohr und Palmblatt erbaut, gleich denen der Tarasca, auf pyramidenförmigen Steinsetzungen errichtet waren, die hier c u oder (mit spanischer Verkleinerungsendung) c u e s i l l o genannt werden. Sie waren berühmt wegen der kunstreichen farbigen Gewebe, die sie fertigten, und mit denen ein schwunghafter Handel nach Mexiko betrieben wurde.

Schrank 139. Die ausgestellten Gegenstände gehören sämtlich der Sammlung an, die von Dr. Seler und Frau im Jahre 1888 in der Huaxteca zusammengebracht wurde.

Amerika.

Altertümer der Tarasca.

Die Tarasca sind eine Nation besonderer Sprache, die die Hügelländer der Landschaft im Westen des Hochthals von Mexiko bewohnen. Michhuacan „wo man Fische hat" von den Mexikanern genannt wegen der grofsen Seen, die sich daselbst finden. Es war eine kriegerische Nation, die ihre Unabhängigkeit den Mexikanern gegenüber wohl zu wahren wufste. Entsprechend dem wärmeren Klima ihres Landes bewohnten sie hölzerne, aber wie berichtet wird, hübsch geschnitzte und bemalte Häuser, die auf der Spitze von kleinen, aus Steinen aufgeführten Pyramiden (yácata) errichtet waren. Obwohl sie ein nicht unbedeutendes technisches Geschick entwickelten, standen sie doch den Mexikanern in der allgemeinen Kultur entschieden nach. Besonders ausgezeichnet sollen sie in der — übrigens auch in Mexiko selbst zu hoher Vollendung entwickelten — Kunst der Anfertigung von Federmosaiken gewesen sein. Und diese Kunst hat sich bei ihnen auch bis in die neueste Zeit in gewisser Weise erhalten (vgl. die Madonna aus Federmosaik in Schrank 120b.

Schrank 138. *Thonfiguren, Thongefäfse, steinerner Mahlstein aus Icudcato. Kleine Thonschälchen u. a. aus der Gegend von Pátzcuaro.*

Thonfiguren und Gefäfse aus Colima. Geschenk der Herren Gebrüder Ohtling und Sammlung Seler (Geschenk S. Exz. des Herzogs von Loubat).

Altertümer von Teotitlan del Camino.

An den Grenzen der Mixteca und Tzapoteca, da wo die Handelswege nach der atlantischen und der pazifischen Seite sich schieden, safs eine Abteilung der Nation der Mexikaner, die wohl eine von Cholollan vorgeschobene Kolonie darstellen und die hier an der Grenze und in Berührung mit anderssprachigen Stämmen eine besondere eigenartige Kultur entwickelt hatten.

Einige Altertümer aus dieser Gegend befinden sich in Saal VII im Schrank 137 B.

Altertümer der Mixteca und Tzapoteca.
(Saal VIII.)

Diese beiden verwandten Nationen bewohnten, südlich und östlich an die Mexikaner grenzend, das fruchtbare Thal von Oaxaca und die Gebirgsländer, die dasselbe im Westen und Osten begrenzen, westlich sich bis zur Küste des stillen Ozeans (Tehuantepec) hinabziehend. Sie sprachen eigene, von der der Mexikaner völlig verschiedene Sprachen, zeigen aber in ihrer Kultur, in ihren religiösen und sonstigen Anschauungen enge Verwandtschaft mit den Mexikanern. Der Oberpriester der Tzapoteken residierte in Yoopaa (Liobaa) „Ort des Friedens", welchen die Mexikaner „Mictlan" (die Totenstadt) nennen, weil man dort die Gebeine der tzapotekischen Könige und Grofsen begrub. Dort sind noch heute die Ruinen prächtiger Paläste zu sehen, deren Aufsen- und Innenwände mit einem Mosaik regelmäfsig zubehauener Steine in geometrischen Mustern bekleidet sind. Einzelne Streifen über den Thüren weisen hier und da noch Malereien auf — mythologische Darstellungen, die in allen Einzelheiten mit den mexikanischen Bilderschriften übereinstimmen.

Schrank 149 A und C. *Altertümer der Mixteca. Sammlung Seler. (Geschenk S. Exz. des Herzogs von Loubat).*

Schrank 149 B oben. *Altertümer der Cuicateca, eines den Tzapoteken verwandten, aber einen besondern Dialekt sprechenden Stammes.*

Schrank 148. *Altertümer der Tzapoteken.*

Besonders charakteristisch sind die Figurengefäfse mit dem mächtigen Kopfaufsatz, dem verschnörkelten Gesicht, das durch Einsetzung eines Schlangenrachens in ein Menschengesicht entstanden, aber zum Teil vollständig stilisiert und ornamental geworden ist. Einige der Stücke gehören älteren Sammlungen an, einige sind vom Consul Stein in Oaxaca geschenkt worden, die andern und die Hauptmasse der kleinern Altertümer sind von Dr. Seler und Frau im Jahre 1888 in Oaxaca gesammelt worden. Die kleineren Thonköpfe sind meist Köpfe von Pfeifen oder Flöten. Das thönerne Trommelgestell in der Mitte der Abteilung B. erinnert an ähnliche Stücke, die aus Marokko und

Amerika. 113

in neuerer Zeit auch aus dem deutschen Altertum beschrieben worden sind.
(Ein paar zapotekische Goldsachen sind in der Abteilung C. des Goldschranks in Saal V ausgestellt.)

Altertümer der Totonaca und der Olmeca und der zwischen ihnen angesiedelten Naua-Stämme.
(Sammlung Strebel. Saal VIII.)

Der lange Streifen fruchtbaren Landes, der sich längs der Golfküste von der Südgrenze der Huaxteca bis zur Nordgrenze der Maya-Stämme, von der Laguna de Tamiahua bis zur Laguna de Términos zieht, scheint schon in früher Zeit von einem Gemisch verschiedener Stämme bewohnt gewesen zu sein. Als Urstämme treffen wir nördlich von dem heutigen Vera Cruz die Totonaca an. Südlich von Vera Cruz und landeinwärts nach Cotastla und zum Rio Coatzcualco werden die Olmeca genannt, über deren eigentliche Nationalität noch nichts Sicheres bekannt ist. Aber überall zwischen diese waren vom Hochlande aus Stämme nauatlakischer (mexikanischer) Verwandtschaft vorgedrungen und hatten Herrschaften kleineren und gröfseren Umfangs gebildet, die zum Teil schon früh in Abhängigkeit von den grofsen Gemeinwesen des Hochlandes gerieten, zum Teil erst in der der Ankunft der Spanier unmittelbar vorhergehenden Zeit der mexikanischen Herrschaft unterworfen wurden. Das ganze Gebiet hatte unstreitig schon eine alte hohe Kultur aufzuweisen, und der sagenhafte Stamm der Tolteken ist vielleicht viel eher mit diesem Gebiet in Verbindung zu bringen als mit dem der Stadt Tollan, die auf dem Hochlande im Norden von Mexiko gelegen ist. — In diesem Gebiete hat seit zehn Jahren Herr Hermann Strebel, der selbst lange Jahre drüben gelebt hat, in systematischer Weise Ausgrabungen vornehmen lassen, die ein unerwartet reiches Material zu Tage gefördert haben. Dasselbe zeigt zum Teile in den Formen, und namentlich in der Dekoration Anlehnung an die Typen des Hochlandes, insbesondere der Gegend von Cholula. Herr Strebel bezeichnet diese Stücke als „Cerro Montoso Typus", nach der Hauptlokalität (bei Cempoallan), wo Stücke dieser Art gefunden wurden, und ist neuerdings geneigt, sie als Repräsentanten der eigentlich totonakischen Kultur anzusehen. Andere Lokalitäten sind zwischen den Fundstätten dieses Typus zu verzeichnen, wo die ausgegrabenen Stücke einen etwas abweichenden Charakter und zum Teil, z. B. in Pilon de Azúcar die engste Anlehnung an mexikanische Kulturerzeugnisse aufweisen. In diesen Fundstätten könnte die Eigenart des eingewanderten nauatlakischen, sogenannten chichimekischen Elements vertreten sein. In dem südlichen Teil des Gebiets tritt uns dagegen ein ganz anderer Charakter entgegen. Herr Strebel bezeichnet die Funde dieser Gegend nach der nördlichsten und besonders reichen Lokalität als Ranchito de las Animas-Typus und sieht in ihnen die Kulturerzeugnisse der alten Bewohner der Provinz Cuetlachtlan, die ein ethnisch noch unbestimmtes Bevölkerungselement, die Olmeca, vertreten. (Vgl. die Beschreibung seiner ersten Sammlung, und die Bemerkungen über Technik u. s. w. in Strebel „Alt-Mexiko" I. II. Leipzig und Hamburg 1885 und 1889 und die Erläuterung der Ornamente in „Veröffentlichungen aus dem Kgl. Museum für Völkerkunde". Band VI. Berlin 1898).

Schrank 147. In diesem Schrank sind die Steinsachen zusammengestellt. In der Abteilung A. die rätselhaften Steinjoche, die man lange Zeit fälschlich als Opferjoche erklärt hat. Die mit Griff versehenen Steinkugeln, die in C. am Boden liegen, erinnern an die hölzernen sogenannten Manopla, die von den heutigen Indianern der Gegend von Misantla beim Tanz gebraucht werden. (Siehe das Stück in Schrank 120, Abteilung A.), Saal VII.

Schrank 150, 151 und 152 A. Altertümer von Cerro montoso bei Cempoallan.

Schrank 152 B. Altertümer von Chicuasen.

Schrank 152 C. Altertümer von Zoncuautla bei Coatepec.

Mittelschrank 146 AB oben. *Altertümer von Pilon de Azúcar und der Gegend von Misantla.*

Mittelschrank 146 AB unten. *Altertümer der Gegend von Jalapa und von den Orten an der Strafse nach dem Hochland.*
Mittelschrank C—F oben, DE unten. *Altertümer von Ranchito de las Animas bei Cempoallan.*
Mittelschrank F unten. *Altertümer aus den Baños de Carrizal bei Tusamapan und aus Sollacautla bei Villarica.*
Mittelschrank GH. *Altertümer aus der Mistequilla und benachbarten Orten südlich des heutigen Vera Cruz.*
Treppenaufsatz gegenüber Schrank 147 und Fenstergestelle. *Steinfiguren der Strebelschen Sammlung.*
Glaskasten in der Mitte des Saals. *Modelle der Tempel von Cempoallan, der alten Totonaken-Hauptstadt, nördlich von Vera Cruz, und daselbst gefundene Altertümer.*
Vitrinen an der Fensterseite. *Kleinkunstgegenstände der Strebel'schen Sammlung.*

Die Maya-Völker.

In breitem Streifen ziehen sich die Maya-Völker über die Landenge. Die Halbinsel Yucatan ist fast ganz von ihnen eingenommen. Echte Maya wohnen noch am See von Peten und am oberen Lauf des Usumacinta, während Verwandte von ihnen am Unterlaufe des Flusses, den Niederungen des Staates Tabasco und auf den Hochebenen von Chiapas wohnen, andere den gröfsten Teil der heutigen Republik Guatemala einnehmen. Ein versprengter oder zurückgebliebener Zweig der Nation, die Huaxteca, wohnt weit oben im Norden, bei Pánuco, nördlich des von den Totonaca eingenommenen Gebiets. — Es unterliegt keinem Zweifel, dafs schon in alter Zeit die Maya-Völker mit den Naua-Stämmen in enge Berührung gekommen sind. In Tabasco, dem Anauac Xicalanco der Mexikaner, grenzten sie unmittelbar an die Mexikaner, und an der pazifischen Abdachung des Landes sitzen Zweige dieser Nation, zwischen die sich die Maya-Stämme von Guatemala (Mame, Qu'iché, Cakchiquel und Pokomam) wie ein Keil eingeschoben haben. — Geschichtsbücher der Eingeborenen von Yucatan erzählen, dafs die Tutulxiu, die Stammväter der Maya von Mayapan, aus dem Lande Tulapan (d. i. Tollan) kamen. Ähnlich berichten die Sagenbücher der Qu'iché, dafs die Patriarchen dieser Nation sich ihre Götter aus der Stadt Tulan Zuiva, den sieben Höhlen, holten, dafs sie von dort die Verehrung des Morgensterns und den Gebrauch zu fasten und sich zu kasteien lernten. Aus Westen kamen die Itza nach Chichenitza, heilige Leute, die keusch lebten. Ebendaher kam der Gründer von Mayapan, Kukulcan, der nach seiner Rückkehr in Mexiko für einen ihrer Götter gehalten und Quetzalcoatl genannt wurde. Eine Tradition existierte im Lande, der zufolge die Maya 600 Jahre vor der Ankunft der Spanier Vasallen der Azteken gewesen waren.

Thatsache ist, dafs, so verschieden diese beiden Nationen ihrer Sprache und wohl auch Abstammung nach waren, ihre Kulturen eine ganze Menge Berührungspunkte aufweisen. Der Kalender ist bei beiden bis in alle Einzelheiten derselbe. Die Namen der Tageszeiten sind im Qu'iché nur Übersetzungen der entsprechenden aztekischen Wörter. Nur der Anfang der Zählung ist ein anderer. Doch spricht manches dafür, dafs bei dem einen dieser beiden Völker in späterer Zeit eine Verschiebung des Anfangs stattgefunden hat. — Über die Mythologie der Maya sind wir weniger genau unterrichtet, wie über die der Azteken; doch ist die grundsätzliche Übereinstimmung der Mythologien beider Völker unverkennbar. — Wie die Mexikaner, verehrten die Maya von Yucatan vor allem die Gottheiten, welche Regen dem durstigen Lande spendeten. Der Name dieser Gottheit ist Chac oder die vier Chac, nämlich die von den vier Himmelsrichtungen nahenden Regenwolken. Ähnlich ist von Tlaloc in der Historia de los Mexicanos por sus pinturas gesagt, dafs er in vier Sälen steht, von denen aus die Tlaloquê das Wasser in Krügen auf die Erde giefsen. Ungefähr um dieselbe Zeit, wo die Mexikaner ihrem Tlaloc das erste Fest feierten, im Januar oder Anfang Februar, wurde auch den Chac ein Fest gefeiert, und dieses charakterisiert sich als ein erstes Jahresfest dadurch, dafs an ihm der Tempel renoviert und die Vorzeichen für das bevorstehende Jahr beachtet wurden. Ein zweites Fest wurde den Chac im März und April gefeiert, welches den Zweck hatte, ein gutes regnerisches Jahr zu erflehen. Man opferte an diesem Tage die Herzen von allerhand Getier ins Feuer und löschte nachher das Feuer mit Wasserkrügen. — Neben den Chac wurde der alte Himmel-, Feuer- und Sonnengott verehrt, Kinch ahau Itzamná, der zum Teil eine ähnliche Rolle spielt, wie der Windgott Quetzalcoatl, als der erste Priester und als der Erfinder der Bilderschrift und der Wissenschaften galt. Dann gab es eine Göttin Ixchel, die als Göttin der heilsamen Kräuter und gleichzeitig als Göttin der Zeugung und Geburt galt, also augenscheinlich eine Göttin der Erde war, ähnlich der Ciuacoatl und den anderen bei Alt-Mexiko erwähnten Gottheiten. Und eine Göttin Ix-chebel-yax, die „Herrin der Schmuckfeder" welche der Xochiquetzal, der jungen Erdgöttin der Mexikaner, zu entsprechen scheint. — Einen mehr lokalen Kultus (in Izamal) scheint die Sonne unter dem Namen Kinich Kakmó genossen zu haben, die zur Mittagszeit herabkommt, das Opfer in Brand zu setzen, wie der rote Arara herabfliegt. — Entschieden lokal (in Mani, d. i. an dem Orte des alten Mayapan) war zur Zeit der Eroberung der Kultus Kukulcan's, des Gottes, der seines Namens halber mit Quetzalcoatl identifiziert wird. Sein Fest war mit einem fünftägigen Fasten verbunden. Im übrigen charakterisiert es sich eher als eine Art Heroenkultus, dem Kukulcan als dem Gründer der Bundesstadt Mayapan gefeiert. Doch ergiebt sich aus den Monumenten, dafs der Kultus dieses Heros, dessen Gestalt mit astronomischen Thatsachen, der Erscheinung des Planeten Venus, eng verknüpft ist, in früheren Zeiten eine weitere Verbreitung gehabt haben mufs.

Die Art des Kultus war im wesentlichen dem der Azteken gleich. Sie hatten dieselben Fasten und Blutentziehungen, Räucherungen, Opfer. Die Menschenopfer waren nicht so allgemein, wie bei den Azteken. Statt eines Menschen ward häufig nur ein Hund geopfert. Das Opfer selbst wurde in derselben Weise durch Ausschneiden des Herzens vollzogen, oder die Opfer wurden mit Pfeilen erschossen, wie das gelegentlich auch bei den Mexikanern vorkam. — Wie die Azteken, hatten auch die Maya ihre alten Traditionen und ihre sonstige Weisheit in Büchern niedergelegt. Die Maya aber haben die **Bilderschrift** in viel höherem Mafse ausgebildet, als die Mexikaner. Auch die aztekischen Codices sind freilich keine blofsen Gemälde, sie verwendeten Bilder, die einen bestimmten lautlichen Wert haben, und sind so imstande, Namen von Ortschaften und von Personen zu schreiben. Aber diese Bilder bleiben immer Bilder. Die Maya dagegen haben ihre sämtlichen Bilder zu **Lettern** abgekürzt, die in wohlgeordneten Reihen neben und übereinander gestellt werden. In weit höherem Sinne auch als die Mexikaner waren die Maya ein litterarisches Volk. Die Zahl ihrer Bücher war sehr beträchtlich, in denen sie „ihre Geschichten und ihre Zeremonien und die Ordnung ihrer Opfer und ihren Kalender niederschrieben", und die Wände ihrer Tempel sind mit Hieroglyphen bedeckt. Ihre Bücher sind von den spanischen Mönchen, welche die Erinnerung an das Alte im Bewufstsein des Volkes auslöschen wollten, zum gröfsten Teil verbrannt worden; nur vier sind der Zerstörung entgangen und gehören heutzutage zu den gröfsten Schätzen der Bibliotheken von Dresden, Paris und Madrid. Dauerhafter war die Schrift der Tempelwände. Von ihnen sind in neuerer Zeit in umfangreichem Mafse Abdrücke genommen worden, deren Sprache hoffentlich in nicht allzu ferner Zeit den Gelehrten nicht mehr stumm sein wird. Auch unser Museum besitzt solche von Herrn Charnay angefertigte Abdrücke. Leider ist es bisher nicht möglich gewesen, diese der allgemeinen Besichtigung zugänglich zu machen.

Ein Original (aus Quiriguá) ist in Saal V auf dem Fenstergestell gegenüber Schrank 85* aufgestellt.

Auch in Kunst und Handwerk standen die Maya den Mexikanern keineswegs nach. — Die Bauwerke Yucatans erschienen den Spaniern „als das Bedeutendste, was in dem neuen Kontinente anzutreffen wäre" und um so merkwürdiger, als diese ganzen reich mit Skulpturen bedeckten Bauwerke ohne metallene Werkzeuge gearbeitet worden waren. Die grofse Zahl derselben erklärt sich durch häufigen Wechsel der Niederlassung, hervorgerufen durch kriegerische Wirren, innere Zwistigkeiten und andere Umstände.

Eine ganze Anzahl dieser Prachtbauten lagen schon zur Zeit der Ankunft der Spanier in Ruinen. So wahrscheinlich die von Palenque in Tabasco und sicher die von Mayapan und Chichen itza, von Quiriguá in Guatemala und von Copan. Der Stil der Skulpturen zeichnet sich gegenüber dem Mexikanischen durch einen gewissen schnörkelhaften Zug und ein Überwuchern des Beiwerks aus. Für beides finden sich übrigens schon in Mexiko, namentlich in einzelnen der Bilderkodizes, Anklänge. Für die Ornamentation werden die Hieroglyphen von Bedeutung, indem diese, meist alle in den gleich grofsen Raum eines Viereckes mit abgerundeten Ecken reduziert, sich mit Leichtigkeit in regelmäfsige Längs- oder Querlinien ordnen lassen. Von ihnen wird daher der ausgiebigste Gebrauch gemacht, die Seiten der Monolithe, die Füllungen der konstruktiven Teile, der auf der Fläche einer Figurentafel verfügbare Raum wird mit Inschriften ausgefüllt. Es läfst sich nicht leugnen, dafs die Ornamentation als Ganzes, das Nebeneinander von phantastischen Figuren, geometrischem Ornament und den Hieroglyphenreihen, das man sich aufserdem noch gehoben denken mufs durch lebhafte Bemalung, einen geradezu überraschenden und prächtigen Anblick gewährt haben mufs. — Der Ackerbau wurde in derselben primitiven Weise getrieben wie in Mexiko. Man bohrte, im Beginn der Regenzeit, mit einem spitzen Stocke Löcher in die Erde, steckte eine Anzahl Körner in die Erde und scharrte das Loch wieder zu. — Mit Kakao-Bohnen und Steinperlen trieben sie einen ausgedehnten Handel nach Tabasco (d. i. das Anauac Xicalanco der Mexikaner), von wo sie Salz, Gewebe und Sklaven zurückbrachten. — Ihre Kleidung war im ganzen der der Mexikaner ähnlich. Aber sie platteten künstlich die Köpfe der neugeborenen Kinder ab, trugen langes Haar wie die Weiber, bemalten den Körper rot und übten Tätowierung.

Schrank 87 A—C. Altertümer aus Yucatan.

In der Sammlung befinden sich eine Anzahl Steinfiguren unzweifelhaft mexikanischen Ursprungs und mexikanische Gottheiten darstellend. Bei dem regen Verkehr, der schon in alter Zeit zwischen diesen Ländern bestand, kann ihr Vorkommen nicht weiter befremden. Einzelne mögen auch durch Sammler verschleppt sein. — Unter den Gegenständen unzweifelhaft yucatekischen Ursprungs sind hervorzuheben eine grofse Zahl schöner S t e i n w a f f e n und S t e i n g e r ä t e, teils geschliffene, teils geschlagene. Statt des Obsidians, der in Mexiko hauptsächlich Verwendung fand, tritt hier der Feuerstein auf. S t e i n p e r l e n waren ein beliebter Schmuck im alten Yucatan, und sie bildeten einen Gegenstand des Exports. Auch diese, sowie kleine Schmuckgegenstände aus Stein, Knochen, Perlmutter sind in grofser Zahl vertreten, auch ein ausgelegter Zahn. — Schliefslich enthält die Sammlung eine Anzahl interessanter H i e r o g l y p h e n g e f ä f s e und T h o n f i g ü r c h e n, zum Teil von hoher künstlerischer Vollendung.

Altertümer aus Guatemala.

Guatemala war, wie oben erwähnt, zum gröfsten Teil von Maya-Völkern bewohnt. Die führenden Nationen waren die Qu'iché, die Cakchiquel und Tz'utujil, welche die Hochländer des inneren Guatemala östlich und westlich des grofsen Sees von Atitlan bewohnen und sich von da bis in die heifse Tiefebene der pazifischen Seite ziehen. An sie schliefsen sich im Westen auf den Hochländern jenseits Quetzaltenango die Mam, im Norden in der Vera Paz die Poconchi und Qu'ekchi, im Osten um Guatemala selbst und im Distrikt Jalapa die Pocomam.

Im Südosten, an den Grenzen der Republik San Salvador, sitzen aufserdem noch heute aztekisch redende Pipil, die früher eine weitere Verbreitung im Lande hatten, ferner die Xinca, welche vielleicht den Mixe des Isthmus von Tehuantepec verwandt sind.

In der Qu'iché-Sprache besitzen wir alte Aufzeichnungen, das Popol Vuh, in welchem die Stammes-Sagen der Nation mit dem aztekischen Sagenkreis, dessen Mittelpunkt Quetzelcoatl und die Tolteca bilden, mit biblischen Schöpfungsgeschichten, einheimischen Tierfabeln und mit Gigantenmythen zu einem merkwürdigen Ganzen vereinigt sind. — Was die Kulturstufe jener Völker anbelangt, so waren wenigstens die nördlichen Stämme in Handwerk und

Künsten den Maya von Yucatan mindestens ebenbürtig. Auf dem Gebiet dieser Gruppe liegen die prächtigen Ruinen von Copan und Quiriguá, die zuerst in diesem Jahrhundert die Aufmerksamkeit der europäischen Welt wieder auf diese alten Kulturvölker gelenkt haben.

Welcher Nation die merkwürdigen Steinskulpturen von S. Lucia Cozumahualpa angehören, die der Direktor des Museums für das Museum erworben hat, und die unten im Lichthof aufgestellt sind, ist noch nicht ganz festgestellt. Die Skulpturen weisen einen Stil auf, der mit dem der Maya-Skulpturen gar nichts zu thun hat, aber auch mit dem der mexikanischen Skulpturen sich nicht ganz deckt. Die gröfste Wahrscheinlichkeit spricht aber dafür, dafs es der den Mexikanern verwandte Stamm der Pipil war, von welchem diese Denkmale herrühren.

Mittelschrank 87 D—F. *Altertümer der Gegend von Chaculá und Tepancuapan an der Grenze von Mexiko und Guatemala. Ausgrabungen von Dr. Seler und Frau. Geschenk S. Exz. des Herzogs von Loubat.*

Mittelschrank 85 A—C. *Altertümer des Hochlandes von Guatemala. Altertümer aus Antigua und von der pazifischen Küste von Guatemala. Sammlung Seler. Geschenk S. Exz. des Herzogs von Loubat.*

Schrank 87* (An der Mittelwand von Saal V). *Altertümer aus der Alta Vera Paz. Sammlungen und Geschenke von Dr. Carl Sapper und Erwin P. Dieseldorff.*

Altertümer aus Honduras und San Salvador.

Die Gebiete der heutigen Republiken Honduras und San Salvador werden von verschiedensprachigen Stämmen eingenommen. In San Salvador, an der Küstenregion, wo der sogenannte peruvianische Balsam gesammelt wird, und in der Umgegend von Sonsonate und am Vulkan von San Vincente sitzen mexikanisch redende Leute, verwandt den Pipil von Guatemala und der Nauatl redenden Bevölkerung Nicaragua's. Es sind das ohne Zweifel die Reste der Nauatlaca-Bevölkerung, welche Pedro de Alvarado auf seinem im Jahre 1524 unternommenen Zuge antraf und für deren Hauptstadt von den alten Historikern der Name Cuscatlan angegeben wird. — Im nordwestlichen Teil der Republik Honduras sitzen die Chorti, die ihrer Sprache nach unzweifelhaft zur Maya-Familie gehören. — Im südöstlichen Teil von Honduras, in den Distrikten Lepaterique und Guajiquero, sitzt in dichten Massen eine ackerbautreibende indianische Bevölkerung, deren Sprache (die sogenannte Lenca-Sprache) keine Verwandtschaft mit andern bisher untersuchten Sprachen hat. Ebenso fallen die verschiedenen andern mehr oder minder barbarischen Stämme, die an der Ostküste von Honduras und bis zu den Grenzen von Nicaragua wohnen, aus dem Rahmen der bisher genannten Völkerschaften heraus. — Diese ganzen Gegenden sind bisher noch sehr wenig untersucht, und von Altertümern ist noch nicht viel in die europäischen Museen gelangt.

Schrank 87ª *(an der Mittelwand von Saal V) unten.*
Ein paar Thonfiguren und Köpfe aus San Salvador, sowie ein Thongefäfs, Gefäfse aus Thon und Stein und Bruchstücke aus Grabhügeln am Rio Ulua in Honduras. Ebendaselbst eine Steinmaske aus Honduras, welche auf der Rückseite eingeritzt eine eigentümliche Zeichnung trägt.

Altertümer aus Nicaragua und Costa Rica.

Während die Waldgebiete der östlichen, der atlantischen Seite zugewendeten Teile der heutigen Republiken Nicaragua und Costa Rica von Stämmen bewohnt werden, deren Kulturzustand sich nicht viel über den der zahlreichen Stämme erhob, welche noch heute die weiten Urwaldungen der Landenge von Panamá, die Küstengebiete von Columbien, Venezuela's und Guyana's und des Innern von Brasilien bevölkern, fanden die spanischen Eroberer in den etwas höher gelegenen klimatisch bevorzugten fruchtbaren Distrikten, welche die grofsen Süfswasserseen des Innern umgeben, sowie auf den Abhängen und Küstenstrichen der pazifischen Seite eine Bevölkerung vor, deren Kulturzustand in vieler Beziehung nicht unebenbürtig dem der alten Kulturvölker von Mexiko, Yucatan und Guatemala war. In Nicaragua wurden zwei verschiedene Nationen von den Spaniern angetroffen. — Die beiden Inseln (Zapatero und Ometepec) des grofsen Sees von Nicaragua und der schmale Isthmus zwischen diesem See und dem pazifischen Ozean wurden von den Niquira oder Nicaragua eingenommen, mexikanisch redenden Leuten, die ihrer eigenen Tradition nach aus dem Norden längs der Küste bis hierher gewandert waren. — Das ganze übrige Land von den im Hintergrund der Bucht von Fonseca gelegenen, an Honduras grenzenden Distrikten an bis einschliefslich des Costaricanischen Departements Nicoya oder Guanacaste, wurde von der Nation der Manqueme oder Mangue bewohnt, zwischen die sich also die mexikanischen Niquira wie ein Keil eingeschoben hatten, die ganze Nation in zwei getrennte Teile spaltend. Die Manqueme stellen, wie es scheint, die Urbewohner der Landschaft dar. Verwandte von ihnen sind die Chiapaneca, die weit im Norden zwischen Maya-Völkern und mexikanischen Urvölkern wohnen, bei denen aber noch zur Zeit der Spanier die Überlieferung lebendig war, dafs ihre Vorfahren aus dem südlichen Nicaragua in ihre gegenwärtigen Wohnsitze eingewandert seien. — Trotz der verschiedenen Abstammung hatte sich zwischen den beiden Nationen, die hier auf engem Terrain neben einander wohnten, eine ziemliche Gleichartigkeit der Kultur herausgebildet. Staatliche Verfassung, Sitte und Lebensart waren vollständig ident, und, wie es scheint, verehrten sie auch dieselben Götter. Auf den Inseln Zapatero und Ometepec finden sich riesige Steinbilder, auf denen das aus Mexiko genugsam bekannte Motiv, das aus dem aufgesperrten Rachen eines Ungeheuers hervorschauende menschliche Gesicht, vielfach anzutreffen ist. — Ganz ähnliche Figuren sind auch in dem Gebiet der alten Indianerstadt Subtiaba, nahe der heutigen Giudad de Leon, also im Manqueme-Gebiet angetroffen worden.

In Costa Rica wohnte in den höheren, im Innern belegenen Gebieten, wo jetzt die Städte S. José und Cartago liegen, eine Nation, die den Namen Guêtar führte. Von

ihrer Sprache ist nichts erhalten. Die Altertümer ähneln durchaus denen der Landenge von Panamá, und scheint eine Verwandtschaft mit kolumbischen Stämmen zu bestehen. **Mittelschrank 85 D.** *Das Museum besitzt eine Anzahl Thongefäfse und kleinere Altertümer, die von dem verstorbenen um die Linguistik und Altertumskunde Centralamerikas hochverdienten Dr. Behrendt in Nicaragua gesammelt worden sind. — Merkwürdig sind vor allem die Schuhvasen, die als Graburnen dienten. Man fand in ihnen meist Asche und verbrannte Knochenreste, teils sauber abgeschabte Knochen. In letzterem Falle war also der Leichnam erst begraben worden, und nach Verwesung des Fleisches wieder ausgegraben und die Knochen in der Urne beigesetzt worden. Häufig fand sich in diesem Falle die Öffnung des Gefäfses durch den Schädel der Leiche geschlossen. — Eigentümlich ist die Verzierung diefser Gefäfse. Die grofsen Vasen von Ometepec zeigen reliefartig hervortretende Linien unbestimmter Bedeutung, bei einzelnen an Schädelnähte erinnernd. Die grofse Vase von Dirià zeigt eine Relieflinie, die an das Rückgrat eines Skeletts erinnert. Die kleineren Vasen von Dirià zeigen in roher Weise Andeutungen von Augen und Zahnreihe eines Gesichts, während die kleineren Vasen von Ometepec fast alle Mund, Augen und weit ausgestreckte Gliedmafsen mehr und minder aus der Fläche der Gefäfse hervortreten lassen.*
Mittelschrank 85 D unten. *Altertümer aus der Provinz Nicoya (Sammlung Prof. von Seebach) und aus den zentralen Teilen von Costa Rica.*

Altertümer von der Landenge von Panamá.

Die Landenge von Panamá wird auch Isthmus von Darien genannt, nach dem Namen, welchen die Spanier dem Landstrich in der Nähe des heutigen Aspinwall gaben. Sie wurde in alter Zeit von verschiedenen Stämmen bewohnt, die kriegerisch und tapfer waren, eine nicht unbeträchtliche Kultur besafsen und eine und dieselbe Sprache redeten, für welche der Name Cueva angegeben wird. Das Land war reich an Gold. Und dieser Umstand wurde verhängnisvoll für seine Bewohner. Der Durst nach Gold trieb die Spanier an, ihre Raubzüge immer weiter auszudehnen. Und als es nichts mehr zu rauben gab, wurden die armen Indianer nur um so mehr gequält, um das vermeintlich von ihnen versteckte Gold ihnen zu erpressen. Die volkreichen Dörfer verödeten, die Reste der Bewohner flohen in die Wälder. Ihre Nachkommen sind vermutlich die noch heute daselbst in Unabhängigkeit lebenden Cuna-Indianer. Doch auch die Spanier konnten sich des Landes nicht recht freuen. Die in den Wäldern versteckten Eingeborenen standen ihnen überall feindlich entgegen. Und Banden entwichener Negersklaven und streifende Flibustier vermehrten die Unsicherheit. So kam es, dafs erst in diesem Jahrhundert die goldreichen Gräber ausgebeutet worden sind, die sich zahlreich insbesondere im Nordwesten in dem Landstrich, der die Lagune von Chiriqui umgiebt, finden. In neuerer Zeit systematisch vorgenommene Ausgrabungen haben aus diesen Gräbern eine Menge Gegenstände, Thongefäfse und auch Steingeräte zu Tage gefördert, Erzeugnisse eines künstlerisch wohl veranlagten Volkes.

Der Stil der Thongefäfse erinnert im allgemeinen an den der Altertümer von Nicoya. Doch sind sie reicher ornamentiert mit allerhand Tierfiguren, die teils im Relief dargestellt sind, teils in farbigem Bilde. In letzterem Falle oft bis zur Unkenntlichkeit stilisiert. Die Goldsachen sind ohne Naht gegossen und stellen ebenfalls meistens Tierfiguren dar. In den letzteren zeigt sich eine unverkennbare Verwandtschaft mit den Altertümern des nordöstlichen Kolumbiens (Gebiet des Rio Magdalena).

Mittelschrank 85 EF. *Thongefäfse aus alten Gräbern der Landenge von Panamá. Sammlung des Dr. M. M. de Puy in David (Chiriqui) und Geschenke des Dr. Bässler.*
Einige Goldgegenstände im Goldschrank. 83. C.

Altertümer aus Kolumbien.

Das Gebiet der heutigen vereinigten Staaten von Kolumbien wurde in alter Zeit von verschiedenen, sehr verschiedene Kulturstufen repräsentierenden Völkern bewohnt. In den waldreichen Niederungen, an dem Golf von

Urabá und im Gebiete des Rio Atrato safsen Stämme, die, gleich den Karaiben, lange Bogen und vergiftete Pfeile führten, in grofsen aus Laubzweigen errichteten Familienhäusern wohnten und vom Ertrage der Jagd, den Früchten des Waldes und spärlich betriebenem Ackerbau lebten, aber auch mit Salz, Fischen und Schweinen einen nicht unbedeutenden Handel mit den Stämmen des Innern unterhielten. — Jenseits der Sierra de Abibe in den fruchtbaren Thälern des Rio Cauca und des Magdalena wohnten eine Anzahl verschiedensprachiger Stämme, die Ackerbau trieben, feine Baumwollgewebe fertigten, aus den im Lande zahlreich vorhandenen Gruben Gold wuschen, welches auf Märkten nach Wage und Gewicht verkauft wurde. Statt des Pfeils und Bogens führten diese Stämme Wurfspeere, die mit einem hebelartigen Instrument, dem Wurfbrett, geschleudert wurden, und Keulen. Sie verzehrten die im Kriege gefangenen Feinde und sogar die Kinder der Sklaven, und setzten ihre Toten, mit allen ihren Schätzen und ihrem Hausgerät, in geräumigen gewölbten Gräbern bei. — Weiter oben bei Cali und Popayan folgen Stämme, im Kulturzustand den vorigen ähnlich, welche den Spaniern durch die schweren, goldenen, zweiflügeligen Nasengehänge auffielen, bis in der Gegend von Pasto die Grenze der alten peruanischen Herrschaft erreicht wird. — Auch im Osten des Landes, in dem im engeren Sinne als Reyno de Nueva Granada bezeichneten Gebiet, wohnten auf den Hochebenen, in den tiefeingeschnittenen, waldreichen Flufsthälern und auf den Abdachungen zu den Llanos des Orinoco eine grofse Zahl verschiedener Stämme. Hier hatte aber eine Nation die Führung erlangt und durch glücklich geführte Kriege ein Reich begründet, das aufser den Hochebenen von Bogotá und Tunja die Thäler von Fusagasugá, Pacho, Caqueza und Tensa, nebst den Abdachungen der östlichen Kordillere bis zu den Llanos des Rio Meta umfafste. Diese Nation sind die Chibcha, von den spanischen Schriftstellern vielfach auch als Muysca (Mosca), d.h. „Menschen" bezeichnet. Das Zentrum und die eigentliche Heimat derselben scheint das Hochland von Bogotá gewesen zu sein, zwischen der Ostkordillere und Facatativá in der einen,

Zipaquerá und dem Rio Tunjuelo in der anderen Richtung. Hier residierte in Muequetá, dem heutigen Funza, der Zipa, der Obergeneral der Nation, der weltliche König, dem der Kazike von Guatavita, der berühmten, auf der Ostkordillere gelegenen heiligen Lagune, als geistlicher Fürst, als Priesterkönig gegenübergestanden zu haben scheint. Eine andere, den Anspruch auf höheres Altertum machende Dynastie, die der Zaqué, regierte im Norden in Ramiriquí und später in Hunsa, dem heutigen Tunja. Auch dieser stand ein geistlicher König, eine Art Papst gegenüber, der als unmittelbare Fleischwerdung des göttlichen Lehrers Bochica galt und seinen Wohnsitz in Suamoz, dem heutigen Sogamoso, hatte.

In den Sagen der Chibcha kehren, neben anderen, die sich mit der Entstehung des Lichts beschäftigen, namentlich solche wieder, welche die durch den Zorn einer Gottheit bewirkte Verwandlung des Beckens von Bogotá in einen See erzählen, und die Austrocknung desselben durch Herstellung des Spalts, in welchen der berühmte Fall Tequendama herabstürzt. Die Chibcha verehrten neben der Sonne, welcher alle 15 Jahre ein Jüngling unter dem Namen Gûeza geopfert ward, den Mond in Gestalt einer Göttin, Namens Chia. Ferner einen Gott der Erde, Chibchacum, der als der Gott der Ackerbauer, der Kaufleute und der Goldarbeiter, als der besondere Patron der Nation der Chibcha galt. Sodann eine Göttin des Wassers, der Feldfrucht und der Gemüse, die Bachue oder Fuchachogue, die als die Urahne des Menschengeschlechts verehrt ward. Und unter dem Namen Nemcatacoa einen Gott in Fuchsgestalt, der der besondere Patron der Schönfärber war, und durch Gelage, Gesang und Tanz verehrt ward. Eine eigentümliche Figur ist der Prophetengott Bochica oder Nemterequetebá, der Patron der Priester, der aus den Llanos des Ostens ins Land kam, die Austrocknung des Sees, welcher damals das ganze Becken von Bogotá füllte, bewirkte, Ackerbau, Gewerbe und Wissenschaft den Menschen mitteilte und sich schliefslich unter dem Namen Idacanzas in das heilige Thal von Iraca bei Tunja zurückzog, wo der nachher in Sogamoso residierende Jeque als sein Stell-

vertreter auf Erden fungierte. — Die Chibcha brachten
ihren Göttern Opfer vornehmlich in den auf der Höhe der
Kordillere gelegenen Lagunen dar. Die berühmteste ist
die Lagune von Guatavita, in der jedes Jahr der Cazique
von Guatavita, den Leib ganz mit Goldstaub bedeckt, auf
einem Floſs hinausfuhr und dann in den heiligen Fluten
sich badete; ein Vorgang, der die Veranlassung zu den
Erzählungen vom El Dorado gegeben hat.

Auſserdem hatten sie Häuser mit Priestern, die von
Jugend an zu diesem Berufe erzogen waren und die Lehrer
und Führer des Volkes bildeten.

Die Chibcha bauten auf dem Hochlande Mais, Kartoffeln,
und Quinoa. Sie verstanden die Kunst, baumwollene Gewebe
zu fertigen und in verschiedenen Farben und Mustern
haltbar zu färben. Sie waren geschickt in der Bearbeitung
von Stein, Holz und Knochen und fertigen aus dem im
Lande vorhandenen oder dorthin eingeführten Gold Schmucksachen,
Idole etc. Mit den Erzeugnissen ihres Gewerbfleiſses
und dem Salz ihrer Lagune trieben sie einen ausgedehnten
Handel nach den umliegenden Ländern und
tauschten dafür Goldstaub, Papageien und verschiedene
Produkte der heiſsen Zone ein. — Ihre Toten setzten sie,
meist in hockender Stellung, in geräumigen Grabmälern bei,
wo dieselben sich meist, infolge der Trockenheit der Luft
und teilweise auch, weil Einbalsamierung stattgefunden hat,
wohlkonserviert erhalten haben.

Von Altertümern der kolumbischen Stämme fehlte bisher
die Vertretung, bis von dem Direktor des Museums auf
seiner im Jahre 1876 durch Amerika unternommenen Reise
einige Sammlungen erworben wurden, darunter namentlich
auch solche aus dem Gebiet des heutigen Staates Antioquia,
von den oben erwähnten kannibalischen alten Bewohnern
des Rio Cauca und seiner Seitenthäler stammend,
sowie andere aus dem Kulturkreis der Chibcha, besonders
aus Tunja und Bogotá. Bedeutend vermehrt worden ist
die Sammlung durch den Erwerb der ursprünglich von Herrn
Gonzales Ramos Ruiz zusammengebrachten Sammlung, die
seiner Zeit von dem ehemaligen amerikanischen Konsul in
Barranquilla, Herrn Randall, angekauft worden war.

Amerika. 129

Schrank 83. *C. Goldsachen der Tžibtža, Idole, Schmucksachen etc.*
Schrank 83. *B. Goldsachen der Kimbaya und anderer Nationen des Cauca-Thals.*
Schrank 133 (Saal VII). *Thongefäfse und Figuren der Ramos-Ruiz'schen Sammlung, zum Teil aus Antioquia, zum Teil ohne genauere Angabe der Herkunft.*
Schrank 133*. *Gegenstände aus Antioquia und dem Caucathal. Sammlungen Ramos-Ruiz uud Prof. Regel.*
Schrank 134. *B. C. Thongefäfse, thönerne Idole und ein Holzsessel der Tžibtža.*
An der Wand gegenüber Schrank 133*. *Federschmuck der Tžibtža.*
Glaskasten 108. *Abteil. R. Steinkeulen, Spinnwirtel etc. der Stämme des Caucathals. — Abteil. C. dgl. der Tžibtža. Vorn: die sog. Kalendersteine der Tžibtža, Steine mit Götterfiguren im Relief, Fröschen, Schlangen, Vögeln, Affen etc., die als Schlagsteine (Matrizen) für Goldblechfiguren, die man als Schmuck auf Stoffe heftete, gedient haben.*

Altertümer aus Ecuador.

An der Küste von Ecuador wohnten Stämme besonderer Sprache, die nackt gingen und sich tätowierten, aber im übrigen den weiter südlich an der Küste wohnenden Stämmen nicht unebenbürtig gewesen zu sein scheinen. Auf der Hochebene von Quito wohnte eine Anzahl kleiner Stämme, die den Inka-Peruanern von Cuzco verwandt waren und eine Sprache sprachen, die nur dialektisch von der in Cuzco gesprochenen abweicht. Sie hatten eine eigene Dynastie, die Scyri, die einem besonderen Stamm, den Cara, angehört haben sollen, welcher einst an der Küste von Ecuador ansässig, in Flössen (balsas) den Rio Esmeraldas heraufgefahren und das Volk von Quito unterworfen habe. Später dehnten die Inka von Cuzco ihre Herrschaft über diese Hochebene aus. — Die Bewohner lebten in derselben Weise wie ihre Stammverwandten im Süden, aber ärmlicher, und sollen sanfter und besser angelegt gewesen sein, als alle übrigen Indier Perus. Sie schlossen sich ziemlich zeitig den erobernden Spaniern an. Auch ihre Religion scheint in den Grundzügen der der Inca-Peruaner ähnlich gewesen zu sein. Grofsartige Bauwerke besafsen sie nicht; aber sie waren vorzügliche Steinmetze. *Steinfiguren (vom Cerro de Hojas im Distrikt Manta stammend) befinden sich im Saal VII unter der Vitrine gegenüber Schrank 132, Steinsessel aus derselben Lokalität im Lichthof. Thongefäfse der Hochlandstämme von Ecuador in Schrank 98. Bronzebeile, Bronzeschmucksachen etc. der Cañari des südlichen Ecuador im Glaskasten 108, Abteil. A.*

Peruanische Altertümer.

Mit dem Namen Peru bezeichneten die Berichterstatter aus der Zeit der spanischen Eroberung ein weites Gebiet, das die Hochländer Südamerikas von der Südgrenze der heutigen vereinigten Staaten von Kolumbien bis zum Rio Maule in Chile, nebst den Thälern und den schmalen Küstenstreifen am pazifischen Ozean, umfafste. — Die landschaftliche Differenzierung dieses Gebietes wird nicht so sehr durch die Erstreckung von Nord nach Süd, als vielmehr durch die Höhenunterschiede und die klimatischen Verhältnisse bedingt. Auf der Ostseite der grofsen Bergkette zieht in den Flufsthälern und an den Abhängen der Höhenzüge das Urwaldgebiet bis ziemlich nahe an die Zentren der zivilisierten, ackerbautreibenden Distrikte heran. Dies Gebiet ist in alter Zeit, wie heute, von schweifenden Stämmen bewohnt gewesen, und die Herrscher des Hochlandes haben hier, abgesehen von gelegentlichen Vorstöfsen, sich nur auf die Defensive beschränken können. Das Gleiche gilt von den regentriefenden, feuchten, waldbedeckten Küstenstrichen des Nordens, bis nach Guayaquil herunter. Das übrig bleibende Land ist ziemlich gleichförmig. Wir haben das Gebirge, das in mehreren Ketten bis weit über die Schneeregion reicht, aber zwischen den Ketten Hochthäler und tief eingeschnittene, geschützte Schluchten birgt („Taschen", bolsones, nennt sie der Spanier), in welchen alle Erzeugnisse der warmen und der gemäfsigten Klimate gedeihen. Am Fuſs der Gebirge, von Tumbez bis über Tarapaca hinaus, ein schmaler sandiger Küstenstrich, der heiſs und regenlos ist, aber überall da, wo die von den Bergen herunterstürzenden Flüſschen das nötige Naſs herbeiführen, von sehr anmutigen, vegetationsreichen, selten über drei Meilen breiten Thälern unterbrochen ist, welche einer ansässigen Bevölkerung Raum zur Ausbreitung und Unterhalt gewähren.

Auf dem Hochland wohnte von Quito bis zum Uilcañota, dem Gebirgsknoten im Süden von Cuzco, und bis zur Provinz Cochabamba, dem heutigen Bolivien, eine Nation, deren Sprache, sonst als Lengua general del Peru bezeichnet, seit dem Grammatiker S. Thomas nach dem Namen eines bestimmten Stammes der Peruaner, K h e t š u a (Qquechua) genannt wird. Dieser Nation gehörte die Dynastie der Inka an, die nachmals die gesamten Hochlands- und Küstengebiete zu einem groſsen Reiche vereinte. Auf sie folgt im Süden, auf den über 3000 m hohen kalten Hochebenen, welche das groſse Becken des Titicaca umgeben, die Nation der K o l y a (Colla), gewöhnlich A y m a r á genannt, nach einem Khetšua-Stamm, der von den Inca hier unter den Kolya angesiedelt ward und sich mit den ursprünglichen Einwohnern des Landes vermischte. In dem Niederland der Küste, deren Bewohner von den Inca-Peruanern unter dem Namen Y u n k a zusammengefaſst wurden, saſsen im Nordwesten in der heutigen Provinz Trujillo die T š i m u (Chimu), deren Sprache um die Mitte des siebzehnten Jahrhunderts noch in den Thälern Chimu, Chicama, Chorope, Santa, Lambayeque, Chiclayo, Huarabamba, Olmos und Motupe gesprochen ward, heute aber bis auf ein paar Distrikte im äuſsersten Nordwesten (Eten und Monsefú) ausgestorben ist. Auf sie folgen in den Thälern Cañete, Chincha und Runac huana (Lunahuana) die M o t š i k o (Mochico) oder T š i n t š a (chincha), deren Sprache, jetzt ganz ausgestorben, nur ein Dialekt der vorigen gewesen zu sein scheint. Weiter südlich in den Thälern Ica, Nasca, Camana (Arequipa), Arica wohnten andere Stämme, die aber nach den Angaben der Historiker sich in Sitten und Gebräuchen von den vorigen nicht unterschieden. Zwischen und neben diesen Hauptnationen gab es, sowohl auf dem Hochlande, wie auch, scheint es, an der Küste andere fremdsprachliche Stämme, wie die Cañari des südlichen Ecuador, über deren ethnographische Stellung und deren Sprache aber nichts bekannt ist.

Die Natur des Landes begünstigte die Entwickelung einzelner Kulturzentren, Huaraz, Ica, Trujillo, die sich innerhalb der kostbaren Sammlung von peruanischen Altertümern, die im Museum für Völkerkunde vereinigt ist, in eigentümlichen Charakterzügen herausheben, welche trotz der von Cuzco aus erobernden und ausgleichenden Einflüsse noch deutlich genug zu erkennen sind. In der That müssen hier, sowohl auf dem Hochlande wie an der Küste, eine Anzahl kleiner Staaten neben einander bestanden haben, die unabhängig von einander sich entwickelten. Die aufstrebende Macht der Inka von Cuzco, deren Ausgangspunkt in den Hochthälern des Uilca mayo und Apu rimac lag, an der Südgrenze des von den eigentlichen Peruanern bewohnten Gebiets, warf alle diese Einzelgebilde über den Haufen und vereinigte das gesamte Gebiet zu einem Staatswesen, dessen Ordnung und festgefügter Bau die Bewunderung der Spanier erregte. — Die erobernden Inka versuchten nicht, das Vorhandene mit Stumpf und Stiel auszurotten, aber sie durchsetzten die eroberten Gebiete mit Kolonien ihrer eigenen Leute, bauten neben die Landestempel Tempel ihrer eigenen Götter, führten ihre Sprache ein und bemühten sich, die vorhandenen Traditionen durch ihre eigenen zu ersetzen. So muſs man überall eine ältere vorinkaische Periode von einer jüngeren Schicht unterscheiden, welche das Gepräge der Inka-Kultur trägt.

— Die genauesten und besten Nachrichten haben wir über die Nation, welche unter Führung der Inka die herrschende ward, und deren eigentliche Wohnsitze die zwischen den Hochketten gelegenen Thäler und schluchtartigen Vertiefungen waren. Es waren Ackerbauer und Viehzüchter, die auf den Thalböden und in terrassenförmig angelegten Feldern auf den Abhängen Mais (sara), Kartoffeln (papa), eine Art Melde (quinua) und eine knollentragende Sauerklee-Art (oca) bauten und zwei Arten der kameelartigen

Wiederkäuer des Hochgebirges, Llama und Alpaca, zu Haustieren gezähmt hatten, die als Lasttiere verwandt wurden, deren Fleisch gegessen ward, und die vor allem die Wolle zur Anfertigung der Kleider und Gewänder lieferten. — Sie verehrten einen Gott, der im Saatenmonat angerufen ward, von dem man also das Wachsen und Gedeihen der Feldfrüchte erwartete, Uiracocha (Meer von Fett) oder Pacha yachachi (Erschaffer der Welt oder der Erde) genannt, der also in seinem Namen Überflufs und schöpferische Kraft bezeichnete, der aus dem See Titicaca emporgestiegen, alle Lande durchwanderte und überall die Bäume und die Gewächse, die Tiere und die Menschen ins Leben rief. Nächstdem wird am meisten die Sonne verehrt (Inti oder Apu-ppunchau „der Herr des Tages" genannt), und die Gottheit des Regens (Chuqui illa pa oder Chuquilla „Donner und Blitz" genannt), deren Einflufs ebenfalls für das Gedeihen der Feldfrucht notwendig war. Die Sonne galt als Schutzgottheit des Fürstengeschlechts, ihr wurden daher die meisten und prächtigsten Tempel erbaut. Der Tempel von Cuzco hiefs Ccori-cancha „die Stätte des Goldes". Den genannten zur Seite stehen als weibliche Gottheiten: die Erde (Pacha mama oder Mama pacha) und der Mond (Quilla mama oder Pasca mama). Aufserdem ward noch ein ausgedehnter Ahnenkult betrieben, der in der Verehrung der Mumien der verstorbenen Vorfahren seinen Ausdruck fand.

Von Künsten und Wissenschaften ist nicht viel die Rede: sie beschränkten sich auf Medizin und Wahrsagekunst und Kenntnis der alten Traditionen, Ceremonien und Gesänge.

Eine Schrift hatten sie nicht, nicht einmal eine Bilderschrift, nach Art der Mexikaner. Wir haben zwar Nachrichten, dafs in dem Sonnentempel Poquen Cancha die Thaten der alten Inka, von der Sintflut angefangen, in Bildern dargestellt gewesen sein sollen; davon ist aber nichts erhalten. Als mnemotechnisches Hülfsmittel und zur Überlieferung statistischen Materials (Steuerregistern, Volks- und Viehzählungsresultaten) dienten die Knotenschnüre (quipu), die hier in Peru eine ganz besondere Ausbildung erfuhren. — Einen verhältnismäfsig hohen Grad der Entwickelung hatte die Architektur erreicht. Namentlich die Steinmetzarbeiten sind mit bewundernswerter Präzision ausgeführt. Das Innere der Gebäude zeigt zahlreiche nischenähnliche, der Mehrzahl nach fensterlose Gemächer, äufserst selten einen grofsen Saal, aber immer mehrere Höfe. Viele dieser Bauten waren mit Ornamentmalereien, selten mit Skulpturen bedeckt. Eine Eigentümlichkeit des Inka-Stils im engeren Sinne ist die Verwendung von Mauernischen zur Ornamentation der Wände. — Von künstlerischem Verständnifs und technischer Fertigkeit zeugt die Keramik*) der Peruaner. Die Töpfer verfertigten Geschirre, teils zum täglichen Gebrauch, für den Opferdienst und als Beigabe für die Verstorbenen, dgl. auch Gefäfse, Statuetten u. a. m. sowohl für den Haushalt wie auch als Zierstücke. Ein spanischer Chronist berichtet, dafs der Inka Atahualpa die erste Nachricht von der Landung der Spanier an der Küste seines Reiches erhielt, als er sich eben mit seiner Sammlung von Töpferarbeiten unterhielt. Die Töpfergeschirre wurden sehr häufig bemalt und zwar gewöhnlich vor dem Brennen. Die Farben waren teils mineralischen, teils vegetabilischen Ursprungs. Auch heute noch verstehen die Indianer in Südperu äufserst brillante Farben aus Pflanzensäften zu bereiten. — Die Metallarbeiten der alten Peruaner verdienen ebenfalls unsere besondere Aufmerksamkeit. Die verwendeten Metalle waren Gold, Silber, Kupfer, Zinn und Blei. In einigen Legierungen kommt jedoch auch Eisen vor. Und in neuerer Zeit sind in Südperu wie in Bolivien keulenförmige Waffenköpfe aus Magneteisenstein gefunden worden. Aus den Edelmetallen gossen die Goldarbeiter entweder massive menschliche oder tierische Figuren, und hämmerten dieselben zu feinen Blättern über Formen oder löteten nach Entfernung derselben die Figuren auf eine so kunstvolle Weise, dafs es oft nicht möglich ist, die Lötstelle zu entdecken. — Eine ganz hervorragende Stelle nahm bei den alten Peruanern die Textilindustrie ein,**) die hier wie

*) Schr. 99—105 und die Glasschränke auf der oberen Galerie des Lichthofes.
**) Stellrahmen zwischen Schrank 113 und 114 in Saal VI.

anderwärts, wesentlich Hausindustrie war. Es wurden sehr kunstvolle Gewebe von Llama-, Alpaca- und Vikuñawolle, seltener aus Baumwolle, grobe Gewebe aus groben Wollen, auch aus Bast oder Fasern von verschiedenen Pflanzen (Palmen, Agaven, Bromelien) verfertigt. Die Weberinnen verstanden es, Gold- und Silberfäden, bunte Federn u. dgl. einzuweben. Farben und Dessins sind meist sehr geschmackvoll.

Was hier von der Kunst und dem Handwerk der Inka-Peruaner gesagt ist, gilt im grofsen und ganzen auch von den anderen oben aufgeführten Nationen, welche dem Inkareiche einverleibt waren. Nur ist zu bemerken, dafs in den den Yunka-Nationen angehörigen Kulturzentren der Küste Kunstvermögen und technische Fertigkeit unstreitig höher entwickelt waren, als bei den Inkaperuanern des Hochlandes, und dafs auch die vorinkaische Architektur, wie wir sie z. B. in den grofsartigen Bauwerken von Tiahuanaco auf dem Hochplateau des Titicaca bewundern,*) die wie es scheint, den Vorfahren der nachmals und bis heute daselbst ansässigen Kolya oder Aimará zuzuschreiben sind, einen hohen Grad der Vollendung aufweist.

Der besonderen Sorgfalt, welche die alten Peruaner, sowohl des Hochlandes, wie der Küste, auf die Bestattung ihrer Toten verwandten, der Gewissenhaftigkeit, mit der dem Toten all das, was er im Leben besessen, und woran er im Leben gehangen, ins Grab gegeben wurde und dem glücklichen Umstande, dafs in dem regenlosen Gebiet der Küste sowohl, wie auf den trockenen kalten Hochebenen des Innern, Vermoderung und Verwesung nur in geringem Mafse eine Zerstörung der Leichen und der verschiedenen Grabbeigaben herbeiführen konnten, verdanken wir es, dafs aus den peruanischen Gräbern schon in alter Zeit und namentlich durch die neuerdings in rationeller Weise vorgenommenen Ausgrabungen eine ganz aufserordentliche Fülle von Gegenständen heraus befördert worden ist, welche uns von dem Leben und Treiben dieses Volkes ein anschau-

---

*) Vgl. das Modell des aus einem Monolithen hergestellten Thorgebäudes von Tiahuanaco unten im Lichthofe.

Amerika.

liches Bild geben und die hohe Kunstfertigkeit der alten Bewohner des Landes in ihrem vollen Glanze zeigen. Während aber in den gewöhnlichen peruanischen Sammlungen in der Regel nur von der Küste stammende Gegenstände vorhanden sind, ist das königl. Museum durch den Erwerb der Sammlung Centeno in den Besitz einer gröfseren Sammlung gelangt, die sich zum gröfsten Teil aus auf dem Hochlande gefundenen, also der Kultur der eigentlichen Inkaperuaner angehörigen Gegenständen zusammensetzt. Unsere Anschauungen über die Kulturzusammenhänge jener Gegenden sind dadurch nach mehr als einer Richtung erweitert und vertieft worden. Namentlich hat sich herausgestellt, dafs auf dem Hochlande eine gleichartige Kultur ziemlich weit nach Norden reicht, während sich scharfe Gegensätze gegenüber der benachbarten Küste ergeben.

Schrank 83. A. *Peruanische Goldsachen.*

Schrank 99—105. *Neben ausgewählten Stücken aus der Samml. Ferreyros die prachtvolle Samml. von Thongefäfsen, welche einst im Besitze des Herrn Macedo in Lima sich befand. Die Hauptmasse der Gefäfse haben die Gegenden an der Küste geliefert, und man unterscheidet auch leicht die aus dem Hochlande der Gegenden von Cuzco und Puno stammenden Gefäfse, die in den Glasschränken auf der oberen Galerie des Lichthofes aufgestellt sind, von denen von Chimu u. a. Orten der Küste. Einen ganz eigenen Typus stellen die Gefäfse von Recuay (Dep. Huaraz) dar (Schr. 99). Sie bringen auf der oberen Seite des Gefäfses ganze Szenen in kleinen Statuetten aus Thon zur Darstellung.*

Schrank 106. *Thönerne Idole aus Ancon und Chancay stammend. Die von Chancay sind aus einem weifslichen Thon gefertigt, mit brauner Bemalung. Durch letztere sind auf den Gesichtern der Figuren und der krugförmigen Gefäfse Zeichnungen hergestellt, welche vielleicht Körperbemalung oder Tätowierung zum Ausdruck bringen. Dafs Tätowierung stattfand, ist an den Mumien deutlich zu erkennen.*

Schrank 107. Abteilung A. *Thongefäfse von Chavin und Chincha.* **Abteilung B.** *Thongefäfse, aus Cuzco und dem Gebiet des Titicaca-Sees stammend, die aber von den sonst in* diesen Gegenden gefundenen Stücken abweichen und vielleicht verschleppte Stücke sind. Abteilung C. *Thongefäfse von Ica und Arica, farbig bemalt, mit Darstellungen, die von denen der nördlichen Küstengebiete in auffallender Weise abweichen und ein anderes, fremdes (vielleicht den Kolya des Hochlandes verwandtes) Bevölkerungselement anzudeuten scheinen.*

Schrank 107ᵃ. *Thongefäfse von Chimbote. Sammlung Bolivar-Plock.*

Unter dem Glassturz auf dem Tisch neben dem Glaskasten 108 sind Modelle der merkwürdigen Werksteine aufgestellt, die in den Ruinen von Tiahuanaco südlich des Titicaca-Sees in Haufen neben- und übereinander liegend angetroffen werden, augenscheinlich die unzusammengefügten Teile unvollendet gebliebener rätselhafter Bauten. Die Modelle sind nach den von Herrn Dr. Alphons Stübel vorgenommenen Messungen hergestellt und sind ein Geschenk desselben. *(Vgl. Stübel und Uhle. Tiahuanaco. Breslau 1893.)*

Vgl. auch die Sammlung von Thongefäfsen und Steinsachen des Hochlandes auf der oberen Galerie des Lichthofes. Schrank A. B. C. E. H. enthält Thongefäfse aus der Gegend von Cuzco (Sammlung Centeno). G. Stein- und Holzsachen aus derselben Gegend. Merkwürdig darunter die Holzgefäfse in Form eines Jaguarkopfes aus Ollantay tambo (dem Ort, wo das peruanische Drama Ollantay sich abspielt). Die Malereien stellen Kämpfe zwischen Hochlandstämmen, die als Waffe eine Schleuder schwingen, und mit Pfeil und Bogen bewaffneten Waldstämmen dar. F. enthält Gegenstände aus der Gegend des Titicaca-Sees (Sammlung Hettner).

Siehe ferner Schrank II. auf dem Gange vor Saal VII. *Altertümer aus der Gegend des Titicaca-Sees. Sammlung Dr. Uhle.*

Gegenstände der peruanischen Kleinkunst in den Glaskästen gegenüber Schrank 132 in Saal VII. Steinskulpturen der Kolya an derselben Stelle unter den Glaskästen.

Gewebeproben, Holz- und Metallgeräte der Sammlung Bolivar-Plock in einem besondern Schrank in der Mitte von Saal VI.

SAAL VI.

Der Saal enthält die grofse Sammlung peruanischer Altertümer, welche die Herren Reifs und Stübel durch ihre Ausgrabungen auf dem Totenfelde von Ancon (an der Küste nördlich von Lima) zu Tage gefördert und dem Museum geschenkt haben. Die einzelnen Gegenstände sind in einem von den Herren Reifs und Stübel, mit Unterstützung der Generalverwaltung der königlichen Museen herausgegebenen Prachtwerke: „das Totenfeld von Ancon" eingehend beschrieben und erläutert worden, auf welches Werk hiermit verwiesen werden soll.

Die Indianer der Küstengebiete von Peru begruben ihre Toten meist in kleinen Gewölben oder Kammern, die entweder direkt in den härteren Boden gegraben wurden, als Seitennischen in brunnenartigen Vertiefungen, oder in leichterem Terrain mit Luftziegeln aufgebaut und mit einem Dach von Stangen oder Rohrstäben bedeckt wurden. Der Tote ist in sitzender Stellung beigesetzt, das Haupt auf die Knie gesenkt, und die Arme um die Knie geschlagen, eingehüllt in Zeuge und Decken verschiedener Art. Der ganze Mumienballen ist dann häufig noch mit einem Netzwerk von Stricken umschnürt, und häufig ist ein aus Holz geschnitzter, mit Agavefasern als Haar eingerahmter falscher Kopf aufgesetzt, der dem ganzen Ballen das Aussehen einer menschlichen Figur giebt.

Schrank 109. *Mumien, aus den Gewändern und Decken herausgeschält. — Ganze Arbeitskörbchen und sonstige Grabbeigaben: das Handwerkzeug der Frauen, Webegeräte, Spindeln, ist zahlreich in den Gräbern vertreten.*

Glaskasten gegenüber von Schrank 112. *Ein Prachtstück eines Poncho, aus dünnem, filetartigem Gewebe mit aufgesetzten festeren Zeugstücken, welche figürliche Darstellungen zeigen. In den Mustern der Gewebe treten neben geometrischen Verzierungen Tierfiguren (Affe, Fuchs, Vögel, Fische) menschliche Figuren mit breitem Helmschmuck auf, der auch in Malereien und modelliert auf den Thongefäfsen von Chimu u. a. Orten der Küste zu sehen ist.*

Amerika. 139

Stellrahmen zw. **Schrank 113, 114.** *Kleiderproben aus Ancon. Federkleider.*

Schrank 113. *Schmuck: Arm- und Beinringe aus Metall, Halsketten aus Perlen und Metallplättchen, grofse Bronzenadeln mit scheibenförmig verbreitertem Ende. — Idole aus Holz geschnitzt, aus Ancon. — Waffen: grofse Kriegskeulen, teils mit aufgesetztem metallenen oder steinernem Kopf. Letzterer hat oft sternförmige Gestalt oder ist mit Kannelierungen oder reliefartig vortretenden Spirallinien versehen. Streitaxt mit halbmondförmiger Klinge.*

Schrank 114. *Falsche Köpfe von Mumien und einzelne Teile derselben: Augen, Nasen u. s. w.*

Schrank 115. *Thongefäfse aus Ancon.*

Altertümer aus Chile und Argentinien.

An das von den Kolya oder Aimará bewohnte Gebiet im Süden des Titicaca-Sees schliefsen sich westlich und östlich der Kordilleren weite Reiche, die von besonderen Stämmen bewohnt, doch bis zu einem gewissen Grade der altperuanischen Kultur unterlagen. Das ist im Westen die Küste von Chile und im Osten die Thäler der Kaltšaki (Calchaqui) in den heutigen argentinischen Provinzen Tucuman, Salta, Jujuy. Aus dem ersteren Gebiet ist bisher noch wenig in die Sammlung gelangt. Aber aus dem letzteren Gebiet ist in jüngster Zeit durch die Reise des Dr. Max Uhle, der im Auftrage des Königlichen Museums nach Argentinien ging, eine ansehnliche Sammlung beschafft worden.

Schrank 132. *In Abteilung B unten befinden sich Altertümer aus Chile. In Abteilung A unten ist ein Grabfund der Provinz Jujuy zusammengestellt, der von Herrn Bayer in Antofagasta dem königl. Museum geschenkt wurde. In Abteilung C ein Grabfund, der von einem gewissen Avertano Castrillo aus Tilcara in Toranta bei Casabinda gemacht worden und von Herrn Uhle für das Museum erworben ist. In den übrigen Abteilungen des Schrankes sind Mumien und Grabbeigaben der Uhle'schen Sammlung hauptsächlich aus der Quebrada*

Tucute bei Casabinda und von Agua Caliente bei Cochinoca — Lokalitäten des früheren Departements de la Puna, jetzt zur Provinz Jujuy der Argentinischen Republik gehörig. *Schrank I auf dem Gange vor Saal VII. Altertümer vom Rio Negro in Patagonien. Schrank III—V auf dem Gange vor Saal VIII. Steinerne Geräte und Thongefäfse der Kaltšaki von Tucuman, Salta und Jujuy. Sammlung Dr. Uhle.*

Unzivilisierte Stämme Zentralamerika's.

Von den zahlreichen Stämmen Centralamerikas, die zum Teil in dem obigen Bericht über die alten Kulturnationen aufgezählt sind, sind die meisten, soweit sie sich erhalten haben, zum Christentum bekehrt und dem Einflufs der spanischen Kultur unterworfen worden. Nur in den Waldgebieten der östlichen atlantischen Seite leben noch mehr oder minder unabhängig und in mehr oder minder ursprünglichen Verhältnissen, in Costa Rica die sogenannten T a l a m a n k a - S t ä m m e, die durch ihre Sprache gewissen kolumbischen Stämmen (Chibcha, Köggaba) sich als verwandt erweisen. Weiter nördlich in Nicaragua die M o s - kito, U l u a u. a. An den Grenzen von Mexiko und Guatemala endlich, im Gebiet des Rio Usumacinta die Lacantun, die eine der yukatekischen nahe verwandte Maya-Sprache sprechen.

Von den Talamanca-Indianern befinden sich einige Gegenstände im Schrank 121 C oben, Geschenke von Dr. Bovallius. — Gegenstände der Lacantun im Schrank 121 A oben. Geschenke von Dr. Carl Sapper in Coban. **Glaskasten D an der Hofwand von Saal VII.** *Schädel und Reste von Bruchstücken und Totenbeigaben aus Grabhöhlen im Staate Coahuila in Mexiko. Geschenke von Hermann Strebel.*

Nichtindianische oder europäisierte Bevölkerung Zentralamerikas und der Antillen.

Wachsfiguren aus Mexiko im Mahagonischrank in dem Korridor zwischen den Sälen V und VI. Modelle von Dörfern und Häusern aus Guatemala. Ebendaselbst.

Amerika. 141

*Schrank 120. Moderne Gegenstände aus Mexiko.
Schrank 121 A unten. Moderne Gegenstände aus Yucatan.
Schrank 121 B oben. Moderne Gegenstände aus Guatemala.
Schrank 121 B unten. Moderne Gegenstände von den Antillen.
Schrank 121 C unten. Moderne Gegenstände aus San Salvador und den anderen Republiken Mittelamerika's.*

Nordamerika.

Pueblo-Indianer.

In den südwestlichen Territorien der Vereinigten Staaten und den nördlichen Provinzen der Republik Mexiko lebten in alter Zeit und leben noch heute verschiedene Stämme, die gewissermafsen als die Ausläufer der Kulturvölker Mexikos und Zentralamerikas erscheinen, obwohl kein historischer Zusammenhang zwischen ihnen und den letzteren nachweisbar ist. Das sind die in verschiedene kleine Sprachstämme zerfallenden Pueblo-Indianer von Neu-Mexiko und Arizona, und die Yuma, die Kokamarikopa, Pima und andere Stämme des unteren Koloradogebiets und am Golf von Kalifornien. Es sind ackerbauende Völker, die in geschlossenen Ortschaften leben, die künstliche Bewässerung kennen und in vieler Beziehung einen nicht geringen Grad von Kultur entwickeln. In früheren Perioden scheinen diese Stämme ihre Behausungen vorwiegend an unzugänglichen Orten, hoch an der Wand der senkrecht in die Felsplateaux eingeschnittenen Flufsthäler (der sog. cañones), angelegt zu haben (vgl. die Modelle zu beiden Seiten des Verbindungsganges der Säle V und VII). Nachmalen haben sie, bei gröfserer Sicherheit, sich mehr in die offenen Gegenden, in die Nähe der kultivierten Flächen gezogen. Immer aber zeigen ihre Ansiedelungen einen festungsartigen Charakter dadurch, dafs die aus Luftziegeln erbauten Häuser Wand an Wand und in verschiedenen Stockwerken übereinander aufgebaut und im allgemeinen nur vom Dach aus betretbar gemacht wurden. Bemerkenswert ist bei diesen Stämmen neben der Sorgfalt, mit der sie den Acker bebauten, auch das Geschick und das künstlerische Verständnis, das sie sowohl in der Flechterei und Weberei, wie namentlich in der Töpferei entwickelten. Sie hatten einen ausgebildeten Kult, der ähnlich wie bei den südlichen Stämmen und aus ähnlichen zwingenden Gründen, in erster Linie an den Wassergott sich richtete. Kultusstätte ist ein geschlossenes, halb unterirdisches Gemach, die Kibva — „estufa", „Badstube", von den Spaniern genannt — welches sich im Zentrum des Häuserkonglomerats befindet. Geheime Gesellschaften, religiöse Brüderschaften, welche bestimmte Heiligtümer in Verwahrung haben und besondere Zeremonien und Feste feiern, existieren bei ihnen, wie sie in ähnlicher, wenn auch nicht ganz so ausgebildeter Weise auch bei den nördlicheren Stämmen bestehen.

Das Museum hat durch Herrn Cushing, der verschiedene Jahre unter den Indianern des Pueblo Zuñi als einer der ihren lebte, eine Anzahl Kultusgegenstände, Gefäfse u. a. erhalten. Eine Anzahl anderer Gegenstände verdankt das Museum der Freigebigkeit der Mrs. Hemenway in Boston, die vor wenigen Jahren eine mit reichen Mitteln ausgestattete Expedition zur rationellen Ausbeutung der Altertümer jener Gegenden ausgesandt hat.

Mittelschrank 116. A. *Gegenstände der Yuma, Pima u. a. Stämme des unteren Colorado-Gebiets.*
Mittelschrank 116. B. *Kultusgerätschaften und Idole der Priesterschaft des Bogens, einer zu religiösen Zwecken gebildeten Jägerbrüderschaft aus Zuñi.*
Mittelschrank 116. C. *Oben: Thongefäfse aus Zuñi. Unten: Skelett, Steingeräte, Thongefäfse einer alten Stadt in Arizona. Ergebnisse der Hemenway-Expedition.*
Mittelschrank 117. D. *Kleidung, Geräte, Waffen, Schmuck der Pueblo-Indianer, der Hopi oder Moki und der Apatše.*

Das östliche Nordamerika, Central Basin und Kalifornien.

In vorkolumbischer Zeit waren diese Gebiete von einer grofsen Zahl verschiedensprachiger Völker bewohnt, deren

Kultur, im einzelnen variierend, doch gewisse einheitliche Züge aufweist, jedenfalls aber damals eine weit höhere Entwickelungsstufe erreicht hatte, als wir jetzt an den zurückgedrängten und durch die Berührung mit den Europäern degenerierten Nachkommen derselben wahrnehmen. Unter den noch vorhandenen Stämmen hat man eine Anzahl Gruppen unterscheiden gelernt, deren Angehörige die gleiche oder verwandte Sprachen sprechen. So die **Algonkin**, deren vorgeschrittenste Repräsentanten die Delawaren oder, wie sie sich selbst nennen, Lenape und die Mahikanik oder Mohikaner waren. Die Familie der **Huron-Irokesen** in dem Seengebiet. In Tennesse und Nordkarolina die **Tšeroki** (Cherokee), in den Südstaaten der Union die **Maskoki** (Muscolgee). Westlich des Mississippi die grofse Familie der **Dakota** oder Sioux, die **Pani** (Pawnee) und **Seyenne** und die Küstenindianer von Texas und vom unteren Rio Grande. Die weitverbreitete Familie der **Tinne** oder Athapasken, deren Hauptstock ganz im Norden in Alaska und dem Gebiet der ehemaligen Hudson-Bay Company wohnt, während Verwandte von ihnen in Kalifornien leben, andere (die gefürchteten Apåtše) in den südlichen Territorien der Union und in den Nordstaaten Mexikos umherstreifen. In dem Central Basin die KutonaXa (Cootenay) und die Familie der **Seliš** oder Flat heads, die von dem Central Basin aus an verschiedenen Stellen bis an das Westmeer vorgedrungen sind. Ferner die Familie der **Šošoni** oder Schlangenindianer, die auch die dorfbewohnenden Moki (s. oben) und die streifenden Komantše umfafst, und der auch die sonorischen Völker Mexikos und die Mexikaner selbst verwandt zu sein scheinen. Eine grofse Sprachzersplitterung zeigt Kalifornien, wo u. a. die Yurok, Karok, Wišosk, Wintun, Maidu, Mutsun ganz verschiedene Sprachen reden. Ebenso bilden im Norden in Oregon die Sahaptin, Yukwina, Wayilatpu, Tšinuk, Maklaks oder Klamath eigene selbständige Völker- und Sprachengruppen.

Alle diese Stämme lebten vorwiegend oder ausschliefslich vom Ertrage der Jagd oder des Fischfangs und von den efsbaren Wurzeln und den Beeren, die die Prairie und der

Wald darboten. Daneben aber fand bei einer grofsen Zahl von Stämmen, insbesondere bei denen, die in alten Zeiten den Osten der heutigen Union bewohnten, ein mehr oder minder ausgedehnter Ackerbau statt. Mais, Bohnen und Kürbisse waren die Früchte, die gebaut wurden. Die Wohnungen waren bei den mehr sefshaften Stämmen des Ostens ziemlich solide aus Pfählen und Baumzweigen erbaut und mit Matten gedeckt. Sie wurden nicht selten auf der Spitze und in der Nähe von künstlichen Erdhügeln (Mounds) errichtet. Und Mounds wurden auch über den gesammelten Gebeinen der Toten aufgeschüttet. Aus diesen Mounds sind in den letzten Jahrzehnten eine Fülle von Gegenständen zu Tage gefördert worden, Gefäfse, Messer, Geräte aus Stein, Schmucksachen aus Muschelschalen, die technische Vollendung und einen gewissen künstlerischen Geschmack bekunden. Man hat diese in früheren Jahren einem besonderen ausgestorbenen oder ausgewanderten Moundbuilder Volke zuteilen wollen. In neuerer Zeit ist aber der sichere Nachweis geführt worden, dafs einzig die Vorfahren der jetzigen Indianerstämme, die Tšeroki, Savano (Shawnee) u. a. die Urheber der Mounds und die Verfertiger der in den Mounds begrabenen Gerätschaften gewesen sein können. Westlich des Mississippi haben bis in unser Jahrhundert hinein die alten Verhältnisse fortbestanden. Die festen Ansiedelungen bestanden hier aus halbkugeligen Erdhütten. Vielfach aber wurde an Stelle dessen das bewegliche Zelt gebraucht, aus Stangen und bemalter Tierhaut errichtet (s. ein solches zwischen Schrank 137 und 138). Die Einführung des Pferdes hat in der Prairie eine mehr nomadische Lebensweise gefördert. Die Stämme der Rocky Mountains und des Central Basin sind meist Fufsgänger geblieben. Die Geschlechter- oder Clanverfassung bestand bei den meisten Stämmen. Die Geschlechter führten ihren Ursprung auf gewisse mythische Tiere zurück, die sog. Totem der Geschlechter. Bei den Lenape oder Delawaren z. B. Wolf, Schildkröte, Truthahn. Jedes Geschlecht hatte seinen erblichen oder erwählten Häuptling. Kriegerische Unternehmungen aber geschahen unter Führung besonders hierzu erwählter Häuptlinge. Verehrung des Himmels, der Sonne,

Nordamerika. 145

der vier Himmelsrichtungen wird von verschiedenen Stämmen berichtet. Und daneben auch von der einer weiblichen Gottheit („die Alte, die nie stirbt"), die mit der Erde, den Feldfrüchten, dem Wechsel der Jahreszeiten, dem Monde in Verbindung gebracht wird. Gewisse mythische Personen, die als „Ahnherren", „erste Menschen", „Urheber des Lebens" bezeichnet werden, scheinen in naher Beziehung zu diesen göttlichen Mächten, insbesondere der Sonne, zu stehen. Aus der unendlichen Schar der Natur- und Tiergeister sucht der einzelne durch Askese einen sich dienstbar zu machen, bezw. den Namen desjenigen zu erfahren, der als sein Schutzgeist, seine „Medizin" gedacht wird. Den Schutz des Ahnherrn, des Stammgottes, aber gewinnt der junge Krieger nur dann, wenn er gewisse fürchterliche Martern siegreich besteht.

Schrank 119* (an der Mittelwand). *Altertümer aus den Mounds von Missouri. Altertümer aus Ohio und den östlichen atlantischen Staaten.*

Mittelschrank 117 AB. *Kostüme, Waffen, Pfeifen der Prairie-Indianer.*

Mittelschrank 117 C. *Indianer Kanadas und der nordöstlichen Teile der Union.*

Glaskasten C. an der Hofwand von Saal VII. *An der rechten Seite Bilderschrift und Geräte der Medizingesellschaften der Odjibwe-Indianer.*

Mittelschrank 117 D. *Sammlung von Gegenständen der Omaha-Indianer. Durch Vermittelung der Miss Alice Fletcher beschafft.*

Mittelschrank 117 EF. *Prairie-Indianer, Bisonroben, Anzüge, Waffen, Schilde (pare-flèche), Tabakpfeifen, Skalpe verschiedener Indianer-Stämme.*

Mittelschrank 117 G. *Yute und Šošoni.*

Mittelschrank 117 H. *Indianer der Südstaaten der Union.* (*Maskoki, Tšeroki*).

Mittelschrank 116 F. *Indianer Kaliforniens.*

Mittelschrank 116 G unten. *Altertümer aus Kalifornien.*

Mittelschrank 116 G oben. *Klamath-Indianer.*

Stämme der Nordwestküste.

Vom Puget-Sunde im Washington-Territorium zieht nach Norden bis nach Alaska eine durch tiefe Fjorde und vorgelagerte Inselgruppen zerrissene Küste, die, von südlichen Meeresströmungen erwärmt, durch Regenfälle von anderwärts kaum erreichter Massenhaftigkeit und Häufigkeit befeuchtet, ein gleichmäfsiges mildes und trübes Klima aufweist, dessen Wirkungen sich sowohl in der dichten, alle Kämme und Klüfte überziehenden, dunkelgrünen Waldbedeckung, wie in der gleichmäfsigen, von der der Jägerstämme des Innern beträchtlich abweichenden Lebensweise und Lebensart der Bewohner des Landes aussprechen. Die Stämme, die hier wohnen, gehören vier verschiedenen Sprachgruppen an. Im Süden am Puget-Sunde, an der Küste zu beiden Seiten des Fraser River und im Südosten von Vancouver Island bis zum Cape Mudge wohnen Seliš-Stämme. Derselben Gruppe gehören auch die Bilχula (Bellacoola) an, die weiter nordwärts an der Küste, zwischen anderssprachigen Stämmen eingekeilt sitzen. Die Westküste von Vancouver Island bis nördlich des Nutka-Sundes wird von einer Anzahl nahe verwandter Stämme eingenommen, die man wohl unter dem Namen **Nutka**-Stämme zusammenfassen kann. Man hat sie auch als Aht-Stämme oder Ahts bezeichnet, weil ihre Stammnamen sämtlich auf die Silbe aht ausgehen. Doch ist das eine widersinnige Benennung, da aht nur s. v. a. „Volk oder Leute von —" bedeutet. Der Norden von Vancouver Island und die Küste nordwärts bis zum Gardener Channel wird von den **Kwakiûtl** und Hēiltsuq (Bilballa) bewohnt, die eine abweichende, aber doch mit der der Nutka-Stämme in entfernter Verwandtschaft stehende Sprache sprechen. Nordwärts von den Hēiltsuq folgen die **Ts'emšián** und **Nasχa**, die wiederum eine besondere Sprachgruppe bilden und nördlich und westlich von diesen wieder zwei sprachlich verwandte Völker: die χaeda mit den Kaigáni, welche die Queen Charlotte's Inseln und den Süden des Prince of Wales Archipels bewohnen und die **Tlingit**, die nördlich davon bis an den Ostfufs der S. Elias Range sich ziehen. — Wie sehr aber auch diese Völker ihrer

Sprache und wohl auch Abstammung nach auseinandergehen, so sind sie doch die Träger einer scharf ausgeprägten, eigentümlichen, einen sehr einheitlichen Typus darstellenden Kultur. In der Nahrung sind diese Stämme auf den Fischfang angewiesen. Im Frühjahr wird in Mengen der Hering gefangen, wenn er in den flachen Buchten zum Laichen aufsteigt. An den Aufsenküsten wird mit Grundangeln dem Dorsch und dem Heilbutt nachgestellt. Vor allen Dingen aber ist es der Lachs, der für die Ernährung des Volkes in Betracht kommt und der namentlich (in getrocknetem Zustande) als Vorrat für den Winter und als Reiseproviant dient. Aus einer kleinen Stintart endlich (Thaleichthys pacificus) wird ein Öl gewonnen, das mit zerstossenen Waldbeeren vermischt, eines der gewöhnlichsten und beliebtesten Nahrungsmittel bildet. Das Material für Häuser und Geräte liefert der Wald. Sogar die Kochtöpfe bestehen aus Holz. Das Wasser in denselben wird durch hineingeschüttete glühende Steine erhitzt. Als Kleidung dienen Tierfelle und Gewebe, die sie aus gesponnenem Cederbast und der Wolle einer wilden Ziege herzustellen wissen. Ähnlich den Stämmen des östlichen Nordamerikas besitzen die Völker der Nordwestküste eine ausgebildete Geschlechter- und Clanverfassung. Bei den nördlichen Stämmen (Tlingit, Haida, Ts'emšian, Hēiltsuq) führen sich diese Geschlechter auf bestimmte Tiere zurück. Hauptgeschlechter sind Wolf und Rabe, die aber in Untergeschlechter zerfallen, oder wohl auch in verschiedene Geschlechter gleichen Ranges auseinander gehen. Die Angehörigen eines Geschlechts betrachten sich als blutsverwandt, und Ehen zwischen den Angehörigen desselben sind untersagt. Das Kind gehört in das Geschlecht der Mutter (Matriarchat). Bei den südlicheren Stämmen (Kwākiutl, Nutka, Seliš) führen die Geschlechter ihren Ursprung auf bestimmte mythische aber göttliche Ahnherren zurück. Der Matriarchat besteht nicht mehr in seinem vollen Umfang. Die Zugehörigkeit zu einem Geschlecht kann durch Heirat erworben werden. Dieser natürlichen Gliederung des Volkes parallel läuft eine künstliche, indem eine Anzahl Orden oder geheimer Gesellschaften bestehen, die bestimmte Geister zu ihrer Disposition haben und dieselben in den grofsen winterlichen Tanzfesten mimisch zum Ausdruck bringen. Diese Orden scheinen bei den südlicheren Stämmen, insbesondere den Kwākiutl, ihren Ursprung gehabt zu haben. Die Abzeichen der Orden sind meist aus gefärbtem Cederbast gefertigt. Die Orden selbst haben sich von den Kwākiutl aus nordwärts bis zu den Ts'emšiān und Haida verbreitet. Von den Wappentieren der Geschlechter, den mythischen Ahnherren, den Geistern, die der spiritus rector der verschiedenen Orden sind, sind eine Menge Erzählungen im Umlauf. Die oben geschilderte natürliche und künstliche Gliederung des Volkes ist eben nur ein Ausdruck des religiösen Fühlens und des kosmogonischen Denkens der Nation. Der Widerstreit der Naturgewalten, der dem Menschen freundlichen und feindlichen Gewalten ist in den Tieren, von denen sich die Geschlechter ableiten, in den vom Himmel herab oder aus der Tiefe des Ozeans heraufgekommenen Ahnherren der Geschlechter mythisch zum Ausdruck gelangt. Der einfache Schamanismus verknüpft sich damit, der durch gewisse Mittel bestimmte Geister sich dienstbar zu machen und für bestimmte Zwecke nutzbar zu machen sucht. All die Gestalten aber, welche die Phantasie dieser Völker ersonnen, haben sie sich tausendfach und überall in bildlicher Darstellung vor Augen gezaubert. Vor den aus schweren Planken gezimmerten Häusern, welche die Angehörigen eines Geschlechts zum Winteraufenthalt beziehen, sind mächtige Pfeiler errichtet, in welchen in konventionellen Formen die Wappentiere und die ihnen untergebenen oder verwandten Gestalten oder die Ahnherren der Geschlechter dargestellt sind. In gleicher Weise sind im Innern des Hauses der mächtige hölzerne Divan, der an der Seite des Feuers steht, die Balken, die das Dach tragen, die Wände der Schlafkammern bemalt. Auf den ledernen Tanzdecken sind die Totemtiere gemalt, in die wollenen eingewebt, der Haut des Oberkörpers werden sie eintätowiert. Gefäfse, Schüsseln, Hausgerät jeder Art, Tanzrasseln, Pfeifen, sind Darstellungen der mythischen Tiere oder mit auf sie bezüglichen Figuren geschmückt. Vor allem aber sind die Kopfaufsätze und die grofsen Holzmasken, die bei den winterlichen Tanzfesten getragen werden, eine wahre Encyklopädie des religiösen Glaubens und der mythischen Vorstellungen dieser Völker.

Schrank 130. 131. *Tlingit. Sammlungen der Gebrüder Dr. Arthur und Dr. Aurel Krause und Schenkungen des Herrn Paul Schulze in Portland (Oregon).*
Schrank 129 und 129*. *Haida.*
Schrank 128. *Ts'emšian.*
Schrank 127*. *Heiltsuq.*
Schrank 127. *Bilxūla. (Sammlung Dr. Boas.)*
Schrank 123—126. *Kwākiutl.*
Mittelschrank 118. *Kwākiutl.*
Schrank 120—122. *Nutka Stämme.*
Schrank 125*. *Nutka Stämme (Sammlung Dr. Karl von den Steinen).*
Mittelschrank 116 H. *Seliš Stämme des südöstlichen Teils von Vancouver Island.*
Mittelschrank 119. B. C. *Fischereigeräte der Kwākiutl, Nutka und Küsten-Seliš.*

Die Sammlungen bilden in der Hauptsache das Ergebnis des durch das ethnologische Hülfskomitee im Interesse des Königlichen Museums ausgesandten Reisenden Jakobsen während der Jahre 1882—1883 (s. Amerikas Nordwestküste I/II. Berlin 1883, 1884).

Eskimo.

Der äufserste Norden Amerikas und die beiden Ufer des Behringsmeeres sind von einem Volke bewohnt, das in Sprache, Sitte und Lebensweise gleich, als Innuit bezeichnet werden mag, nach dem Wort, mit dem sie in ihrer Sprache Menschen ihrer Art benennen. Eskimo werden die in Labrador ansässigen Angehörigen dieser Nation von den benachbarten Algonkinstämmen genannt. Gleich den Indianern der Nordwestküste sind die Innuit eine ausgesprochene Küstenbevölkerung. Aber während den ersteren die fast stets eisfreie Küste und die grofsen von dichter Vegetation umsäumten Flüsse es ermöglichen, ihren Lebensunterhalt ohne Schwierigkeit mit dem Fischfang zu erwerben, sind die Eskimo in der Hauptsache auf die grofsen Tiere des Meeres angewiesen, die sie im Sommer im leichten mit Fell überzogenen Boot auf hoher See aufsuchen, während sie ihnen im Winter auf dem Eise an den Löchern auflauern, die sich der Seehund zum Atemholen offen hält. Und während die Wälder der Nordwestküste den daselbst ansässigen Indianern ein unerschöpfliches Material für alle ihre Lebensbedürfnisse bieten, sind die Eskimo, denen nur das spärlich von Meeresströmungen an ihre Küste getriebene Treibholz zu Gebote steht, genötigt, ihr Haus aus Steinen und Erde oder aus kunstvoll übereinander gefügten Schneeblöcken zu bauen, und die Knochen und Zähne der Seetiere und Tierhäute zur Herstellung von Böten, Waffen und Hausgerät zu benutzen. In der Anpassung aber an das unwirtliche Klima, in der Ausnutzung der Hülfsquellen, welche das Meer darbietet, in der technischen Durchbildung und künstlerischen Ausgestaltung der mannigfaltigen Geräte, deren sie zur Jagd, beim Befahren des Meeres, bei der Schlittenreise über das Eis benötigen, haben die Eskimo Grofses geleistet. Man kann dreist behaupten, dafs man mit der gröfsten Anstrengung des Geistes, mit dem uns zu Gebote stehenden Material, schwerlich zweckentsprechendere oder auch nur bessere Geräte schaffen könnte, als sie die Eskimo geschaffen haben. — Über die weite Küste des Eismeeres zerstreut den Binnenstämmen feindlich gegenüberstehend, oder der Nachbarn hunderte von Meilen gänzlich entbehrend, müssen die Eskimo vielerorts lange Jahrhunderte gänzlich unberührt fortexistiert haben. So sind sie auch in diesem Jahrhundert, ja vor zwei Jahrzehnten, an der Ostküste von Grönland in Angmagsalik angetroffen worden. Anderwärts, so namentlich in Westgrönland und Labrador, oder auch bei den sogenannten zentralen Eskimo von Baffin-Land, hat die Berührung mit den Europäern vielfach umgestaltend gewirkt. Im Westen endlich sind die Eskimo mit den Indianerstämmen in engere Berührung gekommen und haben von diesen mancherlei übernommen. Unser Museum besitzt von der Ostküste von Grönland einen Schlitten **(an der Aufsenwand von Saal VII, gegen-**

Nordamerika.

über **Schrank 143*)** und eine Anzahl Geräte, die von der deutschen Nordpolexpedition 1869—1870 an dem Orte alter Niederlassungen daselbst gefunden worden sind. Ferner eine Anzahl Gebrauchsgegenstände der noch gegenwärtig daselbst in Angmagsalik lebenden Eskimo **(Schrank 140 C)**, die durch Austausch mit dem Kopenhagener Museum in den Besitz des K. Museum gelangt sind. Aus Westgrönland und Labrador eine Anzahl Gegenstände **(Schrank 140 A B, 141 A)** meist älteren Sammlungen (Sommer, Kall, Hadlock) entstammend. Von den zentralen Eskimo die Sammlung des Dr. Boas **(Schrank 141 C)**, die der Reisende vor kurzem in dem VI. Annual Report of the Bureau of Ethnology erläutert und beschrieben hat. Endlich von den westlichen Eskimo die reiche Sammlung des Reisenden Adrian Jakobsen, die derselbe im Auftrage des ethnologischen Hülfskomitees für unser Museum zusammengebracht hat. Dieselbe hat in den **Schränken 142—144** Aufstellung gefunden.

Schrank 145. *Regenmäntel und andere Gegenstände der Bewohner der Aleutischen Inseln und der Insel Kadiak.*

Mittelschrank 119. *A. Gegenstände der Tšuktši und der neben diesen an der asiatischen Seite des Behringsmeeres angesiedelten Eskimo.*

II. STOCKWERK.

Indische Sammlungen.

II. V. Stevens, Materialien zur Kenntnis der wilden Stämme auf der Halbinsel Malâka I. Teil Veröffentl. II 3, 4, 1893; II. Teil ebenda. III 3/4; 1894, herausgegeben von Albert Grünwedel. Buddhistische Studien, ebenda V; 1897, herausgegeben von Albert Grünwedel.
F. W. K. Müller, Beschreibung einer von G. Meifsner zusammengestellten Batak-Sammlung, ebenda III 1 2, 1894.
Albert Grünwedel, Buddhistische Kunst in Indien, in der Serie der „Handbücher der kgl. Museen" Berlin, 1893.

Die indischen Sammlungen des königlichen Museums für Völkerkunde zerfallen in drei etwa gleich grofse Teile: Die Sammlungen aus Vorderindien, Saal I und II, aus Hinterindien, Saal III, und dem indischen Archipel Saal IV und V (zur Hälfte), Ceylon im Vorsaal, vergleichende Gruppen auf dem Rundgang über der Treppe.

Die Sammlung ist in der Hauptsache geographisch aufgestellt, doch so, dafs innerhalb der einzelnen Lokalitäten feste Gruppen, wie: Kultus und Aberglaube, Toilette, Schmuck, Kleidung und Körperpflege u. s. w. so gut als möglich zusammengehalten sind. Die wilden Stämme und niederen Kasten sind besonders herausgehoben, Altertümer und Skulpturen jedoch je nach der Zugehörigkeit eingeschoben worden. Daneben sind vergleichende Gruppen versucht, so: die Darstellung der indischen Schrift und des Schreibmaterials; Narkotika, Produkte tropischer Pflanzen und ihre Verwendung u. s. w. — Bei der Wiedergabe der indischen Wörter und Namen ist besonders darauf gesehen worden, eine richtige Aussprache mit möglichst genauer Umschreibung der Originalnamen unter Vermeidung zu vieler diakritischer Zeichen zu ermöglichen. Die englische Orthographie der gewöhnlichsten Namen ist meist daneben angeführt; allgemein gewordene Verstümmelungen wie Bombai (Bombay), Calcutta u. s. w. sind natürlich nicht geändert worden. Alle Bezeichnungen der einzelnen Gegenstände, welche einfach unterstrichen sind, sind völlig verlässig und mit Hülfe des erreichbaren philologischen Materials in gleichartiger Orthographie hergestellt; mit „ " bezeichnete Worte sind bis jetzt nicht festzustellen gewesen. In der überwiegenden Mehrzahl geben die Etiketten nur das, was der Reisende mitteilte, wenn auch der betreffende Gegenstand eine weitere Gebrauchssphäre haben mag, als im einzelnen Falle bemerkt ist. Offenbar fehlerhafte Angaben sind nicht unterdrückt, dagegen ist der betreffende Gegenstand da eingeordnet, wohin er zu gehören schien. Es wird im Laufe der weiteren Arbeiten darauf gehalten werden, dafs Name und Ortsbezeichnung in der Originalorthographie des Einsenders gegeben wird und unter der Linie die richtige oder als zutreffend vermutete volle Schreibung: bei den Sammlungen aus dem Archipel ist dies Prinzip — die ganz alltäglichen Bezeichnungen, welche einfach korrigiert wurden, abgerechnet — bereits durchgeführt.

Der Raum eines kurzen Führers genügt nicht, die Namen aller Personen aufzuführen, welche im Interesse für die Wissenschaft das Museum bedacht wissen wollten, es erübrigt, darauf hinzuweisen, dafs die Etiketten (dem Prinzip nach soll innerhalb der indischen Sammlungen jeder Gegenstand etikettiert sein) alle Namen derjenigen, welche Geschenke übergeben haben, in roter Schrift enthalten.

I. SAAL.*)

Schrank 1 und 2. Sammlungen aus dem Nachlasse S. K. Hoheit des Prinzen Waldemar von Preufsen.

---

*) Zu den im Vorsaal und auf dem Rundgange befindlichen Schränken 116—119, 121—129 vgl. unten vor dem Abschnitt über die „Ostasiatische Sammlung".

Mittelgruppe. Glaskasten: *Schrift und Schreibmaterialien.* Miniaturen, *Fortsetzung in Schr. 50 und 51.*
Mittelwand: *Mythologische Darstellungen: südindisches Pantheon.* Fortsetzung auf der Stellwand vor Schr. 10 und Schr. 11.
    Schrank 3. *Südindischer Kultus und Aberglaube: Teufelsdienst.*
    Schrank 4. *Sinhalesischer Teufelsdienst (Masken) Dämonenfiguren. Medizinen; Beschwörung von Krankheiten.* Ueber Schr. 31—33 vgl. unten.

Die zahlreichen Völker des britisch-indischen Reiches 3,854,202 Qu.-Kilometer mit mehr als 256 Millionen Menschen) sind zwar seit Jahrhunderten Träger einer einzigen alten Kultur, aber erst unter der Herrschaft der Engländer zu einem grofsen Reiche verschmolzen. Folgt man der sprachlichen Gliederung, welche die einfachste ist, so teilen sich diese grofsen Völkermassen heutzutage in vier an Zahl sehr ungleich grofse Gruppen:*)

1. in die Völker mit arischen Sprachen, welche Idiome sprechen, die aus dem Sanskrit entwickelt sind, also Kaschmîrî, Pandschâbî, Hindî mit ihren Dialekten, Bengâlî, Orijâ, Marâṭhî; vorwiegend im N. und NW.;
2. in die Völker mit dravidischen Sprachen, welche das Tamil, Telugu, Kannada, Malajâlam u. s. w. sprechen: vorwiegend in S. und SO.;
3. in die Gruppe der sogenannten Kolarier: wilde Völker, meist in Zentral-Indien;
4. in die mit den Ostasiaten, besonders der Bevölkerung Tibets und Hinterindiens, verwandten Völker im Himâlajagebirge.

Die ältesten Litteraturprodukte der indischen Arier haben bewiesen, dafs dieselben ein Schwestervolk der indogermanischen Völker und am nächsten verwandt mit den Iraniern, aus NW. über das Fünfstromland (Pandschâb) eingewandert sind. Diese hellfarbige Rasse fand dunkelfarbige Eingeborene vor, welche unterjocht wurden. Die

---

*) S. zur Orientierung das Kärtchen an der Mittelwand.

Indische Sammlungen. 155

ganze Geschichte des alten und mittelalterlichen Indiens ist ein langer Prozefs, die Gegensätze der verschiedenen Rassen auszugleichen; eine Kulturarbeit, welche in der Folge durch neue Völkerstürme vom NW. her unterbrochen worden ist. Die Einbrüche der Griechen (Alexanders d. Gr. und seiner Nachfolger in Asien) und der Indo-Skythen wirkten nur einige Zeit nach und gestalteten die Völker nicht wesentlich um, wie dies durch die Muhammedanischen Eroberungen geschah, welche aufserdem den indischen Völkern eine neue Religion (heute 41 Millionen indischer Muhammedaner) aufzwangen. Das Griechentum hatte zwar keine neue Religion gebracht, aber in Indien selbst eine neue vorgefunden: die Lehre Buddha's*) stand in jenen Tagen in voller Blüte.

Die alte Geschichte Indiens ist vorwiegend R e l i g i o n s - g e s c h i c h t e. Die Religion der alten indischen Arier, wie wir sie aus den vedischen Liedern**) kennen, war ein Kult der Naturkräfte. Die Hauptrolle dabei spielte das Opfer: man spendete dem Gotte, um ihn zu veranlassen, die Wünsche seiner Verehrer zu erfüllen. So aufgefafst liefs das Opfer alles erreichen: man mufste nur die richtige Form der Darbringung kennen. Opfern wurde eine Wissenschaft: die Brâhmaṇas verstanden sie, sie eigneten sich die unbedingte Uebermacht über die anderen Teile des Volkes an. Die Entwicklung des brahmanischen Staates geht mit der Eroberung des Gangeslandes Hand in Hand; die unterworfenen Urbewohner wurden zu niedrigstehenden Kasten herabgedrückt: die K a s t e n g l i e d e r u n g wird zum Schutze des arischen Staates eingerichtet. Ursprünglich gab es nur vier Kasten (altind. v a r ṇ a Farbe = Kaste, welche Benennung auf die Hautfarbe der mehr oder weniger mit den dunklen Urbewohnern in Blutgemeinschaft getretenen Stände Bezug hat); heute giebt es in Indien zahllose Kasten. Die Religion

---

*) Vgl. die Karte und die Etiketten im Schr. 45 und 46 (III. Saal).
**) Miniaturen aus einem südindischen Vedamanuskript an der Mittelwand.

und Kultur der Arier eroberte allmählich ganz Indien, so dafs auch die Dravidas Südindiens, welche vielleicht schon vorher eigne Kultur hatten (das Tamil hat u. a. eigne Worte für Buchstabe und Schreiben) allmählich davon durchdrungen wurden. Man nahm dravidische Priestergeschlechter in den Stand der Brâhmaṇas auf, d. h. sie nahmen in den nichtarischen Ländern, welche der brâhmanischen Kultur gewonnen worden waren, die Stellung der Brâhmaṇas ein. Dies Vordringen arischen Wesens geschah aber weniger durch Eroberung als durch die Waldsiedeleien der Brâhmaṇas.

An die Untersuchungen über das Opferritual hatte sich die brahmanische Philosophie angeschlossen. Der Opfernde, welcher den Gott veranlassen konnte, zu geben, was er wollte, fühlte sich stärker als der Gott, er stählte sich durch Askese und Selbstpeinigung und bedrohte damit die Macht der Götter. Diese Anschauung, welche der ganzen indischen Religionsentwicklung verbleibt, artete einerseits geradezu in Dämonenbannerei aus, andererseits aber war einer selbständigen Philosophie Raum gelassen, welche ungestört neben dem Götterglauben bestehen konnte.

Das Ziel der brahmanischen Philosophie war, die „Befreiung" zu erlangen; die Lehre von der Wiedergeburt, welche von jener Zeit ab die Grundlehre aller indischen Religionen bleibt, sucht das so ungleiche Geschick der Menschen mit Hinweis auf frühere Existenzformen zu erklären. Sünde und Strafe, Tugend und Belohnung gleichen sich in diesem Leben nie aus und doch ist eine solche gerechte Ausgleichung ein Postulat: die Seelenwanderungslehre findet nicht nur eine Vergeltung in der Wanderung der Seele nach dem Tode in anderer Existenzform (Gott, Mensch, Tier, Pflanze), sondern schon dieses Leben ist eine Vergeltung von Handlungen (karman) in früheren Existenzen. Frei aus „der Kette der Geburten" macht allein die Erlösung, Einswerden mit der Allseele. Man suchte diese Erlösung durch das „Wissen" (vier philosophische Systeme), oder durch die Bufse und Selbstpeinigung. Dieser letztere Weg, aus der Jôgaphilosophie abgeleitet, ist heutzutage

Indische Sammlungen.

nicht blofs bei den Anhängern*) der modernen brahmanischen Sekten, sondern auch bei anderen Sekten — aufser den Buddhisten — im Gebrauche.

Unter den zahlreichen Lehrern, welche etwa um die Mitte des ersten Jahrtausends vor Christi Geburt in Indien wirkten und die Erlösung von den Leiden des Daseins erstrebten, hat keiner gröfseren Erfolg gehabt, als G a u t a m a, genannt der „Erleuchtete" (buddha), welcher von fürstlichen Eltern geboren, aus Überdrufs am Sinnengenufs sein Haus verliefs und „zur Erkenntnis gekommen" seine Lehre, welche in der Hauptsache auf allgemeiner Wesensliebe fufste, die Askese verwarf, Selbstbeschauung und Sittenreinheit betonte, ein halbes Jahrhundert lang im westlichen Bengalen verkündete. Seine Lehre ist heute in Indien erloschen, lebt aber in Ceylon, Birma und in Siam (südliche Schule) und in stark verdorbener Form (nördliche Schule) in Tibet, der Mongolei, China und Japan noch fort. Nach Vertreibung des B u d d h i s m u s vom indischen Festlande entwickelte sich die b r a h m a n i s c h e Religion neu durch Kanonisierung der Volkskulte des S c h i w a **) (Çiva) und des W i s c h n u **) (Vishṇu). In diesen Göttern sind die verschiedenen Volkskulte vereinigt und die ganze Entwicklung der Religion mit ihren zahlreichen Sekten liefs es sich angelegen sein, je nachdem sie einen der beiden Hauptgötter verehrte, denselben oder einen seiner Söhne mit dem alten philosophischen Begriff der Urseele (brahman) zu identifizieren. Jahrhunderte lang rivalisierten Schiwa- und Wischnu-Verehrer mit einander, noch heute ist der Kampf nicht erloschen. In dieser Zeit entstand die Purâṇalitteratur, und ward von den Waischṇawas (Wischṇu-Dienern) die Lehre von den Fleischwerdungen (awatâra) ihres Gottes ausgebildet.

Die Religion der indischen U r b e w o h n e r ***) war vorwiegend Teufels- und Schlangendienst. Wie heute noch

---
*) Heutzutage ist jôgi = dschôgi (der büfsende Mönch) fast gleichbedeutend mit „Gaukler, Charlatan". Vgl. hierzu die Fakirgeräte in Schrank 18.

**) Darstellungen dieser Götter und ihrer Familien: M i t t e l - w a n d und l i n k e F e n s t e r w a n d des ersten Saales.

***) Schrank 3, Mittelfeld und linkes Feld.

durch die Brâhmaṇas im Himâlaja jeder Gott der Eingebornen mit **Schiwa** identifiziert wird, so mag auch manche Gestalt der nichtbrahmanischen Götter in jener Zeit mit ihm vereinigt worden sein. Der **Dämonendienst** der **Südindier** (der eigentliche Kern der Bevölkerung ist ihm zugethan: die Reis- und Palmbauer) ist eine Form des Ahnenkults. Wie jeder einzelne seinen verstorbenen Eltern und Grofseltern, bevor er selbst Speise nimmt, davon anbietet, damit ihn ihre Geister nicht beunruhigen,*) so verehren ganze Gemeinden solche Personen, welche sich durch aufserordentliche Thaten, Gewaltthätigkeiten oder Laster auffällig gemacht haben, als Dämonen (Tamil: pêy pl. pêy-gal). Ueber zwei Generationen hinaus werden diese Geister vergessen und eine neue Generation rückt beständig nach; nur einige, welche geradezu zu Lokaldämonen oder Landplagen geworden sind (Blatterngöttin, Choleragöttin u. s. w.), behalten, mit dem brahmanischen System schwach verbunden, einen dauernden Kult. Die Teufelsdiener haben keinen besonderen Priesterstand, jeder kann als „Teufelstänzer" auftreten: Mann oder Frau. In phantastischem Gewande, mit oder ohne Maske**) wird der Teufelstänzer durch Getränke, Blutopfer u. s. w. unter Musik zur Ekstase gebracht, in welcher er als vom Dämon besessen gilt und in konvulsivischem Tanze entweder Krankheiten beschwört oder wahrsagt. Dieser Dämonendienst hat sich aufser in Südindien auch in **Ceylon*****) trotz des Buddhismus und auf den Mâldîwen***) trotz des Islâm gehalten.

Bezüglich des Ursprungs der **indischen Alphabete******) darf hier nur bemerkt werden, dafs sie in zwei grofse Hauptgruppen zerfallen. Die Vertreter der einen, der **nördlichen Gruppe**, sind die Nâgarî (Devanâgarî) für Sanskrit, Hindî u. s. w. und die mit ihr verwandten Alphabete: Bengâlî, Gudscharâṭi, Môḍî u. s. w. Die Tibetische Schrift ist der Nâgarî des 6. Jhdts. entlehnt. Die zweite Gruppe,

---
*) Vgl. die Ringe eines Nâjaḍi in Schrank 3 links.
**) S. „Agâsa-Schanderuan" in Schrank 4.
***) Schrank 4.
****) Glaskasten zwischen Schrank 3 und 4.

die südliche, fafst die südindischen Alphabete zusammen. Das Schriftsystem (Bezeichnung der Vokale u. s. w.) ist in der Hauptsache allen gemeinsam; alle gehen vielleicht ursprünglich auf ein semitisches oder aus semitischen Typen entwickeltes zurück. Das älteste Schreibmaterial war das Palmblatt (indische Palmblatthandschriften vom Jahre 609 n. Chr.) sind neuerdings in Japan gefunden worden); dies Material gilt heute noch vorzugsweise in Südindien, Ceylon und Hinterindien, Jawa und Bali und die feinen runden Züge der meisten dieser Alphabete sind auf die Art des Schreibens: mit eisernen Griffeln zurückzuführen. Im Norden benutzt man seit Jahrhunderten Papier und (in Kaschmîr) für gewöhnliche Zwecke Birkenrinde. Für einige indische Sprachen (Hindûstânî: Hindî mit starker Beimischung persisch-arabischer Elemente; Kaschmîrî u. s. w.) hat der Einfluſs des Islâms den Gebrauch der persisch-arabischen Schrift mit sich gebracht. — Aus dem ungeheuren Gebiet der indischen Litteratur kann hier nur des Râmâjana Erwähnung geschehen. Die unter diesem Titel von Vâlmîki episch behandelte Sage,*) welche buddhistischen Ursprungs zu sein scheint, ist fast in allen indischen Litteraturen episch und dramatisch behandelt worden und ist selbst in Hinterindien und Jawa ein beliebter Bühnenstoff.

Schrank 5. *Toda, Kotar, Badagaru.* Es ist erwähnt worden, daſs die Kultur des vorzugsweise arischen Nordindiens allmählich den Süden durchdrungen hat. Eine ganze Reihe wilder Clane ist in Südindien als tiefstehende Kaste dem herrschenden brahmanischen Systeme einverleibt worden. Am unberührtesten von aller Kultur aber haben sich die Urbewohner der Nîlgiris erhalten. Es sind dies die immer kleiner werdenden Gemeinden der T o d a (1881: 675 Seelen), die Kotar (1065 Seelen), die Irular (946 Seelen), die

---

*) Ganz kurz ist der Inhalt etwa: Râwana, der Riesenkönig von Ceylon, hat Sîtâ, die Gattin des Prinzen Râma geraubt. Hanumân, der Affenfürst, findet sie wieder, baut für Râma und sein Heer eine Brücke nach Ceylon. Râwana wird in der Schlacht, in welcher Hanumâns Völker, Affen und Bären, auf Râmas Seite mitkämpfen, getötet, die Hauptstadt von Ceylon verbrannt und Sîtâ befreit.

Baḍagaru („die Nordleute") (24,130 Seelen) und die
Kuřumbar. Die Toda, die interessantesten von allen,
sind Besitzer von Rinderheerden, für welche sie grofse Verehrung hegen. Ihre Priester (Pal-âl — „Milchmann") müssen
sich durch achttägiges Leben im Walde unter mancherlei
Zeremonien (Einreibung des Körpers mit dem durch Wasser
verdünnten Saft des Tûdebaums Melliosma simplicifolia)
für ihr Amt vorbereiten, gelten dann selbst als Götter,
melken die Heerde und vollziehen den Tempelkult dadurch,
dafs sie alte Kuhglocken, Beileisen und Waldmesser, welche
als Symbole der Götter: mani dêr im Tempel stehen,
dreimal mit Milch betupfen. Ihre Vorstellungen vom
Jenseits kennen das Land Am-nôr „das andere Land,"
wo zahlreiche Rinderheerden ihrer warten. Sie haben die
Sitte der Polyandrie: eine Frau heiratet die Söhne einer
Familie. Die Frau trägt als Zeichen des ehelichen Standes
das belthta, einen Silberring, um den Hals, wie das
tâli oder tâlikkajifu das Abzeichen einer verheirateten
Frau bei den kultivierten Südindiern (selbst bei Christen
und Muhammedanern) ist. Die Kotar sind Schmiede und
Handwerksleute kanaresischer Abkunft, welche sich in der
Nähe der Toda niedergelassen haben, die Kuřumbar
(„Schafhirten") sind das am tiefsten stehende aller Bergvölker. Die Baḍagaru („Nordleute") sind ausgewanderte
Kanaresen, sie bilden das stärkste und allein an Zahl
zunehmende Volk der Nîlgiris, welches auch im Wohlstande lebt.

*Schrank 6. Ausgrabungen in den Nîlgiris; wilde Völker;
niedere Kasten der Ost- und Westküste Südindiens; über dem
Schranke: Geräte der Vogeljäger.*

Die Altertümer der Nîlgiris gehören einer sehr
alten Zeit an (Mr. Breeks öffnete ein Cairn, über welchem
ein mehr als achthundertjähriger Baum stand) und müssen
die Ueberreste eines ziemlich kultivierten Volkes sein. Die
Ueberlieferungen der Eingeborenen weisen sie den einst
durch ganz Südindien verbreiteten, heute in die Einöde
verdrängten Kuřumbar zu. — Die Aṇeimalei-(Annamally-)Berge bilden den Aufenthalt einer ganzen Reihe

Indische Sammlungen.

kleiner Völker: da hausen fünf Stämme wilder Pulajar, welche von Dschangelprodukten und kleinen Tieren, welche sie fangen können, leben und Teufelsdiener sind; ferner die Kāḍar (Kader), die „Dschangelleute", Reste einer höheren Rasse. In Travancore wohnt die niedrigste Rasse, die Arajar, Arasar, „Könige" (engl. Mulcher: Malarasar, „Bergkönige") und Kanikar (Kânigârar, „erbliche Herren") auf Bäumen. Dem südindischen Kastensystem sind die Palmweinsammler, Sâṇâr und Tijar (Tier) eingeordnet.

Schrank 7. *Südindische Mythologie (in Umstellung).*

Schrank 8. *Südindischer Frauenschmuck und Frauentoilette; Küchengerät.*

Schrank 8 b. *Kostümfigur: Tamil-Mädchen in Festschmuck, Toilettengegenstände. Dahinter: Säulen und andere Schnitzwerke aus dem Tempel der Mînâtshi zu Madurei.*

Schrank 9. *Südindien: Waffen; Musikinstrumente; Bekleidung und Schmuck niederer Kasten: Kostümfiguren eines Tamil und eines Telugumannes; Schiffsmodelle. Ueber dem Schrank: Körbe, Regenhüte u. dgl.*

Zu den Drawiḍas im weiteren Sinne gehören die Urâon und Maler und die einander nahestehenden Goṇḍ und Kondh (Khaṇḍa, Koduwaṇḍlu).

Ihr Kultus ist teilweise stark durch brahmanische Einflüsse umgestaltet. Ihre ursprüngliche Religion kannte eine grofse Zahl von Stamm- und Familiengöttern und bösen Geistern. Die Hauptgottheit (bei den Kondh) war die Gottheit der Erde. Zweimal im Jahre, zur Saatzeit und im Herbste, verlangte sie Menschenopfer. Brahmanen und Kondh konnten nicht geopfert werden) die niederen Kasten eines Kondhdorfes mufsten das Opfer schaffen, welches gekauft sein mufste. Der Opfermensch wurde überall freundlich behandelt und wohlgenährt bis zum Todestage, wo er feierlich dem Erdgotte geweiht wurde. Die Opfernden riefen dem unter ihren Messern Verblutenden zu: „Wir kauften dich um Geld, keine Sünde liegt auf uns." Im Jahre 1835 kamen die Kondh unter britische Oberhoheit und diese barbarischen Kulte nahmen ein Ende.

Mit dem Namen **Kolarier***) hat man eine Reihe wilder und schriftloser Völker (im ganzen etwa zwei Millionen Menschen) zusammengefaſst, welche von Orissa au durch das ganze nördliche Dakhan bis nach Râdschpûtâna wohnen und teilweise in diesen Ländern in die niederen Kasten aufgehen: der Name soll diese teilweise Annäherung an die Arier, d. h. an den Hinduismus bezeichnen. Die wichtigsten unter ihnen sind die **Kolh**, **Muṇḍârî** und **Santâl**. Fast alle diese Hügelstämme haben die dunkle Hautfarbe, die flache Nase und die dicken Lippen, welche auf nichtarische Abstammung hinweisen. Ihre Sprachen nähern sich den Dravidischen Idiomen, unterscheiden sich aber durch ein wichtiges Bildungsgesetz.

Schrank 10. *Hausrat, Spielsachen, Modelle, Kleider aus Asikâ (Orissa). Ueber dem Schrank: Modelle, Körbe u. dgl.*

Schrank 10 a. *Kostümfigur: Oraon-Frau (Dravida).*
Schrank 10 b. *Santal-Mann (Kolh).*
Schrank 10 c. *Bhuiya-Mann mit Regendach.*
Schrank 10 d. *Lohar-Mann (Schmiedekaste).*
Wandkästchen zw. Schr. 10 u. 11. *Götterfiguren aus Calcutta.*

Schrank 11. *Schmuck, Waffen, Musikinstrumente, Hochzeitsgaben der Kondh (Ghumsârâ-Distrikt und Sânâ Kimundi Mâlâ, Orissa): an der Seitenwand: Rüstung und Waffen der Kondh; neben dem Schranke Modell des Opferpfahles.*

Schrank 12. *Zwischen Schr. 6 und 7. Vergleichende Gruppe: Elfenbeinschnitzereien, hauptsächlich aus Südindien und Ceylon; Holzschnitzereien aus Südindien, Lâhôr und Nêpâl.*

Schrank 13. *Vergleichende Gruppe: Arbeiten aus dem Mark der Aeschynomene paludosa (schôlâ).*

Schrank 14 A. *Kolarier: Kolh, Ho, Mundâri, Kleider und Schmucksachen, Waffen, Ackergeräte, Modelle; langer Speer der Santâl (über dem Schranke); diese überlange Form verdankt ihre Entstehung der Furcht vor den englischen Bajonetten.*

Schrank 14. *Bengalen und Orissa: Kultusgegenstände.*

Im älteren Brahmanismus werden zwar die Frauen der grofsen Götter genannt, aber sie nehmen im Kult keinen besonderen Rang ein. Im neueren Brahmanismus aber entstanden besondere Sekten, welche sich dem Dienste dieser Göttinnen (der Çaktis: weiblichen Energien der Götter) weihten und die eine eigene Litteratur (tantra) besitzen. Dafs auch dieser Kult den Urbewohnern entstammt, geht schon daraus hervor, dafs der Schwerpunkt der Verehrung der Kâlî oder Durgâ, der blutdürstigen Gattin des Schiwa (Çiva), zukommt. Ihr blutiger Dienst ist besonders unter den niederen Kasten verbreitet: man opfert ihr Geflügel, Böcke, ja sogar bis in die neueste Zeit (1886) Menschen. Die Menschenopfer, welche die Räubersekte der Thags (Phâṃsî) — vgl. Schrank 25c — durch Erdrosselung der Reisenden auf den Landstrafsen brachte, galten ebenfalls der Kâlî. Durgâ heifst eine andere Form derselben Göttin als Besiegerin des Riesen Mahischa; ihr Fest (Durgâpûdschâ), bei welchem massenhaft blutige Opfer fallen, ist das volkstümlichste Fest, der Carneval Indiens.

Der Kult des „Herren der Welt" (Dschagannâtha) zu Purî (Orissa), welcher als der eigentliche Nationalkult Wallfahrer aus allen Teilen Indiens zusammenführt, ist dem fast unbekannten Kult eines wilden Stammes, welcher einen blauen Steinblock in den Dschangeln verehrte, entsprungen. Die Verbindung dieses Kults mit dem Wischnudienst, welcher hier die Erbschaft des Buddhismus antrat, machte es möglich, dafs fast alle indischen Religionsformen: die Riten der Urbewohner, wie die dem Wedaritual entsprungenen und die Lehren der Waischṇawasektirer*) besonders in dem „heiligen Lande des Herrn der Welt" ein Asyl fanden. Der Tempel des Gottes (vgl. die Bilder an Seitenwand von Schrank 14), in welchem der Râdschâ von Kurdha Kehrerdienste verrichtet, enthält in einer seiner Hallen die

---

*) Waischṇawa = Anhänger Wischnus.

kolossalen Statuen*) des Dschagannâtha, seines Bruders Balarâma und ihrer Schwester Subhadrâ. Die Statuen sind rohe Holzblöcke unter verschiedenen Zeremonien geschnitzt und ausgeputzt, nur nach oben hin zu menschlichen Formen mit aufrecht stehenden Armen ausgearbeitet, bekleidet und mit Schmuck überladen. An gewissen Festen befestigen die Priester goldene Hände an die Stümpfe. Bekannt ist das Wagenfest des Gottes (rathjâtrâ) im Juni oder Juli, wobei die Bilder der Götter auf drei grofsen hölzernen Wagen unter ungeheurem Zulauf der Pilger nach einem in der Nähe stehenden kleinen Heiligtum gezogen und später wieder zurückgebracht werden.

Schrank 15. *Benares: Kultusgegenstände; Hausgerät; Schmuck; Spielzeug; vgl. auch technische Gruppe in Schrank 32. Schmuck und Gerät niederer Kasten aus dem Gorakhpur- und Adschamgarh-Distrikt. — Bengalen: Silberschmuck; Schmuck niederer Kasten; Volkstypen aus Kischannagar.*

Glaskasten 15 b: *Vergleichende Gruppe: Spiele, Fortsetzung in Glaskasten 83 (4. Saal).*

Schrank 16. *Bengalen: Calcutta: Nachbildung von Goldschmuck; Küchengerät; Volkstypen von Kischannagar.*

Schrank 17. *Vergleichende Gruppe: Gerät der Dschôgîs — Bettelmönche und Asketen; Körperentstellung: Tätowierung, Absprengen der Zähne u. dgl.; schwerer Schmuck für Hände und Füfse. Schmuck für Stirne, Nase und Ohr. — Narkotika: Rauchen und Schnupfen.*

Schrank 17 A. *Nepâl, Waffen, Opfergeräte, Hausrat.*

Schrank 18—19. *Bengalische und Nepalesische Musikinstrumente.*

Schrank 19 b. *Thonfiguren: Hochzeitszug (Lakhnau), Volkstypen (Puna); an der Thür: Kostümfiguren eines Bhîl-Mannes und einer Bhîl-Frau.*

Schrank 20. *Musikinstrumente von Dillî, Dschaipur, Mathurâ, Bombai; Volkstypen aus Puna: tanzende*

*) Vgl. das grofse Bild zwischen Schrank 17 und 20, am Ende des Saales.

Indische Sammlungen. 165

Nâtschmädchen; Geräte der Schlangenbändiger. Musikinstrumente der Urbewohner Ost-Bengalens. — Kleider und Schmuck aus Dschabalpur, Baghêlkhaṇḍ, Indôr, Barhampur.

Schrank 20 a. *Kultusgegenstände der Dschaina's.*

Schrank 21. *Râdschpûtâna: Kultusbilder von Dschaipur; Kultusgegenstände; Waffen; Schmuck niederer Kasten; Kleider.*

Schrank 22. *Âgrâ, Mathurâ, Lakhnau. Volkstypen: Thonfiguren aus Lakhnau; Schmuck; Toilettengegenstände u. s. w.*

Vergleichende Gruppe: Fufsbekleidung; charakteristische Typen aus ganz Indien. Die Fufsbekleidung ist geradezu ein Abzeichen der Religion: orthodoxe Brâhmanas dürfen kein Leder berühren.

Vor Schrank 22: Alte und neuere Miniaturen: Porträts, Toilettenscenen, Darstellungen von Râga's (Melodien); Stadtbild (Lâhôr).

Schrank 23. *Delhi (Dillî): Schmuck und Toilette; Kleider; Körperpflege; Hausrat; — Spielsachen.*

Schrank 24. *Bombai, Surât, Puna: Kleider, Schmuck, Opfergeräte der Pârsîs; — Küchengerät.*

Die Pârsîs sind die reich und mächtig gewordenen Nachkommen persischer Flüchtlinge, welche infolge der Schlacht von Nahâwand vor dem siegreichen Islâm nach Indien flohen und bei dem damaligen Râdschâ von Sandschân (Gudscharât) Aufnahme fanden. Obgleich sie heutzutage von allen in Indien wohnenden Völkern sich am meisten der englischen Kultur fügten, haben sie doch ihre alte Feuer- und Lichtreligion, um deretwillen sie einst ihre Heimat verliefsen, beibehalten. Diese Religion, der „Zoroastrismus", welche die noch vorhandenen Teile des in altbaktrischer Sprache verfafsten Awesta und eine Reihe von religiösen Werken in Pahlawîsprache als hl. Bücher besitzt, sieht in der Welt ein gutes und ein böses Prinzip, eine gute und eine böse Geisterwelt im Kampfe begriffen. Der Mensch soll auf der Seite des guten Prinzips wider die bösen Mächte streiten und mit demselben sie besiegen durch Wahrheitsliebe und Sittenreinheit, durch Ausrottung schädlicher und nutzloser Wesen. *) Die Elemente, besonders Feuer und Wasser, gelten als heilig und dürfen nicht verunreinigt werden; deshalb werden die Leichen in grofsen Türmen (dachma) den Geiern zum Frafse ausgesetzt.

Vor Schrank 24. *Modell eines Turmes zum Aussetzen der Leichen.*

Schrank 25. *Bombai, Puna, Surât, Ahmadâbâd; Schmuckgegenstände; Kleider; Hochzeitsschmuck; Körperpflege; Spielsachen; Hausgerät; Hüte aus Sindh.*

Schrank 25 b. *Kostüm einer Bandschârâ-Frau und einer Mohammedaner-Frau aus Bombai. Schmuck der Bhîl.*

Schrank 25 c. *Thonfigurengruppe aus Lakhnau: Thags Reisende auf der Landstrafse ermordend (S. oben 163).*

Schrank 26. *Pandschâb: Schmuck und Kleider; Spielsachen; Indisch-persische Waffen; Waffen und Geräte der Sikh.*

Als durch die Eroberungen der Muhammedaner in Indien (um 750 n. Chr. eroberten die Araber Sindh) besonders durch Maḥmud Ghafnawî (erstes Drittel des 11. Jahrhunderts) das ganze nördliche Indien dem Einflusse des Islâm geöffnet war, bekam auch der damals erstarrte Brahmanismus, soweit er überhaupt den gewaltsamen Bekehrungen des Islâm hatte Widerstand leisten können, neues Leben. Eine ganze Reihe von Reformatoren, welche von verschiedenen Sektenansichten ausgegangen waren, entwickelten in der Folge eine Art pantheistischer Lehre, in welcher die Anschauungen indischer Philosophie (besonders des Vedânta) mit muhammedanischen Anschauungen und manchem Rest aus buddhistischer Zeit vereinigt ward und welche ebenso gegen den fanatischen Musalmân Mullâ als gegen den indischen Götzendiener gerichtet war. Nânak,**) geistig vielleicht der unbedeutendste und ungelehrteste dieser Lehrer, von dem Volke des Pandschâb,

---

*) Das Töten von Mäusen, Ungeziefer, „die Geschöpfe des Teufels" ist im Awesta als religiöse Pflicht geboten u. s. w.
**) Geb. 1469 n. Chr. zu Talwaṇḍi bei Lâhôr.

heute als Stifter der Religion der Sikh (sikh = „Schüler") verehrt, fafste diese Lehren auf und bildete einen Kreis von Schülern um sich, in deren Mitte er, wenn er nicht auf Bettelgängen war, Lieder zum Preise des „höchsten Wesens" improvisierte. Als er starb, ward er neunmal in den „Gurus"*) wiedergeboren, welche seine Lehre fortsetzten: die von Nânak und den Gurus gedichteten Strophen bilden das heilige Buch der Sikh, den „Granth". Die Sikhgemeinschaft, ursprünglich Bettler und Fakîre, wuchs allmählich an, erhob unter sich eine Steuer und ward im Laufe dreier Jahrhunderte, sowie sie einmal durch ihre Räubereien in Gegensatz zur kaiserlichen (Mughal) Regierung getreten war, der Erbfeind derselben und schliesslich im Kampf mit ihr zu einer gefährlichen Macht. Der letzte Guru Gôwind Singh disziplinierte durch verschiedene militärische Einrichtungen diese Macht: er verfasste Kriegslieder, gab Kleidervorschriften (jeder Sikh hat einen Säbel zu tragen), gründete einen Geheimbund zum Kampf auf Leben und Tod: die Khâlsâ. Nach dem Untergang der Mughalherrschaft bemächtigte sich der Sohn eines Dschâṭhäuptlings (der spätere Mahârâdscha) Randschît Singh, geb. 1780, gest. 1839, der Macht und gründete ein grofses Sikhreich, welches er durch eine europäisch organisierte Armee zusammenhielt. Nach seinem Tode trat die gröfste Unordnung ein; es kam zum Bruch mit England (1845). Die Sikharmee ward, von ihren Führern verraten, in drei Schlachten geschlagen und das Pandschâb von England annektiert.

Schrank 27. Pandschâb: Kleider; Schmuck niederer Kasten; Thonwaaren aus Pêschaur und dem Pandschâb; Schmuck für Tiere.

Mittelgruppe: Originale und Gypsabdrücke (auch gegenüber an der Fensterwand (von griechisch-buddhistischen Skulpturen aus Tacht-i-Bâî und Dschamâlgarhî bei Peschaur und aus dem Swât-Gebiete. (Vgl. Handbücher der Kgl. Museen, Band 4, Buddhistische Kunst in Indien.) Neben

---

*) Guru = Lehrer. Vgl. die Miniatur im Schrank 26.

Indische Sammlungen.

Schr. 27—28 die Gypsabgüsse eines Bodhisatva und eines indoskythischen Königs (Gandhâra).

Schrank 28. Pandschâb: Kleider der Stämme von nichtindischer Abkunft: Dschât, Balûtschen. Musikinstrumente; aus dem ganzen Pandschâb; Körperpflege; Spielzeug u. s. w.

Schrank 29. Die Nebenländer von Kaschmîr: Ladâkh, das Nagerthal (Astor, Ghilgit u. s. w.); — Kaschmîr: Silberschmuck; Schmuck niederer Kasten; Kleider; Modelle; Spielsachen.

Schrank 30. Kaschmîr: Kleider und Schmuck eines Nâtschmädchens; Musikinstrumente; Frauenkleider; Schuhe; Hausgerät.

Schrank 31. (Am Ende des Saales.) Vergleichende Gruppe: Technische Gruppen: Lackarbeiten; Töpferei.

Schrank 32. Zwischen Schr. 3 und 4 (4a). Vergleichende Gruppe: Technische Gruppen; Gold- und Silberarbeiten; Zellenschmelz; Kôftgarî; — Drechslerarbeiten; Zinngufs; Gelbgufs u. s. w.

Schrank 33. Vergleichende Gruppe: Technische Gruppen; Papierbereitung; Kattunfärberei: Lâhôr, Dschaipur, Madurei etc. Weberei, Kaschmîr und Birma. Goldschmiedewerkzeuge, Dschaipur; Mosaikarbeiten, Âgrâ.

II. SAAL (kleiner Saal, Eingang dem Schrank 17 gegenüber).

Die zahlreichen und unter sich ungemein verschiedenen Stämme der Himâlaja-Länder, von der Grenze Kaschmîrs im W. bis über den Brahmaputraflufs hinaus im O., sind, wie bemerkt (s. 154 n. 4), mit den Ostasiaten stammverwandt. Man hat deshalb den ganzen Völkerkomplex mit der verwandten Bevölkerung Chinas, Tibets und Hinterindiens unter dem Namen der transgangetischen Völker zusammengefafst. Die Stämme der Himâlaja-Länder nun bilden in zahlreichen Abstufungen ein Mittelglied zwischen der Bevölkerung Tibets, SW.-

Chinas und Hinterindiens. Tibetischen Ursprungs sind die **Bhutija***) in Ladûkh, Gaṛhwal, Kamaon: W. von Nêpâl, im Königreich Nêpâl, in Sikkim und Bhutân. Eine ältere Stufe stellen die mit ihnen weiterhin verwandten Leptscha (Rong) dar, welche eine Art alter eigener Kultur (Schrift und Litteratur) besafsen, welche jetzt allmählich dem Einfluſs des nördlichen Buddhismus (Lamaismus), überhaupt tibetischen Einflüssen erliegt. (Schr. 34/35.) Von den zahlreichen Stämmen Nêpâls ist nur das aus Indien stammende Eroberervolk der Gôrkha vertreten, welche unter ihrem Fürsten Prithiwî Nârâjâṇa um 1768 die drei alten Teilfürstentümer Kâṭhmâṇḍû, Lalit-Pâṭan und Bhâṭgâon **) unter blutigen Gräueln unterwarfen. Ungemein mannigfaltig sind die ethnischen Verhältnisse im Thal des Brahmaputra: in Âsâm. Ursprünglich bengalischem Einfluſs unterworfen, ward das Land von den Ahom (erster Einbruch um 1228 n. Chr.), einem Stamm der grofsen Schan-Nation, in Besitz genommen: diese Eroberer gingen aber in die mit den Bangâlî verwandte und durch neue Zuzüge aus Indien und Birma buntgemischte Thalbevölkerung auf: die Asâmî. Die Bergvölker teilen sich am besten nach ihren Wohnsitzen in den Bergen nördlich und südlich vom Brahmaputra. Alle diese Stämme: im Norden die nahe verwandten Mischmi (Schr. 36), Daphlâ, Âbar (Schr. 37, 37 A, C), Miri (Schr. 37—37 B), im Süden die Nagâ (Schr. 40 A), welche in sehr verschiedene Völkchen zerfallen und die Gâro (Schr. 38), die den Tipperah und Katschtschâri nahe stehen, müssen in irgend einem verwandtschaftlichen Verhältnis zu den Tibetern und Birmanen stehen. Die Khâmti gehören zu den Schan.***) Eine einzige Ausnahme bilden die einer älteren Bevölkerungsschicht angehörenden, in Sitte und Sprache höchst merkwürdigen Khâsî (Khassija) (Schr. 39), denen die Dschaintja

---

*) Ihr Name hat mit Buddha nichts zu thun, sondern geht auf das Wort Bod zurück, womit die Tibeter ihr Land (Bod-jul) und sich selbst (Bod-pa) bezeichnen.
**) Vgl. das Bild an der Seitenwand.
***) Vgl. Schrank 53.

und die aus Manipur eingewanderten **Mikir** sich angeähnelt haben. Neue Wanderungen aus ihren Stammessitzen heraus oder auf das andere Ufer des Flusses, Ansiedelungen unter der Thalbevölkerung und teilweise Annahme bengalischer und birmanischer Kultureinflüsse machen das ganze Bild der ethnischen Verhältnisse ungemein formenreich. — Im Distrikte von **Tschittagong** (Schr. 40) und der Nachbarschaft geht eine mächtige Bewegung der Bergstämme gegen S.; aus Arakan herauf wird sie durch die Einwanderungen der sogenannten „Mag" (Arakanesen) begleitet, während wiederum Bangâlî die Flufsthäler besiedeln. Die Bergvölker (**Taung-sâ**) sind Zweige des grofsen **Dsu-Volkes** (Kuki): die **Luschai** und **Schindu**; ferner die **Pankho** und **Bandschogi**; die **Mro** und **Kumi**, welche Verwandte in Arakan haben. Die **Tsakmâ** (Schr. 39) sind Mischlinge aus einem untergegangenen Stamm und Bangâlî.

Vor Schrank 34. Kostümfigur, Angâmi-Nagâ in Kriegstracht mit zwei Speeren und grofsem mit Tigerfell überzogenem Schild; an der Fensterseite Angâmi Nagâ in gewöhnlicher Tracht.

Schrank 34, 35. Kleider und Schmuck der Bhutija und Leptscha.

Schrank 36. Bekleidung und Bewaffnung der Digâru und Tschulikâtâ-Mischmi.

Schrank 37. Bekleidung und Bewaffnung der Daphlâ und Abar (Padâm); der Miri.

An der Fensterseite stehen die Kostümfiguren: *37a Abor-Mann*; *37b Miri-Mann*; *37c Daphlâ-Mann.* An der Wand beim Eingang: *37d Lhota-Mann in Kriegstracht.* Am Ende des Saales: *37e derselbe in gewöhnlicher Tracht; 37f Nagâ-Häuptling.*

Schrank 38. Waffen, Kleider und Schmuck der Gârô; Kleider der Tsakma. — Kleider der Mikir: Proben der von den Mikir bereiteten Erijâ- und Mugâ-Seide.

Schrank 38A (vor dem Fenster). Schriftproben aus den östlichen Himâlajaländern und dem Brahmaputrathale; Briefe,

Holzplattendrucke der Bhutijâ's; Newârî-Handschrift; Handschriften der Khâmti etc.

Schrank 39. *Kleider und Geräte der Khasî (Khassija) und Dschaintja; Waffen und Tanzschmuck der Khâsî (Khassija); Seidenstoffe, Silberschmuck.*

Schrank 40. *Waffen aller Bergstämme des Tschittagong-Distriktes; Kultusgeräte; Kleider und Hausgerät. Frei an der Fensterwand: Fischereigeräte der Âsâmî, Körbe der Leptscha; der Nagâ.*

Schrank 40 A *(Rückwandschrank). Nagâ-Stämme: Angâmi; Ao, Lhotâ, Rengma-Naga; Nângla, Abhajpuria, Namsangia und Namzik-Naga's.*

III. SAAL (grofser Saal).

Glaskasten 41. *Vergleichende Gruppe: Modelle von Bewässerungsanlagen, Ackergerät, Mühlen, Oel- und Zuckerpressen, Wagen: Vorderindien, Ceylon, Birma.*

Der gröfste Teil des Saales III ist den Völkern Hinterindiens eingeräumt. Die Mittelgruppe bildet, den graekobuddhistischen Skulpturen von Saal I entsprechend, der moderne Kult des Buddha in der südlichen Schule, welchen die Hinterindischen Länder von Ceylon aus erhalten haben. Die verschiedenen Völker Hinterindiens, welche der „mongolischen" Rasse zugezählt werden und monosyllabische Sprachen sprechen, haben ihre ganze Bildung Vorderindien*) zu verdanken. Abgesehen von den einzelnen brahmanischen Einwirkungen, welche sich meist mit dem alteinheimischen Natur- und Geisterdienst verbanden, gehört das ganze religiöse Leben und die davon völlig abhängige Bildung im wesentlichen dem südlichen Buddhismus an, also jener von brahmanischen Verzerrungen freigebliebenen Lehre, welche ihren heiligen Kanon in der Pâlisprache besitzt. — Ueber die Gliederung der einzelnen Völker darf etwa folgendes gesagt werden: Sie zerfallen

*) Mit Ausnahme der völlig unter chinesischem Einflufs lebenden Völker der Ostseite, Annams u. s. w.

Indische Sammlungen.

(die malaiischen Stämme ausgenommen) in drei Hauptgruppen: eine ältere Bevölkerung, welche durch spätere Einwanderung an die Mündungen der Hauptflüsse zurückgedrängt: als Mon (Peguaner, Talaing) an der Mündung der Irâwadî, als Khmêr (Khamên, Kambodschaner) an der Mündung des Menam unter Fürstenhäusern vorderindischer Abkunft zu mächtigen Reichen zusammengefafst wurden. Besonders war Kambodscha*) ein Mittelpunkt der indischen Kultur, indem es bis in die Schanländer und in den indischen Archipel hinein seinen Einflufs geltend machte. Die grofsartigen Ruinen von Angkorwât u. s. w., die von den altjawanischen nicht überboten werden, sind die wichtigsten Zeugen jener alten Kultur. — Diesen beiden Reichen treten im Laufe der Geschichte zwei vom Norden her eingewanderte Völker entgegen: 1. die mit den Bergvölkern des Ost-Himâlaja verwandten rohen Vorfahren der Birmanen**); 2. die aus SW.-China eingewanderten Schan oder Tai: die Ahnen der Siamesen. Dem von Südindien aus dravidisch kultivierten Pegu (Reich der Mon) trat der von arischen Elementen berührte altbirmanische Staat gegenüber: der Kampf zwischen beiden Reichen, welcher, nur von Schan-Invasionen unterbrochen, Jahrhunderte lang dauerte, führte im vorigen Jahrhundert mit dem Siege Oberbirmas zur Gründung des Königstums des Alompra (Alaung-pjâ). — Der Sieg einiger Schan-Stämme über die Kambodschaner machte den Staat derselben zum Erben der alten und grofsartigen Kultur Kambodschas: das Königreich der „Thai" (Siam) erhob sich, während die Khmêr in Barbarei versanken. — Arakan, der alte Schwesterstaat Birmas, war 1783 von König Menta-râ-gjî erobert worden; ward aber 1826 nach dem ersten Kriege mit England von Birma getrennt, nach dem zweiten Kriege 1852 verlor Birma Pegu; 1886 wurde Oberbirma von England annektiert.

---

*) Die zahlreichen Sanskritinschriften der alten Könige bilden eine wichtige Quelle der alten Geschichte vom 7. Jahrh. n. Chr. an.
**) In Barbarei zurückgebliebene Zweige sind die heutigen Tschin und vielleicht auch die Ka-tschin. Vgl. Schrank 59.

Schrank 42. *Birma und Arakan;* Männerkleider; Tätowieren; Männer- und Frauenkleider der Arakanesen des Tschittagong-Distrikts; Küchengerät, Nahrungsmittel; Modelle: *Birma.* Gegenüber von Schrank 42 (und weiterhin im Saal freistehend) buddhistische Altertümer aus den Ruinen von Pagan (*Pagân*), *Birma.*
Schrank 43. Waffen und Waldmesser: *Birma und Arakan;* Theatermasken, Musikinstrumente; Puppenspiel: *Birma.*
Schrank 44. Frauenkleider und Schmuck: Spielsachen; Lackgefäfse; *Birma.*
Schrank 45. Vergleichende Gruppe: Die Darstellung des Buddha, seiner Hauptschüler; Himmel und Hölle. — Brahmanisches in Hinterindien; Zauberei; Aberglaube.
Schrank 46. Kleider und Geräte der buddhistischen Mönche in Birma und Siam; siamesischer Buddha-Altar; birmanisches Kultusgerät. — Birmanische Gefäfse für Blumenopfer, Lampen u. s. w.
Schrank 47. Die „wilden" Völker Birmas: Männer- und Frauenkleider der Karieng etc. Gegenüber 47b Kostümfigur eines Paku-Karieng-Mannes und 47c einer Bghai-Karieng-Frau.
Schrank 47 A. Siamesische Handschriften mit Bildern; — — Bronzepauken der Karieng; Kessel der Abor mit buddhistischen Emblemen.

Die im Busen von Bengalen liegenden Inselgruppen der Andamanen und Nicobaren sind von höchst merkwürdigen Stämmen bewohnt. Die tiefste Stufe der Kultur innerhalb des indonesischen Völkerkreises nehmen die schwarzen, zwerghaften, haarlosen und nackten Bewohner der Andamanen ein, welche sich mit Ocker beschmieren, die Knochen und Schädel ihrer verstorbenen Verwandten als Amulette tragen, unter Blätterdächern, die man kaum Hütten nennen kann, hausen und vom Ertrag des Fischfangs, der Schildkröten- und Schweinejagd leben. Die Bewohner der Nicobaren, welche in zwei Hauptstämme zerfallen, scheinen in irgend welchem verwandtschaftlichen Verhältnis zu der älteren Bevölkerung Hinterindiens zu

Indische Sammlungen.

stehen. Physisch von den Andamanesen völlig verschieden, sind die Nicobaresen der Küsten nicht so roh wie diese, bauen sich eigene Häuser für Sommer- und Regenzeit, gehen mehr bekleidet und leben von Jagd und Fischfang, besonders aber von Kokosnüssen und einer Art Pandanuskuchen. Merkwürdig ist ihr Geisterglaube und ihre hohe Verehrung für die Verstorbenen.

Schrank 48. *Bekleidungsstücke, Schmuck; die verschiedenen Lanzen für Jagd, Fischfang und Kampf; Haus- und Schiffsmodelle; Hausgeister, Krankheitstafeln der Nicobaresen; Anzug eines Nicobaresen.*

Schrank 49. *Waffen; Schmuck; Ocker zum Bemalen; Blätterkleider und Gurte; Knochenamulette der Andamanesen.*

Glaskasten 50. *Vergleichende Gruppe: Vorderseite: Schriftproben und Schreibmaterial aus Birma, Kambodscha, Siam, Laos. Rückseite: Schattenspielfiguren aus Salanga (Tchhálâng oder Junk Ceylon).*

Glaskasten 51. *Vergleichende Gruppe: Schriftproben und Schreibmaterial aus dem indischen Archipel: Javanisch und Balinesisch; Batak, Rédjang, Pasěmah (Sumatra); Schriftersatz der schriftlosen Stämme. Rückseite: Malaiisch, Mohammadanisches.*

Glaskasten 52b. *Schiffsmodelle aus Maláka.*

Schrank 52. *Sammlungen von den Urbewohnern der Halbinsel Maláka, den verschiedenen Stämmen der sogenannten Örang Såkei oder Örang Hütan: Örang Běnůa, Ö. „Bělendas" (Blanja) und Ö. Sinnoi, Ö. „Tummeor"*) (Těmbé). Geräte der Zauberer, Kleider aus Bast, Schmucksachen. Blasrohre und Giftpfeile aller Stämme, Rohmaterial zur Herstellung der Blasrohre, vgl. Schr. 125—126.*

Schrank 52c. *Zauberkämme der Örang Panggang von Maláka.*

Schrank 53. *Örang Sěmang, sogenannte Negrito's von Maláka: Blasrohre, Pfeile, Bambusspeere, Schmuck und Rindenkleider; Kultus und Aberglaube; Fischereigeräte aller Stämme; Örang Bělendas und Negrito's.*

---

*) Englische Orthographie.

Indische Sammlungen.   175

Schrank 54. *Blasrohre und Zubehör der Òrang Mĕntĕra, Òrang Bĕnûa, Malâka. Geräte der Malaien, Malâka. Siamesische Modelle.*
Schrank 55. *Theatermasken zur Darstellung der Ramasage (vgl. p. 159 u. N.); Musikinstrumente: Siam.*
Schrank 56. *Kleider, Schmuck, Modellfiguren; Spielzeug; Hausrat: Siam; Waffen von Siam, den Karieng, von Salanga (Junk Cylon).*
Schrank 57. *Annam; Kambodscha: wilde Stämme (Moi).*
Schrank 58. *Wilde Stämme von Kambodscha; Ahong, Bönông.*
Schrank 58 b. *Schiffsmodelle Tonkin, Siam. Rückseite: Darstellungen des Lebens nach dem Tode, Todtengericht und Höllen etc. Tonkin.*
Schrank 59. *Schan, Lao, Katschin, Tschin. Daneben in* **Glaskasten 59.** *Kostüm einer Schan-Fürstin.*
Schrank 60. *Kleider, Schmucksachen, Waffen, Geratschaften der Schan-Stämme Assams, sowie der Sing-pho. Auf der Rückseite: Körbe der Nagâ.*

IV. SAAL. (Ecksaal.)

Die zahlreichen hellfarbigen Völker, welche die Halbinsel Malâka und die südlich davon liegende Inselwelt bis hinaus zu den Sandwich-Inseln, Neu-Seeland und der Osterinsel bewohnen und auch nach Madagaskar Auswanderer geschickt haben, werden im Gegensatz zu einer als alter betrachteten dunkelfarbigen Rasse auf Grund der durchgehenden Verwandtschaft ihrer Idiome als Malaiopolynesier zusammengefafst. So wenig es bis jetzt gelungen ist, die Geschlossenheit der dunkelfarbigen Rasse (Negritos in Malâka, Philippinen u. s. w.) zu beweisen, so mufs doch betont werden, dafs überall Kompromisse mit älteren Bevölkerungsschichten vorliegen können. Die dem indischen Kulturgebiet unterworfenen oder von dessen äufsersten Ausstrahlungen getroffenen heifsen gewöhnlich malaische Völker, die von ihnen bewohnten Inseln:

Indonesien. Den Namen für alle gab das Haupthandelsvolk, dessen Betriebsamkeit und Eifer für den Islâm den ganzen Archipel unter dem Mittel einer gemeinsamen Handelssprache beherrscht. Malaiisch, die in mehrere Dialekte zerspaltene Sprache, welche ein entarteter Handelsdialekt („Brabbeltaal") gegenüber den verwandten Sprachen der anderen malaiischen Völker weithin vermittelt, durchdringt die ganze Inselwelt bis zu den Philippinen, wo das Tagalische seine Rolle übernimmt. In der modernen Zeit erscheinen die Òrang Malâju — sie wollen aus Mĕnangkâbau stammen — als Vertreter des Islâm und damit einer ausgleichenden Halbkultur des Seefahrer- und Fischertums. So finden wir auch die von stammverwandten Völkern bewohnten Inseln — z. B. Sumatra, Borneo u. s. w. — an den Küsten von malaiischen Staatenbildungen umgeben, deren Bevölkerung ins Binnenland hinein in mehr oder weniger zahlreichen Abstufungen zu dem heidnischen nationalen Charakter des auf der Insel herrschenden Volkes überleitet. Schwächer tritt diese Erscheinung auf, wo eine ältere (vorderindische) Kultur vorliegt — (Jawa, Bali), stärker wo „wilde", nur wenig von der Hindûkultur beeinflußte Stämme hausen. Ein den Malaien ähnliches Element entwickelte sich in Celebes: die Bûgis, welche in den Molukken, aber auch ostwärts nach Malâka hin in Wettbewerb traten.

Die Malaien (Òrang Malâju) wollen, wie erwähnt, aus Sumatra stammen; die Darstellung ihrer Entwicklung und ihres Zusammenhanges mit gewissen Stämmen Hinterindiens und Sumatras gehört zu den schwierigsten Aufgaben der indischen Ethnographie. Überhaupt ist das Verwandtschaftsverhältnis der einzelnen Völker zu einander: der Bevölkerung Sumatras; der Jawanen, Sundanesen, Balinesen; der Dâjak; der Bevölkerung von Celebes; der Molukken; der Philippinen und Formosas — bis jetzt eine ungelöste Aufgabe. Genauere Kenntnis der Ethnographie Hinterindiens, Sumatras einerseits und Neu-Guineas und des sogenannten Melanesiens andererseits, wird vielleicht manches zur Lösung beitragen können.

Die einer alten, von Vorderindien etwas beeinflußten, Halbkultur teilhaften Stämme Sumatras sind unter sich

Indische Sammlungen. 177

sehr ungleich — freilich auch noch wenig bekannt. Es darf hier nur gesagt werden, dafs die um den Toba-See hausenden Stämme, die Batak: Toba-B., Dairi-B. (Karo und Pak-Pak) und Mandailing mit der Bevölkerung von Nîjas (Nias) stammverwandt sein mögen — vielleicht auch irgendwie mit den malaiischen Beherrschern Madagaskars zusammenhängen. Bevor im Archipel Brahmanismus und Buddhismus hier herrschend auftrat, dort beeinflussend wirkte, und bevor der Islâm alles zu umklammern bestrebt war, bestand, wie es scheint, die Religion der malaiischen Völker in der Hauptsache aus einem Geisterdienst, in welchem der Ahnenkultus den Grundstock bildete. So wenigstens erscheinen die religiösen Vorstellungen bei den heute noch „wilden" Stämmen. Kaum ein Idol ist das Bild eines Gottes: meist sind es die Bilder der Ahnen der Familie, des ganzen Stammes, oder die Geister der Dorfgründer und Häuptlinge, welche das stets schwankende Pantheon bilden (vgl. Schr. 62, 64, 87/88, das Aitjere vor Schr. 80 und 81). Die Kultushandlungen eines ganzen Stammes, einer ganzen Familie, eines einzelnen Mannes gehen darauf hinaus, — die Macht eines Häuptlings dem Dorfe in seinem Schutzgeist zu erhalten, die Geister eines Menschenpaares dem Dorfe als wohlwollende Hüter zu bewahren, die Kraft eines andern sich im Vorkampf oder irgend welchem Unternehmen zu sichern. Diesen Zweck verfolgt auch die sogenannte Kopfjagd (Koppensnellen) (vgl. Schr. 69, 71). Einzelne Personen besitzen besondere Macht, sie sind im Stande, die Stimme der Geister zu hören, können Geister in tierische oder menschliche Figuren bannen und diese Bilder als Hüter des Eigentums und des Gemeindewohls,[*] als Rachegeister dem Feinde gegenüber anstellen (vgl. Schr. 64).

Schrank 61. *Schiffsmodelle, Fischereigeräte u. s. w. aus Bangka, Bëlïtung (Biliton). Darüber: Schilde aus Nîjas. Auf der Rückseite (unter Glas) Pflanzen, welche die Zauberer der Eingebornen Malâka's Jägern und Fischern ihres Stammes*

---

[*] Solche Figuren, in den Molukken „Matakau" genannt, sind z. B. in Schr. 88 aufgestellt.

mitgeben, um die Beute ergiebig zu machen; das Blatt der Pflanzen stellt meist das Tier vor, das erbeutet werden soll.

Schrank 62. *Kultus und Aberglaube der Bewohner von Nïjas (Pulo Niha): Ahnen und Götterfiguren.*

Schrank 63. *Nïjas: Häuptlingskostüm, Waffen, Männerkleider und Schmuck; Frauenkleider und Schmuck; Hausrat und Werkzeuge; Hausmodell; Ahnenfiguren.*

Schrank 64. *Sumatra: Toba- und Karo-Batak, Pak-Pak; Hausmodelle; Kultus und Aberglaube, Waffen der Gurus: Waffen, Musikinstrumente, Männerkleider und Schmuck, Ackergerät, Handwerksgerät, Traglasten.*

Schrank 65. *Sumatra: Toba- und Karo-, Timor-Batak: Fischereigeräte und Fallen; Körbe und Taschen; Frauenkleider und Schmuck. Webegeräte, Kinderspielzeug.*

Schrank 66. *Sumatra: Tabakrauchen, Opiumrauchen, Betelkauen, vgl. Schr. 16 und 60 Toba-, Karo-, Timor-Batak; Küchengerät, Batak; Hausmodelle der Malaien; Geräte aus dem Padangschen Hochland, Rĕdjang u. s. w.; Flechtarbeiten u. s. w.; Silberfiligrane. Waffen aus Atjĕh, Pasĕmah, Lampong, Pĕlĕmbang; Waffen aus Engano. Über die charakteristische Waffe der malaiischen Völker, den Kris (Kĕris) vgl. Schr. 74, 76, 101, 108.*

Glaskasten 67. *Modelle: Dorf der Karo-Batak: Bogen und Pfeile von Mĕntawei.*

Schrank 68. *Schiffsmodelle und Fischereigeräte aus Atjĕh, dem Padangschen Hochland, Toba-Batak, Pĕlĕmbang.*

Schrank 69. *Borneo: Süden und Osten. Waffen, Kostümfiguren von Kopfjägern aus Süd-B. und Ost-B. Kultus und Aberglaube; Musikinstrumente.*

Schrank 70. *Borneo: Kleider und Schmuck, Körbe und Matten, Handwerksgeräte, Fischereigeräte.*

Schrank 71. *Borneo, Nordwest-B., Central-B., Kostümfiguren von Kopfjägern aus NW.-B. und Central-B., Waffen, verzierte Schädel, verzierte Bambusdosen; Schiffsmodelle.*

Schrank 72. *Hausmodelle, Borneo.*

Schrank 73. *Schiffsmodelle und Fischereigeräte aus Jawa, Batavia, Surabaja u. s. w.*

Indische Sammlungen.

Die **Hindûkultur** entwickelte sich am mächtigsten auf der Insel **Jawa** (Nusâ Djawa). Die höchste Blüte der von indischen Fürstengeschlechtern gegründeten Reiche auf dieser Insel stand in Zusammenhang mit der Kultur **Kambodschas** (vgl. S. 172). Neben den brahmanischen Sekten hatte in dem religiösen Systeme Alt-Jawas auch der Buddhismus (und zwar die nördliche Schule*) s. S. 157) einen Platz gefunden: das grofsartigste Bauwerk der indischen Kulturwelt, der Tempel von **Bârâbudur** in der Provinz Kĕdu, gilt dem Kult des **Buddha**. Die Sprache der indischen Kolonisten war das **Sanskrit**, durch Verbindung mit den malaiischen Landesidiomen: Alt-Jawanisch und Alt-Sundanesisch entstanden die poetischen Dialekte Ost- und West-Jawas: das jawanische und sundanesische **Kawi**. Im **Kawi** bleibt der Wortschatz meist Sanskrit oder daraus umgestaltet: die Grammatik altjawanisch. Die altjawanische (und mittelbar daraus die neujawanische) Schrift ist mit der alten Schrift Kambodschas nahe verwandt (s. Glaskasten 50 und 51) und geht wie diese auf ein vorderindisches Alphabet (Alttelugu) zurück.

Die von den Brahmanen mitgebrachte Sanskrit-Litteratur ward zunächst in Kawi bearbeitet und bildete den Grundstock aller späteren, auch in jawanischer Sprache abgefafsten Geisteserzeugnisse. Durch den Untergang des Reiches von **Mâdjâpahit** 1478 erlag die alte Hindûkultur Jawas dem **Islâm**, welcher heute ganz Jawa beherrscht. Die Insel **Bali**, nach welcher alles, was an brahmanischer Tradition festhielt, sich flüchtete, ist noch jetzt den Einrichtungen der Hindûreligion und -kultur (Kastenwesen u. s. w.) zugethan.

Neben dem **Islâm** hat sich aber in Jawa mancherlei Altertümliches erhalten. Die indische Heldensage der Kawi-Gedichte ist noch lebendig, besonders in den sogenannten Wajang-Spielen. Diese Schattenspielfiguren, vgl. Schr. 74, (Puppenspiele in Schr. 87a), dienen auch dazu, die alte sagenhafte Geschichte des Landes bis zum Sturze des Reiches von Mâdjâpahit darzustellen. Die Verzerrung der Körper-

---

*) Vgl. die Skulpturengruppe gegenüber Schrank 74 und daselbst die Steinfigur des Mañdschuçri.

formen dieser Lederfiguren und Holzpuppen sollen auf Verfügung eines der ersten Lehrer des Islâm, des Susuhunan „Moria" eingeführt worden sein, um dem Bilderverbot des Islâm gegenüber dem Volke ein gewohntes Vergnügen weiter gestatten zu können.

Schrank 74. *Jawa: Theaterkostüme (im Umbau).*
Glaskasten 75. *Altertümer aus buddhistischer und brahmanischer Zeit.*
Schrank 76. *Waffen aus Bali und Madurà. Daneben: Gruppe altjawanischer Skulpturen.*
Schrank 77. *Bali: Holzschnitzereien; Körbe und geflochtene Taschen aus Bali und Lombok.*
Schrank 78. *Jawa: Wayangfiguren.*
Schrank 79 a. *Jawa: Kleider und Schmucksachen, Webstuhl; Wayangfiguren.*
Schrank 79. *Vergleichende Gruppe: Kultus: Ular Naga's, Zauberei.*
Schrank 80. *Fortsetzung von 79: Ular Naga's, Allor: Upulero-Typen. Geräte zum Porkafest.*
Schrank 80 a. *Bali: Oben bemalte Holzfiguren, Hindugötter, Volkstypen etc.; unten Küchengerät, Jawa.*
Schrank 81. *Wayangfiguren.*
Schrank 82. *Allor.*
Schrank 83. *Vergleichende Gruppe. Webe- und Flechtornamente, eingeritzte Ornamente aus Flores, Timor, Allor, Letti u. s. w.*
Glaskasten 84. steht jetzt zwischen Schrank 51 und 52 auf der anderen Seite des Saales III. *Vergleichende Gruppe: Spiele vgl. Glaskasten zw. Schr. 14 und 16: Schach: Dato-Spiel, Hahnenkampf, Galatjang-Spiel, Ngadu-Djangkrik u. s. w.*
Schrank 85. *Vorläufig: Solor, Adonare.*
Schrank 86. *Wayangfiguren, Jawa.*
Schrank 87. *Dorfschutzgötter, Kisser, Letti, Luang, Opfergestelle.*
Schrank 87 a. *Wayangspiele, Jawa.*
Schrank 88. *Malakau-Figuren, Molukken.*
Schrank 89. *Ahnenfiguren, Molukken.*

Indische Sammlungen.

Schrank 90. Steingeräte (Altertümer) aus Birma, Maläka und dem indischen Archipel.
Schrank 82—90 waren zur Zeit der Drucklegung des Führers in Umstellung begriffen.
An den Wänden und über den Thüren: Bilder aus Bali.

V. SAAL (grosser Saal).

Schrank 91 wurde während der Drucklegung des Führers neu geordnet.
Schrank 92. Sěmbara, Pferdeschmuck und Zaumzeug, Kleider — Savu, Kleider.
Schrank 93. Timor; Waffen, Kleider, Schmucksachen, Kämme, Zaumzeug, Körbe, Kostümfigur eines Vorkämpfers aus portugiesisch Timor.
Schrank 93a. Spielsachen für Kinder, indischer Archipel.
Schrank 94. Kisser, Wetter, Letti, Luang, Babber, Waffen, Kleider, Zierkämme, Körbe und Hausrat.
Schrank 95. Kêi-Inseln, Kleider, Hausrat, Waffen.
Schrank 96. Fischereigeräte, Kisser, Adonare, Kêi-Inseln.
Schrank 97. Aru-Inseln, Tanember.
Schrank 98. Halmahěra, Ternatě: Waffen, Flechtarbeiten, Baststoffe; Strang: Waffen, Kriegsschmuck, Kultus; Männerkleider; Musikinstrumente.
Schrank 99. Strang: Frauenkleider und Schmuck; Korbflechterei, Sagobereitung, Gorong: Kultus, Männerkleider, Waffen, Musikinstrumente, Frauenkleider, Weberei; Blätterdosen und Kofo.
Schrank 100. Sulu-Archipel: Waffen, Kleider.
Schrank 101. Philippinen, Mindanao.
Schrank 102. Philippinen: Negritos; Tagalen, Tingianen, Silipanen, Sapao-Leute.
Schrank 103. Philippinen: Igorroten, Itaves, Ibilaos, Gaddanen, Ginanen.
Schrank 104. Fischereigeräte, Schiffsmodelle: Molukken, Philippinen, Sulu-Archipel. Modell eines tagalischen Hauses.

182 Indische Sammlungen.

Schrank 104 a. *Vergleichende Gruppe: Musikinstrumente aus Timor, Flores, Bonerate etc.*
Schrank 105. *Buru- und Sûla-Archipel.*
Schrank 106. *Banggài, Pèleng.*
Schrank 107. *Schiffsmodelle, Fischereigeräte: Celebes.*
Schrank 108. *Ost-Celebes, Tobúku, Kēndari, Süd-Celebes, Bûtung, Bûgis, Mangkasara' (Macassar).*
Schrank 109, 109 A, B. *Süd-Celebes, Central-C., Toradja; Nord-C. Minahasa: Gorontalo u. s. w. Seitenfeld: Hausrat, Handwerkszeug, Bonerate, Djampea, Saleijer.*
Schrank 110. *Hausmodelle, Modelle von Ackergeräten. Waffen u. s. w. Jawa.*
Schrank 111. *Technische Gruppe: Das Batēken.*
Schrank 112. *(hinter Schr. 102). Formosa: Kleider, Schmuck, Flofsmodelle; Sangi-Inseln: Koffo-Weberei.*
Schrank 113. *Vergleichende Gruppe: Geräte zum Betelkauen: Areca-Nüsse, Betelkalk, Geräte zum Zerkleinern der Nüsse, Dosen und Schachteln etc.*
Schrank 113 B. *Vergleichende Gruppe: Modelle von Totenschiffen und Grabhäuschen, von Krankheitsschiffen, Nijas, Sumatra, Borneo, Celebes, Timor etc.*
Schrank 114. *Vergleichende Gruppe: Geräte zum Betelkauen (Fortsetzung von 113); Gambir- und Pfefferkultus. Malāka (Geräte dazu an der Rückwand frei); Chinesen im Archipel: Kleider, Schmuck, Hausrat, Schreibgerät, Schiffsmodell.*

VORSAAL.

Schrank 116. *Schiffsmodelle, Fischereigeräte aus Ceylon und den Maldiven.*
Schrank 117. *Theaterkostüme, Jaffna.*
Schrank 118. *Sinhalesische Töpferei.*
Schrank 119. *Ceylon: Altertümer; Kleider, Hausrat; Matara-Töpferei; Gegenstände der Wädda's und Rodija's im Innern von Ceylon. Masken zu Maskenspielen (Kolannatanava);*

Indische Sammlungen.

Malediven: Männer- und Frauenkleider, Hausrat, Matten. Über den Schränken an der Wand: Matten aus Ceylon und den Malediven.
Schrank 120. *Masken zum Kolannatanaṭa.*

RUNDGANG.

Schrank 121 A. *Vergleichende Gruppen: Geräte der Schlangengaukler, Vorderindien.*
Schrank 121. *Kinderspielzeug.*
Schrank 122. *Produkte der Palmyrapalme, Zimmtbereitung, Ceylon, Südindien, Indonesien.*
Schrank 123. *Produkte der Kokospalme. Ceylon, Südindien, Indonesien.*
Schrank 124. *Nahrungsmittel, Indien, Indochina, Indonesien; Modelle von indischen Früchten.*
Schrank 125—126. *Geräte und Stoffe zur Pfeilgiftbereitung der wilden Stämme der Halbinsel Malâka.*
Schrank 127—128. *Unter europäischem Einfluſs entstandene Objekte.*
Schrank 129. *Der Bambus und seine Verwendung im indischen Archipel.*

Ostasiatische Sammlung.

SAAL V.

Schrank 131. Mongolen, (Burjaten und Kalmücken).
Schrank 132. Burjaten: Schamanen-Anzüge.
Schrank 133. Tibet. Lamaismus. (Vgl. Seite 187.)
Schrank 134. Tibet. Lamaismus.
Glaskasten 136. China. Lamaismus.
Am Eingange zu Saal VI: Glaskasten 195. China.
Modell des Stadtgotttempels von Ningpo. Jede Stadt hat ihren besonderen Schutzgott, Tsch'eng-hoang-ye, „Vater der Mauern und Gräben" genannt, welcher in der Rangordnung der Götter dieselbe Stellung einnimmt, wie sein irdischer Vertreter in der Beamtenhierarchie, so dafs z. B. der Schutzgott einer Distriktsstadt dem einer Departementsstadt untergeordnet ist. Sämtliche Stadtgötter stehen dementsprechend unter der Oberhoheit des Stadtgottes von Peking. Jeder Stadtgott fungiert gleichzeitig als Kundschafter des Höllengottes Yama, dem er die abgeschiedenen Seelen seines Bereiches zuführt.

Das Tempelmodell besteht aus fünf Gebäuden: der Thorhalle mit drei Doppelthoren, der auf acht Pfeilern ruhenden, für Theatervorstellungen bestimmten offenen Bühne in der Mitte des Tempelhofes, dem eigentlichen Tempel hinter der Bühne und zwei Seitengebäuden, welche für die Zuschauer bestimmt sind.

SAAL VI.

Chinesische und japanische Fischereigeräte.

Die in diesem Saale befindliche Sammlung ist zum gröfsten Teile gelegentlich der Berliner internationalen

Fischerei-Ausstellung im Jahre 1880 seitens der chinesischen und japanischen Regierungen überwiesen worden. An der Decke hängen Fahnen chinesischer Fischergilden und an den Wänden sind chinesische Bildrollen angebracht, welche Darstellungen verschiedener Arten der Fischerei enthalten.

Schrank 141. *Chinesische Fischereigeräte und Modelle.*
Glaskasten 137. *Modelle eines Fischerhauses, einer Anstalt für Zubereitung von Thran und Fischdünger, sowie eines Reusensystems (Japan).*
Glaskasten 138. *Modelle chinesischer und japanischer Schiffe und Boote.*
Glaskasten 139. *Oben: Plastische Darstellung des japanischen Seefischfanges. Unten: Modell einer Anstalt für Zubereitung von Trepang (Japan). Modell einer Seewehr (China).*
Glaskasten 140. *Japanische und chinesische Fischereigeräte und Modelle solcher.*

SAAL VII.
China und Japan.
I. China.

Schrank 142. *Waffen.*
Schrank 143. *Handwerkszeug und Hausgerät: Schlosser-, Tischler-, Schneider-, Conditorgeräte; Rauch-Utensilien. An der Rückwand: seidene Staatsgewänder für Männer.*
Schrank 144. *Emaillirtes Kupfergeschirr. An der Rückwand: Schauspielerkostüm. Theaterkappen.*
Schrank 145. *Frauenkleidung: Staatsgewänder, Kopfschmuck, Haartrachten, Schmucksachen.*
Schrank 146. *Männerkleidung: Staatsgewänder, Kriegerkleidung, Mützenknöpfe und gestickte Schilder für Staatsgewänder (als Rangabzeichen), Gürtelgehänge, Toiletten-Utensilien.*

Schrank 147. Oben: *Musikinstrumente.* Unten links: *Lärminstrumente der Pekinger Strafsenhändler*; rechts: *reichgestickte Altardecke*.
Schrank 146. *Thonwaren aus I-hing-hien.*
Glaskasten 148 a. Oben: *chinesischer*, unten: *mandschurischer Brautzug*.
Glaskasten 148 b. Oben: *mandschurischer*, unten: *chinesischer Leichenzug*.
Schränke 149—152, 157—159. *Figuren Taoistischer Götter und Genien.*

Der Taoismus wird gemeinhin auf Lao-tsī, einen Mystiker des 6. Jahrhunderts vor Chr. zurückgeführt, und das ihm zugeschriebene Buch: Tao-teh-king, „das kanonische Buch vom Logos und der Tugend" gilt als das kanonische Buch dieser Religion. Indessen dürfte der Taoismus als Volksreligion seinem Ursprunge nach über Lao-tsī hinausgehen, dessen tiefsinnige pantologistische Lehre vielmehr niemals Gemeingut der grofsen Masse werden konnte. Der volkstümliche Taoismus ist seinem Charakter nach Naturdienst: seine Götter sind vergötterte Naturgewalten; doch umfafst er daneben noch einen eigenartigen Heiligenkultus, sofern den sogenannten Sien, gewissen als heilig geachteten, sagenhaften Einsiedlern, besondere Verehrung erwiesen wird. Unter den letzteren spielen die sogenannten „acht Genien" (pah-sien) mit dem Gotte des langen Lebens (Schou-sing) an der Spitze die Hauptrolle. In seiner gegenwärtigen Gestalt hat der Taoismus reichliche Entlehnungen aus dem Buddhismus aufzuweisen und ist durch mancherlei Auswüchse, besonders alchymistische Spielereien und Zauberwesen, entartet. Die taoistischen Priester sind gleich den buddhistischen dem Cölibat unterworfen und stehen unter der Oberhoheit des „Meisters des Himmels" (Thien-schi), welcher für eine Fleischwerdung des Gottes Yüh-hoang-schang-ti gilt und auf dem Berge Lung-hu-schan in der Provinz Fuh-kien residiert.

Zwischen Schrank 154 und 155 befindet sich ein aus Amoy stammender, vollständig ausgestatteter Hausaltar.

China und Japan.

Schrank 153. *Totenbräuche: Totengewänder und Ahnentafeln.*
Schrank 154 und 155. *Totenbräuche: Totengewänder, Sarg- und Grabmodelle, Opfergefässe.*
Schrank 156. *Taoismus und Volkskultus.*
Glaskasten 160. *Porzellan.*
Pultschrank 161. *Schrift- und Druckproben.*
Schrank 162. *(im Umbau). Enthält vorläufig lamaistisches Altargerät.*
Schrank 163. *Taoistische Götter und Genien. Specksteinschnitzereien, Türme aus Perlmutterschnitzerei.*
Schrank 164. *Kunstgewerbliches: Elfenbein-, Schildpatt- und Specksteinschnitzereien, Lackarbeiten, Glas, Porzellan u. s. w.*
Schrank 165. *Bronzen.*
Glaskasten 166. *Oben: Nephritsachen (Geschenke S. K. H. des Prinzen Karl von Preufsen), Schnitzereien aus Alabaster, Elfenbein und Perlmutter. Unten: schwarze Thonwaaren, Schnitzereien aus Bambus.*
Glaskasten 182.b. *Proben chinesischer Malerei.*

Die Schränke 186 bis 190 enthalten die auf den Lamaismus bezüglichen Sammlungen.*)

Der Name Lamaismus bezeichnet denjenigen Zweig des nördlichen Buddhismus, welcher seinen Centralsitz in Tibet hat und seine Herrschaft über ganz Tibet, die Mongolei und das nördliche China erstreckt. An der Spitze seiner Hierarchie steht der Dalai-lama, welcher in Lha-sa residiert. Die kanonischen Schriften des Lamaismus sind in tibetischer Sprache abgefafst. In seiner heutigen Gestalt ist der Lamaismus als Lehre und Kirche im wesentlichen ein Produkt der reformatorischen Thätigkeit des Tsong-kha-pa (um die Wende des 15. Jahrhunderts).

Glaskasten 186. *Lamaistische Altargeräte und Kultusfiguren (Porzellan).*
Schrank 187. *Lamaistische Bronzen.*

---
*) Vgl. Veröffentlichungen aus dem Kgl. Mus. f. Völkerkunde. Band I: das Pantheon des Tschangtscha Hutuktu.

Schrank 188. *Lamaistische Bronzen.*
Schrank 189. *Lamaistische Altar- und Kultusgeräte.*
Glaskasten 190. *Lamaistische Bronzen: Portraitfiguren, Miniaturen.*
Pultschrank 191. *Schrift- und Druckproben in tibetischer, mongolischer und mandschurischer Sprache.*
Schrank 192. *Foismus.*

Der Name Foismus bezeichnet diejenige Form des nördlichen Buddhismus, welche im südlichen und mittleren China — im Gegensatz zum Lamaismus — die herrschende ist, chinesisch: Fo-kiao-Buddhalehre (Fo, in alter Aussprache But = Buddha). Der Buddhismus wurde während der Regierung des Kaisers Ming-ti (58-76 nach Chr.) in China eingeführt und hat daselbst mancherlei Umgestaltungen erfahren, zu denen gewisse Zugeständnisse, welche der Buddhismus den herrschenden religiösen Überlieferungen machte, den Grund legten. Die Kuan-yin als Göttin des Erbarmens ist z. B. eine ursprünglich chinesische Gottheit, welche mit dem Bôdhisattva Avalokiteçvara identifiziert, in das foistische Pantheon aufgenommen wurde und gegenwärtig eine Hauptrolle in demselben spielt.

Glaskasten 193. *Oben: Spiele. Unten: Kinderspielzeug.*
Schrank 194. *Modellfiguren.*

II. Japan.*)

Oben an der Treppe beim Saaleingang:
Glaskasten 207. *Figur eines der beiden sogenannten „Tempelwächter" oder Kongôrikishi (= Helden mit den*

---

*) Der Name „Japan" ist entstanden aus dem chinesischen: Ži-pen-kwŏ = Sonnen-Ursprungs-Land (Marco Polo's: Zipangu), in japanischer Aussprache: Nippon-koku oder Ni-hon-koku. — NB. die japanischen Wörter sind hier wie im Folgenden nach dem Romajikai-System umschrieben, wonach ch ungefähr wie tsch, j ungefähr wie dsch, sh ungefähr wie sch, s immer scharf wie ss, z wie s in sagen, y wie deutsches j zu sprechen ist.

Donnerkeil) oder *Aun no niô* (die beiden Könige der mystischen Sylbe aun = ôm im Sanskrit).

Auf dem Rundgange:

Schrank 204—206. *Ainu.* ⊐
Die Ainu, die ursprünglichen Bewohner der japanischen Inselwelt, haben allmählich dem Vordringen der Japaner weichen müssen, und beschränken sich gegenwärtig auf die Insel Yezo, einen Teil der Insel Sachalin und einen Teil der Kurilen. Sie nehmen sprachlich eine isolierte Stellung ein, bieten jedoch ihrer Religion noch manche Berührungspunkte mit den sibirischen Stämmen, mit denen ihnen u. a. der Bärenkultus gemein ist, (vgl. die japanische Bildrolle mit Darstellung des Bärenfestes, im Schrank 206).

Auf den Rückwänden von Schrank 204 und 205: 2 *japanische Bilder:* „*Ainus auf der Jagd*", „*Ainus efsbares Seegras sammelnd*".

SAAL VII. (Eingang von der Treppe aus.)

Japan.

Pultschrank 174. *Vor- und Frühgeschichtliches aus Japan: Funde aus Dolmen auf der Insel Kyûshû, Süd-Japan. Gräberfunde: Schmuckstücke (Magatama, Kudatama, Kinkan), Pfeilspitzen, Steinbeile, Gipsabgüsse der Funde aus den Muschelhügeln von Ômori.*

Zum Vergleich nebeneinander aufgestellt: *Japanische prähistorische Thonkrüge und Vase neben ähnlichen Gräberfunden aus Korea.*

Ein Heft der „*Zeitschrift der anthropologischen Gesellschaft in Tôkyô*" (in japanischer Sprache) mit Abbildungen von prähistorischen Funden.

Glaskasten 173. *Modelle von Shintô-Tempeln (miya); Gohêi; Modell eines „Fuchstempels"; Modell eines buddhistischen Tempels; Modelle von Grabsteinen und Steinlaternen.*

Der Shintôtempel (Miya) ist, im Gegensatze zu den meist mit grofser Pracht ausgestatteten buddhistischen

Tempeln (Tera) in seiner ursprünglichen, reinen Gestalt ein schmuckloser, roher Bau aus dem Holze des Hinoki (Chamaecyparis obtusa). Vor dem Eingange befindet sich ein aus demselben Holze gezimmertes Balkenthor, das sogenannte Tori-i. Auf dem Altartische im Innern des Tempels stehen als religiöse Symbole: Der runde Spiegel (Kagami oder Yata no Kagami, achteckiger Spiegel), daneben die sogenannten Gohéi, weifse, aus einem Stück geschnittene Papierstreifen, Ersatz für die in früheren Zeiten der Gottheit dargebrachten und an den heiligen Sakaki-Baum (Cleyera) gebundenen Zeugstreifen.

Unten: Lackwaaren, Modelle von Hausgerät etc., meist für den Export nach Europa u. s. w. gearbeitet.

Schrank 172. *Shintoismus.*

Mit dem Namen Shintoismus*) wird die ursprüngliche japanische Volks- und Landesreligion bezeichnet. Seinem Wesen nach ist der Shintoismus ein zum Ahnenkultus umgestalteter und fortentwickelter Naturdienst, in welchem zugleich der theokratische Charakter des japanischen Kaisertums, sofern die herrschende Dynastie sich von der Sonnengöttin Amateras herleitet, seine Begründung findet. Der Shintô-Kultus ruht in den Händen einer erblichen Priesterkaste, der Kannushi. Im Laufe der Jahrhunderte hat zwischen Shintoismus und Buddhismus vielfache gegenseitige Beeinflussung stattgefunden.

Oben im Schranke: Gohéi; in der Mitte: Bildrolle mit Darstellung der drei Shintô-Gottheiten (oben): Amateras ô-mi-kami (oder Tenshôkô daijin), die Sonnengöttin, die Ahuherrin der japanischen Mikado oder Kaiser; rechts unten: Yawata (oder Hachiman daijin), der zum Kriegsgott erhobene Kaiser Ôjin (270—310 n. Chr.); links unten: Kasuga daijin, der „grofse Gott von Kasuga", mit Namen Takemikazuchi no mikoto. — Daneben 2 Rollen mit den Namen dreier Shintô-Lokal-Schutzgeister: Ônamuji

---

*) Shintô ist die japanische Aussprache des chinesischen schin-tao = Götter- oder Geisterlehre, in japanischer Uebersetzung: Kami no michi.

daijin, *Tagorihime no mikoto*, *Ajisukitakahikone no mikoto*.
In der Mitte: „Die Shintô-Heiligtümer von Ise", eine prachtvolle japanische Publikation. Rechts: *Naikû San**) — der innere Tempel oder das Heiligtum der Sonnengöttin nebst dazugehörigen Häusern in Gesamtübersicht, daneben *Gekû San* — der äufsere Tempel oder das Heiligtum der *Toyoukebime no kami* — Göttin der Nahrungsmittel. Beide Bauten sind durch religiöse Tradition künstlich erhaltene Reproduktionen japanischer Dorfanlagen in vorgeschichtlicher Zeit. — Darunter: Modelle shintoistischer Altargeräte und Pilger-Düten mit Splittern von den Heiligtümern, welche alle 20 Jahre eingerissen und ganz genau so wieder aus neuem Material aufgebaut werden.

Unten: Ältere japanische Bildrolle (*Makimono*) enthaltend die illustrierte Geschichte des Gottes *Hohodemi no mikoto*, eines Nachkommen der Sonnengöttin.

Diese Erzählung „von dem verloren gegangenen Angelhaken und seiner Wiederauffindung im Meere, bei dem Drachenkönige" ist den beiden ältesten heiligen Büchern der Shintoisten, dem Kojiki (verfafst 712 n. Chr.) und dem Nihongi (verfafst 720 n. Chr.) entnommen.

Schrank 171. *4 Kakemono (Hängebilder) aus dem 18. Jahrh., die Einführung des Buddhismus in Japan im 6. Jahrh. n. Chr. und die dabei sich ereignenden Wunder; Kakemono, Copie eines sehr alten japanischen Bildes: Shôtoku taishi, der Begünstiger des Buddhismus (572—621 n. Chr.) und Stifter vieler Klöster.*

Unten: 2 *Makimono (Bildrollen) enthaltend die Legende vom Leben und Wirken des buddhistischen Priesters Shinran (1173—1262) Begründers der Shinshû-Sekte, deren Priester — im Gegensatz zu denen anderer buddhistischen Sekten — heiraten dürfen.*

Schrank 175. *Volkstümliches. Darstellungen der „7 Glücksgötter"; Figuren von Füchsen als Boten oder Repräsentanten der Reis-Schutzgottheit Uga no Mitama oder Inari-sama; Geräte und Zierrate, welche bei der Neujahrs- und Hochzeitsfeier verwendet werden; Amulette; Modelle von*

---
*) San = Herr, wird aus Ehrerbietung hinzugefügt.

Geräten, welche bei Shintô-Prozessionen im Zuge einhergetragen werden; Musikinstrumente.

Die „Sieben Glücksgötter" (Shichi Fukujin), eine seit ungefähr 1600 n. Chr. sehr beliebt gewordene Zusammenstellung von 7 Gottheiten buddhistischen, taoistischen und shintoistischen Ursprungs sind: F u k u r o k u j u (= Glück, gutes Einkommen und langes Leben), Attribut: sehr hohe Stirn, D a i k o k u (Mahâkâla), Gott des Wohlstandes, Attribut: grosser Reissack, E b i s, Schutzpatron der ehrlichen Arbeit, Attribut: Tai-Fisch, H o t e i,*) der dickbäuchige Repräsentant der Zufriedenheit und Gutmütigkeit, B i s h a m o n (Vaiçramaṇa), Kriegsgott, kenntlich am Speer und einer Miniaturpagode auf der Handfläche, B e n t e n (= Sarasvatî), Göttin der Beredsamkeit, des Glückes und der Fruchtbarkeit, J u r ô j i n, Gott des hohen Alters, Attribute: Hirsch und Kranich.

Schrank 170. *Buddhismus.*

Zur Veranschaulichung der Entwickelung des japanischen Buddha-Typus sind in der Mitte des Schrankes aufgestellt: *Photographien nach Gandhâra-Skulpturen***) (sogenannte graecobuddhistische) eine kleine chinesische Holzstatuette, japanische Holzschnitte, die ältesten in Japan erhaltenen Buddhastatuen darstellend.*

Bemerkenswert ist die Abbildung links oben im Buche die Statue des Shaka Nyorai (= Çâkya Tathâgata) von Saga, Nachbildung einer der ältesten Statuen des Buddha, welche auf Veranlassung des Königs Udayana aus rotem Sandelholz verfertigt wurde, dann nach China gebracht und dort von dem japanischen Mönche Chônen kopiert und im Jahre 987 n. Chr. nach Japan gebracht worden sein soll.

Rechts: Photographie einer Kolossalfigur des Buddha Amitâbha (jap.: Amida Butsu).

---

*) Hotei Oshô ist die japanische Aussprache der chinesischen Zeichen P u - t a i H o - s c h a n g = der Priester mit dem Hanfsack. Vgl. die Porzellanfiguren in Schr. 186 „China".
**) Vgl. Handbücher der kgl. Museen: buddhistische Kunst in Indien v. A. Grünwedel, p. 73 f.

Japan.

Links oben: altes Bild: Buddha und die 16 Rakan (= Sanskrit: Arhant, die buddhistischen Apostel). In der Mitte: Nehan no Shaka = Buddha ins Nehan (= Nirvâna) eingehend, d. h. sterbend, umgeben von wehklagenden Jüngern, Göttern, Dämonen, Tieren. Rechts: Japanische Darstellung des Samsâracakra, bildliche Zusammenfassung der Lehre Buddha's.

Unten: Facsimile des handschriftlichen Verzeichnisses der von dem berühmten Mönch Kôbô daishi (774—834 n. Chr.) aus China nach Japan gebrachten buddhistischen Texte.

Gegenüber vom Schranke 170: Grofses Tempelbild, das Reich des Amida Butsu, das „verklärte Land" (Jôdo) oder die „Welt der höchsten Wonne" (Gokuraku, Sanskrit: Sukhavatî) genannt. Vgl. Glaskasten 168 und 176 und die dazugehörige Erklärung.

Schrank 169. Buddhismus. Die mit dem buddhistischen Pantheon von den Japanern übernommenen indischen Gottheiten.

Unter diesen teilweise in Japan sehr populär gewordenen Göttern sind hervorzuheben und durch Tempelbilder oder Figuren repräsentiert: Die Shitennô oder 4 Götterkönige, entsprechend den indischen Lokapâla oder Welthütern. Am häufigsten kommt unter denselben Bishamon (= Vaiçramaṇa, Vaiçravaṇa im Sanskrit) vor. Ferner der Höllenrichter Emma (= Yama), und der Cyclus der 12 Hindugötter sc., die Schutzgötter der 8 Weltgegenden: Taishaku (Indra), Ishana (Îçâna), Emma (Yama), Kwaten (Agni), Suiten (Varuṇa), Rasetsu ten (Nairṛita), Bishamon (Kubera), Fûten (Vâyu), die Gottheiten der Sonne, des Mondes, der Erde: Nitten (Sûrya), Gatten (Tschandra), Jiten (Prithivî), und Bonden (Brahmâ). Der auf einem Eber stehende, von den Japanern als Kriegsgott Marishi verehrte ist nichts anderes als die Göttin Marîtschî der Inder[*]. Die schiwaitische Gottheit Fudô (= Sanskrit: Atschala) wird als Beschützer gegen Dämonen verehrt.

[*] Vgl. Veröffentlichungen a. d. Mus. f. Völkerkunde. Bd. I, p. 78, 79 = Pantheon etc. No. 163.

Glaskasten 169a. *Buddhismus: (Figur des Makti-shura (= Sanskrit: Mahîçvara), der sechsköpfige, auf dem heiligen Stiere Nandî reitende Götterkönig Schriwa (Çiva).*
Glaskasten 169b. *Buddhismus. Figur des Jizô.*

Jizô (= chinesisch: Ti-tsang, Sanskrit Kshitigarbha) wird in Ostasien als eine Art Helfer in allerlei Not verehrt. Als Bosatsu (= Bodhisattva) unendlicher Barmherzigkeit offenbarte er sich in sechs verschiedenen Formen als Lehrer und Erlöser aller Wesen in den „sechs Existenzformen" (Götter, Menschen, Asura, Tiere, Dämonen, Verdammte in der Hölle). Mit Vorliebe wird er dargestellt, wie er den Höllenwesen erscheint, ihnen die buddhistische Lehre predigt und so ihren Qualen ein Ende setzt. Das gewöhnliche Volk in Japan verehrt ihn als Schutzpatron der Reisenden, des Kindersegens und der Kinderseelen im Jenseits.

Glaskasten 169c. *Figur des Fugen Enmei (= Sanskrit: Samantabhadra).*

Der Bodhisattva Samantabhadra wird in Japan als Schutzpatron des 14. Monatstages, der ekstatischen Meditation und der Sterbenden angerufen und verehrt.

Glaskasten 169. *Figur des Aizen myôô.*

Ursprünglich wohl dem schiwaitischen Kult angehörig, wird Aizen von den Japanern jetzt aus etymologischen Gründen als „Gott der Liebe" erklärt.

Glaskasten 168 u. 176. *Figuren des Amida Butsu.*

Die Gestalt des historischen Buddha, der den Göttern in seiner Weltanschauung einen geringen Rang anwies, indem er sie einem Höheren unterordnete: dem ewig waltenden moralischen Weltgesetz, wurde im Laufe der Jahrhunderte immer mehr idealisiert und schliefslich göttlich verehrt. Mit der weiten Verbreitung des Buddhismus über die Grenzen Indiens hinaus wurde derselbe von fremden Kulten beeinflufst, so von der altpersischen Lichtreligion. Als Produkt dieser Weiterentwicklung und Beeinflussung ergab sich u. a. die mit der ursprünglichen, reinen Lehre nicht vereinbare Lehre von einem Buddha „Unermefsliches Licht" (Sanskrit: Amitâbha, von den Japanern Amida ausgesprochen), der im Westen in einem Paradiese (Sukhavati, chines. Tsing-thu, jap. Jôdo) throne, zu welchem jeder gelangen könne auch ohne gute Werke, nur durch gläubiges Aussprechen der Gebetsformel: Namu Amida Butsu (= Verehrung dem Buddha unermefslichen Glanzes!), und durch den festen Glauben an die barmherzige Allmacht Amitâbhas.

An der Zwischenwand oben: Raigô Amida.

Derartige Raigô-Bilder, d. h. Darstellungen des Amitâbha, welcher umgeben von Bodhisattvas und musizierenden himmlischen Heerscharen der Seele eines sterbenden Gläubigen entgegenkommt (= rai), um sie in Empfang zu nehmen (= gô) und sie in sein Paradies zu geleiten, sind in Japan sehr häufig.

An der Zwischenwand unten: Die buddhistischen Höllen.
Schrank 167. Buddhismus. Bilder und Tempelschreine mit Darstellungen des Amida, besonders des Raigô Amida. Bilder der Kannon u. a. der „elfgesichtigen", Tempelschrein mit Darstellungen der „tausendarmigen" Kannon und einiger Bodhisattvas.

Kannon oder Kwan-on (in chinesischer Aussprache: Kwan-yin) ist der Bodhisattva Avalokiteçvara, eine Emanation des Amitâbha. In Ostasien wird er allgemein als weiblich angesehen und als Göttin der Barmherzigkeit verehrt. Die gewöhnlich vorkommenden Darstellungsformen sind die „elfgesichtige", die „tausendarmige", „mit dem Weidenzweig", „auf dem Lotosblatt stehende", „die Lotosblume haltende" (Jiren = dem indischen Padmapâṇi) und die über den Jammer in der Welt mitleidsvoll trauernde Kannon.

In der Mitte des Schrankes: Heiliger Text über Kannon handelnd und Hymnen an dieselbe (ge = Sanskrit gâthâ).

Unten: Makimono (Bildrollen) mit der legendarischen Lebensbeschreibung des Priesters Nichiren.

Nichiren (1222—1282) ist der Stifter der glaubenseifrigen, aber intoleranten Sekte Hokkeshû, deren Gebetsformel: Namu myôhô renge kyô! = Verehrung dem heiligen Texte des wunderbaren Gesetzes-Lotos (Saddhar-

mapuṇḍarîkasûtra), oft Stunden lang hergeleiert wird. Die Priester dieser Sekte sind auch als Beschwörer und Exorcisten der von Fuchs-Geistern Besessenen bekannt. Darunter: *Bildrolle, die Geschichte des Tempels von Ôji.*
Schrank 182. *Japanische Malereien (z. Z. im Umbau).*
Glaskasten 182 a. *Japanische Malereien und Buntdrucke (in wechselnder Ausstellung).*
Glaskasten 183. *Schrift- und Druckproben.* Die Entwickelung der japanischen Silben-Schrift aus der chinesischen Begriffs-Schrift. Die verschiedenen Schriftarten: *Manyô-gana, Hiragana, Katakana,* sämtlich Silbenschriften. Proben berühmter Handschriften; einige Hefte eines japanisch-chinesischen Konversationslexikons vom Jahre 1713; Gedichtbücher etc.
Auf der Rückseite: *Schreibutensilien: Pinsel, Tusche, Tuschsteine.* Proben moderner Druckerzeugnisse: Zeitungen, (darunter bilingue auf Formosa erscheinende Zeitung), Wochen- und Monatsschriften gelehrter und anderer Gesellschaften, wissenschaftliche Werke, Bericht über die Chicagoer Weltausstellung u. dergl. m. *Proben der Blindenschrift.*
Schrank 184 u. 185. *Proben des modernen japanischen Kunstgewerbes,* meist unter europäischem Einflufs entstandene oder eigens für den Export hergestellte Erzeugnisse.
Schrank 179. *Hausgerät; Handwerkszeug; Männerkleidung; Photographien von Japanern in der alten Samurai-Tracht.*
Samurai war der Name der Angehörigen der Militär-Kaste im feudalen Japan vor 1868, eine allgemeine Bezeichnung derer, welche das Recht hatten, zwei Schwerter zu tragen, vom Shôgun (dem damaligen Herrscher) abwärts bis zum letzten Lehnsmann eines Daimyô (Landesfürsten, Chef eines Clans).
Glaskasten 178 a. *Altjapanische Kostüme.*
Glaskasten 178 b. *Galakostüm einer japanischen Hofdame,* nicht vollständig.
Schrank 177. *Frauenkleidung und Toilette-Artikel.*
Schrank 178. *Nô- und Kyôgen-Masken.*
Im Gegensatz zu dem gewöhnlichen Theater (K a b u k i) standen die feierlichen N ô - Aufführungen — eine Art O p e r

— schon im alten Japan in hohem Ansehen. Da es den Edelleuten nicht gestattet war, ein Kabuki-Theater zu besuchen, bildeten die halbreligiösen Nô-Auffūhrungen eine Unterhaltung hauptsächlich der Aristokratie. Die Schauspieler in den Nô-Spielen trugen meist Masken, ebenso die in kurzen humoristischen Zwischenspielen (Kyôgen) Auftretenden.

Glaskasten 180. *Hausmodelle: Gewöhnliche Häuser aus Holz, feuerfestes Magazin (Kura) aus Stein, Haus eines japanischen Edelmannes, Audienzhalle des kaiserlichen Palastes in Kyôto mit Figuren: Kaiser (Mikado), Kaiserin (Kisaki), Hofherren (Kuge) und Hofdamen, sämtlich in der alten, jetzt nicht mehr getragenen Tracht.*

Pultschrank 181. *Japan und das Ausland: Hokusai's Darstellung der ersten Europäer, welche nach Japan gelangten, nämlich der Begleiter des Portugiesen Fernan Mendez Pinto, welcher im Jahre 1542 Japan entdeckte und die Japaner mit dem Gebrauch des Schiefsgewehres und der Bereitung des Schiefspulvers bekannt machte. — Aus dem vorigen Jahrhundert stammender Plan der Insel* Deshima *bei Nagasaki, auf welche 1639 die holländischen Kaufleute nach Vertreibung der übrigen Europäer aus Japan (1624) bis in die Mitte unseres Jahrhunderts verwiesen waren. — Japanische Abbildung der Europäer und Amerikaner am Sonntag („dontaku") in Yokohama. — In Yokohama 1861 gedrucktes Vokabular und Gesprächbuch zum Erlernen der englischen Sprache für Japaner.*

Glaskasten 181a. *Modell des Shintomiza-Theaters in Tôkyô; Photographien und Buntdrucke von beliebten Schauspielern.*

Das Dach des Theaters ist hier emporgehoben, um die Einrichtung des Zuschauerraumes und der Mawaributai (drehbaren Bühne) zeigen zu können.

SAAL VIII.
Japan, Ryû-kyû-Inseln, Korea.

Schrank 196. *Japanische Lackwaren; Zusammenstellung der verschiedenen Noshi-Arten.*

Beim Überreichen von Geschenken pflegen die Japaner kleine oder gröfsere aus weifsem, rotem oder buntem Papier zierlich gefaltete Etiketts, Umschläge oder Düten mitzusenden, welche je nach dem Anlaſs verschieden gefaltet und ausgestattet werden.

Frei im Saal VIII. Norimono, Tragsänfte eines vornehmen Japaners; Wandschirme; Ständer mit Polizeiwaffen.
Glaskasten 197. Lebensgrofse Figur des Tokugawa Iyeyas.

Iyeyas (1542—1616), einer der bedeutendsten Feldherrn und Herrscher Japans, ist der Begründer des Shôgunats[*]) der Tokugawa-Familie, welche von 1600 bis 1868 über Japan herrschte.

Schrank 198 f—k. Japanische Rüstungen und Waffen.
Schrank 198 a—e. Ryû-kyû-Inseln: Kleider; Stoffproben. Proben von Nahrungsmitteln, Farbstoffen u. s. w., Hausgeräte; Lackwaren; Thon- und Porzellanwaren.

Die Ryû-kyû-Inseln, früher ein selbständiges Königreich, bilden seit 1879 die japanische Provinz Okinawa-ken. Die Bewohner derselben sind nach Sprache und Körperbeschaffenheit den Japanern nahe verwandt.

Glaskasten 198a. Ryû-kyû-Inseln: Modelle.
Glaskasten 198b. Ryû-kyû-Inseln: Kleider: Toilettenutensilien; Musikinstrumente; Spielsachen.
Schrank 199. Koreanische Medizin.
Schrank 200. Korea: Frauenkleidung; Stoffproben; Stein-, Porzellan- und Thonwaren; Eisen- und Messingwaren.

Die Koreaner gehören, wie ihre Sprache beweist, zu den sog. paläasiatischen, isoliert stehenden Völkerschaften, doch steht ihre Kultur durchaus unter dem Einflusse Chinas. Sie besitzen eine eigene, mit der Einführung des Buddhismus der indischen nachgebildete Buchstabenschrift, deren Anwendung jedoch auf ein geringes Mafs beschränkt ist, da

---

[*]) **Shôgun** ist die japanische Aussprache des chinesischen Wortes Tsiang-kiün und bedeutet Heerführer, General. Thatsächlich waren aber Jahrhunderte lang die Shôgun die wirklichen Beherrscher Japans und nicht die Mikado oder Kaiser.

bis auf den heutigen Tag das Chinesische die eigentliche Schriftsprache geblieben ist. Volksreligion ist der Buddhismus, während bei den höheren Ständen die Lehren des Confucius allgemeine Geltung und Verbreitung gefunden haben.

Schrank 201. *Korea: Männerkleidung.*
Glaskasten 201a. *Koreanische Rüstung.*
Schrank 202. *Korea: Gegenstände, welche auf die Totenbräuche Bezug haben; Modelle.*
Schrank 203. *Korea: Hausgeräte; Papierproben; Druck und Schrift.*

Die Sammlungen aus dem Gebiete der Golden, Giljaken, Tungusen, Samojeden, Ostiaken, Jakuten, Turkmenen und anderer Turkstämme, sowie die aus Persien sind hinter der Schliemann-Sammlung im Erdgeschofs zur Aufstellung gelangt und vorläufig dem öffentlichen Besuche noch entzogen, können aber Interessenten gezeigt werden.

Die ethnologischen Ergänzungssammlungen aus den Kulturgebieten Europas stehen vorläufig aus, da sich seit dem Umzug die entsprechenden Einrichtungen dafür noch nicht haben treffen lassen.

www.ingramcontent.com/pod-product-compliance
Lightning Source LLC
Chambersburg PA
CBHW020922230426
43666CB00008B/1541